Hildegard Rudolph

# Spanisch
# Power-Grammatik PLUS

**ZUM ÜBEN & NACHSCHLAGEN**
**PLUS INTERAKTIVE VERSION**

Hueber Verlag

*Unser Dank gilt Herrn José Antonio Panero Martínez für die muttersprachliche Überprüfung des Manuskripts.*

*Der Verlag dankt Natalia Escolà Amaro für die zusätzlichen interaktiven Übungen der interaktiven Version.*

Cover: © Getty Images/iStock/Manel Subirats
Illustrationen: Martin Guhl, Stein am Rhein, Schweiz (www.cartoonexpress.ch)

Die Online-Tests stehen unter
https://go.hueber.de/power-grammatik/spanisch
zur Verfügung.

Dieses Werk ersetzt die ISBN 978–3–19–514185–7 (Die neue Power-Grammatik Spanisch).



3. 2. 1. | Die letzten Ziffern
2028 27 26 25 24 | bezeichnen Zahl und Jahr des Druckes.
Alle Drucke dieser Auflage können, da unverändert, nebeneinander benutzt werden.
1. Auflage

Umschlaggestaltung: Sieveking · Agentur für Kommunikation, München
Layout und Satz: Sieveking · Agentur für Kommunikation, München
Redaktion: Jürgen Frank, Stephanie Pfeiffer, Hueber Verlag, München
Druck und Bindung: Friedrich Pustet GmbH & Co. KG, Regensburg
Printed in Germany
ISBN 978–3–19–544185–8

Art. 530_29607_001_01

Die **Power-Grammatik Spanisch PLUS** richtet sich an Lernende im Anfängerbereich. Sie bietet ein übersichtliches, intensives Lern- und Übungsprogramm und basiert auf dem Prinzip: Lernen – Üben – Testen. Der progressive Aufbau ermöglicht es Ihnen, das Lernmaterial schrittweise zu erarbeiten und damit einen optimalen Erfolg zu erzielen.
Die **Power-Grammatik Spanisch PLUS** zeichnet sich durch folgende Merkmale aus:

**Multifunktional**
Die **Power-Grammatik Spanisch PLUS** kann im Selbststudium, kursbegleitend oder auch zur Vertiefung und Wiederholung eingesetzt werden. Je nach Bedarf ist es möglich, einzelne Kapitel oder Themenbereiche (z. B. Adjektive, Präpositionen oder die Zeiten der Vergangenheit) auszuwählen oder nachzuschlagen.

**Umfassend**
In 70 Kapiteln werden alle Themen und Strukturen der spanischen Grundgrammatik behandelt.

**Übersichtlich**
Jedes Kapitel umfasst zwei Seiten und hat den gleichen übersichtlichen Aufbau:
- Linke Seite: Erklärungen und Beispiele – Rechte Seite: Übungen
- Ein Cartoon am Anfang eines Kapitels veranschaulicht das jeweilige Grammatikthema.
- Alle Beispielsätze sind zum besseren Verständnis übersetzt, die Regeln sind knapp und verständlich formuliert. Auf Unterschiede zum deutschen Sprachgebrauch wird hingewiesen.
- Die Übungen sind progressiv aufgebaut, d. h. der Schwierigkeitsgrad nimmt von der ersten zur letzten Übung zu.

**Kleinschrittig**
Sie lernen in kleinen Lernschritten. Komplexere Themen, vor allem im Bereich der Verben und Zeiten, sind über mehrere Kapitel verteilt.

**Komplett**
- Im Anschluss an einen größeren Themenbereich können Sie Ihr Wissen in 5 Tests kontrollieren.
- Ein Lösungsschlüssel ermöglicht Ihnen die Kontrolle der Übungen.
- Die verschiedenen Verbgruppen und wichtigsten unregelmäßigen Verben können Sie in einer Verbtabelle nachschlagen.
- Das Glossar enthält alle für die Bearbeitung der Übungen notwendigen Vokabeln.

Und nun wünschen wir Ihnen: ¡Mucha suerte! *Viel Erfolg!*

**Unterrichten und Lernen – wie und wo Sie wollen**

Ob im Kurs, von zu Hause oder unterwegs per Tablet oder Laptop: Wir stellen Ihnen das vorliegende Buch auch digital als **interaktive Version** zur Verfügung und bieten außerdem zu jedem Kapitel eine weitere interaktive Übung (den Verweis finden Sie jeweils auf der rechten Übungsseite unten rechts). Mit der **Hueber interaktiv App** können Sie die interaktive Version auch offline nutzen und per Smartphone darauf zugreifen.

**Übrigens:** Ihren Startcode zur Aktivierung der interaktiven Version finden Sie auf der vorderen Umschlagseite innen.

# Inhalt

# Inhalt

# 1 Sopa, restaurante, pollo

*Suppe, Restaurant, Hähnchen*

## Sopa, restaurante, pollo

Die meisten spanischen Substantive enden auf -a, -e, -o oder Konsonant, z. B. sopa *(Suppe)*, restaurante *(Restaurant)*, pollo *(Hähnchen)*.

REGEL Spanische Substantive sind entweder maskulin oder feminin. Ein Neutrum wie im Deutschen gibt es nicht.
Das Geschlecht eines Substantivs lässt sich häufig an der Endung erkennen. Von einigen Ausnahmen abgesehen gilt:

| maskuline Endungen | feminine Endungen |
|---|---|
| -o, -aje, -ete, -l, -ón, -or | -a, -ad, -ez, -ie, -ión, -triz, -tud, -umbre, -zón |
| -e | -e |

- Maskulin sind z. B. libro *(Buch)*, viaje *(Reise)*, billete *(Fahrkarte)*, hotel *(Hotel)*, rincón *(Ecke)*, amor *(Liebe)*.
- Feminin sind z. B. casa *(Haus)*, ciudad *(Stadt)*, vez *(Mal)*, serie *(Serie)*, estación *(Bahnhof; Jahreszeit)*, actriz *(Schauspielerin)*, virtud *(Tugend)*, costumbre *(Brauch, Sitte)*, razón *(Ursache; Vernunft)*.
- Maskulin ist z. B. coche *(Auto)*, feminin ist z. B. calle *(Straße)*.

! **Ausnahmen:**

- Folgende Substantive enden auf -o oder -or, sind aber feminin: foto *(Foto)*, mano *(Hand)*, moto *(Motorrad)*, radio *(Radio)*; flor *(Blume)*.
- Folgende Substantive enden auf -a, -ez, -ión oder -zón, sind aber maskulin: idioma *(Fremdsprache)*, problema *(Problem)*, programa *(Programm)*, día *(Tag)* und mapa *(Landkarte)*; ajedrez *(Schachspiel)*; avión *(Flugzeug)* und camión *(Lastwagen)*; corazón *(Herz)*.

REGEL Der Plural wird wie folgt gebildet:

| Singular | Plural |
|---|---|
| Substantiv endet auf Vokal:<br>vino *Wein*<br>playa *Strand*<br>restaurante *Restaurant* | Anhängen von -s<br>vinos *Weine*<br>playas *Strände*<br>restaurantes *Restaurants* |
| Substantiv endet auf Konsonant:<br>mar *Meer* | Anhängen von -es<br>mares *Meere* |

Endet ein Substantiv auf -z, lautet die Pluralendung -ces: luz *Licht* → luces *Lichter*. Beachten Sie den Wegfall des Akzents im Plural: habitación *Zimmer* → habitaciones *Zimmer*.

**1. Welches Geschlecht haben die Substantive? Ordnen Sie ein.**

garaje color día foto niñez barril mapa escuela organización carnaval parasol calle mano disco princesa

| maskulin | feminin |
|---|---|
| | |

**2. Setzen Sie die folgenden Substantive in den Plural.**

a. casa ____
b. banco ____
c. hospital ____
d. coche ____
e. mujer ____
f. ciudad ____
g. luz ____
h. habitación ____
i. tenedor ____
j. razón ____

**3. Bilden Sie den Singular.**

a. manos ____
b. naranjas ____
c. lápices ____
d. calles ____
e. días ____
f. cafés ____
g. cantidades ____
h. números ____
i. canciones ____
j. meses ____

**4. Bilden Sie sieben Substantive aus den Wortfragmenten und setzen Sie sie in den Plural. Welches Geschlecht haben diese Substantive?**

| Singular | Plural | Geschlecht |
|---|---|---|
| | | |

# 2 Tenemos un problema con la cafetera.

*Wir haben ein Problem mit der Kaffeemaschine.*

## Un momento, un problema, la cafetera

Un ist der unbestimmte Artikel maskulin, la der bestimmte Artikel feminin. Die Artikel begleiten Substantive und entsprechen im Deutschen „ein/eine" bzw. „der/die/das". Sie stimmen in Geschlecht und Zahl mit den Substantiven überein.

REGEL Der bestimmte Artikel lautet:

| | maskulin | feminin |
|---|---|---|
| Singular | el | la |
| Plural | los | las |

REGEL Der unbestimmte Artikel lautet:

| | maskulin | feminin |
|---|---|---|
| Singular | un | una |
| Plural | unos | unas |

Bitte beachten Sie, dass es im Spanischen eine Pluralform des unbestimmten Artikels gibt, die mit „einige" übersetzt wird und mit algunos/-as synonym ist (→ Kapitel 60):
unos/algunos libros *(einige Bücher)*, unas/algunas casas *(einige Häuser)*.
Vor Zahlen bedeutet unos/unas „ungefähr":
unos diez años *(ungefähr zehn Jahre)*, unas tres semanas *(ungefähr drei Wochen)*.

Bei femininen Substantiven, die mit betontem a- oder ha- beginnen, werden im Singular aus phonetischen Gründen die maskulinen Artikel el bzw. un verwendet, im Plural werden jedoch nach der Regel die femininen Artikel las bzw. unas gebraucht:
el/un agua mineral *das/ein Mineralwasser* → las/unas aguas minerales *die/einige Mineralwasser*.
! **Aber:** el arte moderno *(die moderne Kunst)* – der Singular ist maskulin, las bellas artes *(die schönen Künste)* – der Plural ist feminin.

REGEL Neben dem bestimmten und dem unbestimmten Artikel gibt es noch den „neutralen" Artikel lo. Man setzt ihn vor die maskuline Form eines Adjektivs oder Partizips und macht es so zu einem abstrakten Substantiv:
práctico *praktisch* → lo práctico *das Praktische (z. B. an einer Sache)*.

**1. Tragen Sie den bestimmten Artikel ein und setzen Sie Artikel und Substantiv in den Plural.**

| | | | |
|---|---|---|---|
| | el | libro | los libros |
| a. | ___ | botella | ___ |
| b. | ___ | agua | ___ |
| c. | ___ | hospital | ___ |
| d. | ___ | arte | ___ |
| e. | ___ | mujer | ___ |
| f. | ___ | útil | ___ |
| g. | ___ | foto | ___ |
| h. | ___ | instituto | ___ |
| i. | ___ | bueno | ___ |
| j. | ___ | habitación | ___ |
| k. | ___ | luz | ___ |
| l. | ___ | día | ___ |

**2. Un oder una? Schreiben Sie die Wörter in die richtige Spalte.**

| un | una |
|---|---|
| | |
| | |
| | |
| | |
| | |
| | |
| | |

foto, agua mineral, garaje, fuente, radio, manzana, bicicleta, puente, bebida, ama de casa, paraguas, vaso, hotel

**3. Ordnen Sie die unten stehenden Wörter in die Tabelle ein.**

| el | los | la | las |
|---|---|---|---|
| | | | |
| | | | |
| | | | |
| | | | |
| | | | |
| | | | |

hoteles hombres casas señor mujeres coche estaciones gente
programa días tenedores carne música ración alcohol jardín
tardes arte noche iglesia películas cines norte países manos

**4. Übersetzen Sie Artikel und Substantiv in der Klammer.**

a. Juana es secretaria y trabaja en *(einem Büro)* ____________.
b. *(Die Bücher)* ____________ son muy interesantes.
c. *(Das Telefon)* ____________ no funciona.
d. Tomamos *(ein Bier)* ____________ y *(ein Mineralwasser)* ____________.
e. *(Die Fotos)* ____________ son muy bonitas.
f. Pedro tiene *(ein Motorrad)* ____________ nueva.

# 3 ¿Está el Sr. García?

*Ist Herr García da?*

## Sra. Martín, el Sr. García

Sra. (señora) wird hier ohne Artikel und Sr. (señor) mit dem bestimmten Artikel el verwendet, im Deutschen sagen Sie „Frau Martín" und „Herr García".

REGEL Abweichend vom Deutschen steht im Spanischen der bestimmte Artikel u. a.

- vor Sr./Sra./Srta. (señor/señora/señorita) **+ Eigenname, wenn man über die Person spricht:**
  ¿Sabe usted dónde está el Sr. Rodríguez? *Wissen Sie, wo Herr Rodríguez ist?*
  ! **Aber:** Wenn man eine Person direkt anspricht, fällt der Artikel weg.
  Buenos días, Sra. Moreno. *Guten Morgen, Frau Moreno.*
- bei der **Beschreibung einer Person in Verbindung mit Körperteilen:**
  María tiene los ojos azules y el pelo largo. *María hat blaue Augen und langes Haar.*
- bei **Zeitangaben** wie:
  la semana pasada *(letzte Woche)*, el próximo domingo *(nächsten Sonntag)*, el sábado *(am Samstag)*, los domingos *(sonntags)*.
- bei **Verallgemeinerungen:**
  El deporte es muy bueno para la salud. *Sport ist sehr gut für die Gesundheit.*

Abweichend vom Deutschen steht im Spanischen kein bestimmter oder unbestimmter Artikel u. a.

REGEL
- nach tener *(haben)*, buscar *(suchen)* und llevar *(tragen)*, **wenn allgemein angegeben wird,** was man (nicht) hat, (nicht) sucht oder (nicht) trägt:
  No tengo móvil. *Ich habe kein Handy.*
  ! **Aber:** Tengo un móvil nuevo. *Ich habe ein neues Handy.*
  Pablo busca empleo. *Pablo sucht eine Stelle.*
  ! **Aber:** Pablo busca un empleo interesante. *Pablo sucht eine interessante Stelle.*
  Teresa nunca lleva falda. *Teresa trägt nie einen Rock.*
  **Aber:** Hoy Teresa lleva una falda corta. *Heute trägt Teresa einen kurzen Rock.*
- vor medio *(ein halb)* und otro *(ein anderer, noch einer)*:
  Déme medio kilo de fresas, por favor. *Geben Sie mir bitte ein halbes Kilo Erdbeeren.*
  Tráigame otra cerveza, por favor. *Bringen Sie mir bitte noch ein Bier.*
- in Ausdrücken wie:
  estar en casa *zu Hause sein*, ir a casa *nach Hause gehen*, salir de casa *das Haus verlassen*, Correos *die Post*, Carlos V. *Karl der Fünfte.*

**1. Sr. und Sra. – mit oder ohne el und la? Ergänzen Sie.**

a. Paco, ¿sabes dónde está ______ Sr. Molina?
b. ■ Enrique, ¿ya has visto a ______ Sra. Martínez?
  ● No. Creo que ______ Sra. Martínez está de vacaciones esta semana.
c. ______ Srta. Sánchez es de Sevilla.
d. ■ Adiós, ______ Sra. Moreno.
  ● Adiós, ______ Sra. Suárez, hasta el lunes.
e. ■ Buenos días, ______ Sra. Jiménez. ¿Está ______ Sr. Rodríguez?
  ● Sí, ______ Sr. Rodríguez está en su oficina.
f. ■ ¿Cómo está usted, ______ Sra. Gómez?
  ● Gracias, estoy muy bien. Y usted, ______ Sra. Fernández, ¿cómo está usted?
g. ■ ¿No es usted ______ Sra. Ortiz?
  ● No, lo siento ______ Sr., yo soy ______ Sra. Serrano.

**2. Entscheiden Sie, ob in den folgenden Sätzen der bestimmte oder der unbestimmte Artikel bzw. gar kein Artikel verwendet wird.**

a. ¿Tienes ______ coche? – Sí, tengo ______ coche muy rápido. Es ______ Ferrari.
b. Esta es ______ señora Suárez. Es ______ mujer muy simpática.
c. Mi abuela tiene ______ pelo gris y ______ ojos marrones.
d. Tráiganos ______ medio litro de vino tinto, por favor.
e. Todos ______ días salen de ______ casa a las ocho.
f. ¿Quieres ______ helado?
g. ¡______ otra cerveza, por favor!
h. Luis toca ______ piano muy bien.
i. ______ sábados mi padre va al fútbol.
j. Me gustan mucho ______ perros.

**3. Ergänzen Sie die Sätze mit der richtigen Alternative.**

a. ... próximo miércoles voy al teatro.
*Nächsten Mittwoch gehe ich ins Theater.*
1. ☐ ∅
2. ☐ El

b. En agosto estamos de ... vacaciones.
*Im August sind wir in Urlaub.*
1. ☐ ∅
2. ☐ las

c. Me gusta mucho ... vino tinto.
*Ich mag Rotwein sehr.*
1. ☐ ∅
2. ☐ el

d. Tiene ... trabajo interesante.
*Er hat eine interessante Arbeit.*
1. ☐ un
2. ☐ ∅

e. ¿Vas a ... Correos?
*Gehst du zur Post?*
1. ☐ los
2. ☐ ∅

f. Siempre llevo ... sombrero.
*Ich trage immer einen Hut.*
1. ☐ ∅
2. ☐ un

# Cerveza fría, leche caliente

*Kaltes Bier, heiße Milch*

## Fría, caliente

Fría *(kalt)* und caliente *(warm)* sind Adjektive. Mit ihnen wird die Eigenschaft eines Substantivs, hier die des Bieres bzw. der Milch, beschrieben.

REGEL Geschlecht und Zahl eines Adjektivs richten sich nach dem Substantiv, auf das es sich bezieht. Die meisten spanischen Adjektive enden in der maskulinen Form auf -o, -e oder Konsonant.

- Adjektive auf -o bilden die feminine Form auf -a.
- Adjektive auf -e oder Konsonant sind in der maskulinen und femininen Form gleich.
- Der Plural wird wie bei den Substantiven gebildet: Bei den auf Vokal endenden Adjektiven wird ein -s angehängt, bei den auf Konsonant endenden -es.

| Singular | Plural |
|---|---|
| el coche nuevo *das neue Auto*<br>la casa nueva *das neue Haus* | los coches nuevos *die neuen Autos*<br>las casas nuevas *die neuen Häuser* |
| el parque grande *der große Park*<br>la plaza grande *der große Platz* | los parques grandes *die großen Parks*<br>las plazas grandes *die großen Plätze* |
| el jersey azul *der blaue Pullover*<br>la blusa azul *die blaue Bluse* | los jerséis azules *die blauen Pullover*<br>las blusas azules *die blauen Blusen* |

! **Aber:** Adjektive auf -án, -ín, -ón und -or enden zwar auf Konsonant, bilden jedoch die feminine Form durch Anhängen von -a, den Plural durch Anhängen von -es (maskulin) bzw. -s (feminin), z. B. una persona holgazana *eine faule Person*, chicas trabajadoras *fleißige Mädchen*. Ausgenommen von dieser Regel sind die Komparative auf -or, bei denen jeweils die maskuline und feminine Form gleich sind, im Plural wird -es angehängt (→ Kapitel 7):
el hermano menor/los hermanos menores *der jüngere Bruder/die jüngeren Brüder*
la hermana mayor/las hermanas mayores *die ältere Schwester/die älteren Schwestern*

- Wird ein Adjektiv nach den Verben ser und estar verwendet, wird es im Gegensatz zum Deutschen dem Substantiv angepasst.
El señor Gil es **rico**. / Los señores Gil son **ricos**. *Herr Gil ist* ***reich****. / Die Gils sind* ***reich****.*

**1. Setzen Sie Artikel, Substantiv und Adjektiv in den Plural.**

el coche nuevo — *los coches nuevos*

a. la casa moderna ______
b. el ejercicio difícil ______
c. el libro interesante ______
d. el profesor trabajador ______
e. la flor amarilla ______
f. la ciudad grande ______
g. el hombre fuerte ______

**2. Geben Sie den Singular an.**

las torres altas — *la torre alta*

a. los niños alegres ______
b. las frutas dulces ______
c. las estudiantes jóvenes ______
d. las casas viejas ______
e. las personas mayores ______
f. los profesores buenos ______
g. las madres felices ______

**3. Adjektiv und Substantiv müssen in ihrer Form übereinstimmen. Das Adjektiv in der Klammer steht im Singular maskulin. Gleichen Sie es an.**

a. Estas naranjas son muy *(dulce)* ______.
b. Laura es una chica *(encantador)* ______.
c. Estas sillas son muy *(cómodo)* ______.
d. Los ejercicios son *(fácil)* ______.
e. Teresa y Sandra son unas chicas muy *(amable)* ______.
f. La zona *(industrial)* ______ está al norte de la ciudad.
g. Toman pollo *(asado)* ______, ensalada *(mixto)* ______ y patatas *(frito)* ______.
h. José lleva un pantalón *(negro)* ______ y una camisa *(gris)* ______.

**4. Welche Farbe haben diese Dinge?**

Las fresas son *rojas*.

a. La nieve es ______.
b. El cielo es ______.
c. El carbón es ______.
d. Las hojas del árbol son ______.
e. Los girasoles son ______.
f. Las castañas son ______.

# Juan es de España. Es español.

*Juan kommt aus Spanien. Er ist Spanier.*

## Españoles, inglés, francesa

Anas und Juans Freunde sind keine Spanier. Bill kommt aus London und ist Engländer, Claire kommt aus Bordeaux und ist Französin. Españoles *(Spanier, spanisch)*, inglés *(Engländer, englisch)* und francesa *(Französin, französisch)* sind Adjektive, die die Nationalität bezeichnen. Ihre Formen unterscheiden sich von den anderen Adjektiven.

REGEL Nationalitätenadjektive, deren maskuline Form auf -o endet, bilden die feminine Form wie andere Adjektive auch auf -a und den Plural durch Anhängen von -s. Bei Nationalitätenadjektiven, die auf einen Konsonanten enden, wird für die feminine Form ein -a an die maskuline Form angehängt. Für den Plural wird der maskulinen Form -es und der femininen Form -s hinzugefügt.

| | |
|---|---|
| el señor italiano *der italienische Herr*<br>la señora italiana *die italienische Dame* | los señores italianos *die italienischen Herren*<br>las señoras italianas *die italienischen Damen* |
| el señor español *der spanische Herr*<br>la señora española *die spanische Dame* | los señores españoles *die spanischen Herren*<br>las señoras españolas *die spanischen Damen* |

Belga *(Belgier/-in, belgisch)* ist maskulin und feminin, der Plural lautet belgas.

Nationalitätenadjektive mit der Endung -í oder -ú sind ebenfalls maskulin und feminin. Sie bilden den Plural durch Anhängen von -es. Dazu gehören israelí – israelíes *(Israeli, israelisch)*, marroquí – marroquíes *(Marokkaner/-in, marokkanisch)*, iraquí – iraquíes *(Iraker/-in, irakisch)*, hindú – hindúes *(Hindu, hinduistisch)*.

## 1. Welche Nationalität haben diese Personen? Verbinden Sie die beiden Spalten.

a. Juan es de España. → 4
b. Lynne es de Inglaterra.
c. Françoise y Michelle son de Francia.
d. Wolfgang y Christian son de Alemania.
e. João es de Portugal.
f. Paolo y Giulia son de Italia.
g. Monika es de Austria.
h. Jacques es de Bélgica.
i. Bert es de Suiza.
j. Hanne es de Dinamarca.

1. Son italianos.
2. Es belga.
3. Es suizo.
4. Es español.
5. Es inglesa.
6. Es danesa.
7. Es austríaca.
8. Son francesas.
9. Es portugués.
10. Son alemanes.

## 2. Geben Sie die fehlenden Formen der folgenden Nationalitätenadjektive an. Achten Sie auf den Akzent.

| | maskulin Sg. | maskulin Pl. | feminin Sg. | feminin Pl. |
|---|---|---|---|---|
| a. Italia | italiano | | | |
| b. Brasil | brasileño | | | |
| c. Bélgica | belga | | | |
| d. Dinamarca | danés | | | |
| e. España | español | | | |
| f. México | mexicano | | | |
| g. Francia | francés | | | |
| h. Austria | austríaco | | | |
| i. Grecia | griego | | | |
| j. Suiza | suizo | | | |
| k. Irlanda | irlandés | | | |
| l. Polonia | polaco | | | |
| m. Estados Unidos | estadounidense | | | |
| n. Portugal | portugués | | | |
| o. Suecia | sueco | | | |

## 3. Woher stammen die Waren in diesem internationalen Einkaufskorb?

| | | |
|---|---|---|
| Wein aus Spanien | *vino de España* | *vino español* |
| a. Käse aus Frankreich | | |
| b. Tomaten aus Spanien | | |
| c. Whisky aus Irland | | |
| d. Bier aus Deutschland | | |
| e. Fisch aus Dänemark | | |
| f. Oliven aus Griechenland | | |
| g. Kaffee aus Brasilien | | |

# 6 Es un perro inteligente.

*Er ist ein intelligenter Hund.*

## Un perro inteligente, un gran perro

Sowohl inteligente *(intelligent)* als auch gran (von grande = *groß, großartig)* sind Adjektive. Inteligente steht nach dem Substantiv, grande davor und ist zu gran verkürzt.

REGEL Adjektive dienen zur Unterscheidung und stehen meistens **nach dem Substantiv**:
un perro inteligente *ein intelligenter Hund* – un perro estúpido *ein dummer Hund.*

Einige Adjektive stehen immer **vor dem Substantiv**. Dazu gehören otro *([ein] anderer)*, medio *([ein] halber)*, mucho *(viel)*, poco *(wenig)* sowie die Ordnungszahlen:
otra cosa *(eine andere Sache)*, media hora *(eine halbe Stunde)*, muchos amigos *(viele Freunde)*, poca gente *(wenige Leute)*, la primera vez *(das erste Mal)*.

Einige Adjektive werden **vor Substantiven im Singular maskulin verkürzt**, dazu gehören bueno *(gut)*, malo *(schlecht)*, alguno *(irgendeiner)*, ninguno *(keiner)* sowie die Ordnungszahlen primero *(erster)* und tercero *(dritter)*:
un buen amigo *(ein guter Freund)*, mal tiempo *(schlechtes Wetter)*, algún día *(eines Tages)*, ningún día *(an keinem Tag)*, el primer piso *(der erste Stock)*, el tercer hombre *(der dritte Mann)*.

Grande *(groß, großartig)* wird sowohl **vor maskulinen** als auch **vor femininen Substantiven im Singular** verkürzt:
un gran escritor *ein großartiger Schriftsteller* – una gran actriz *eine großartige Schauspielerin.*

Bei einigen Adjektiven hängt die Bedeutung davon ab, ob sie **vor oder nach dem Substantiv** stehen.

| vorangestellt | nachgestellt |
|---|---|
| una buena amiga *eine gute/enge Freundin* | un hombre bueno *ein guter Mensch* |
| un viejo amigo *ein alter/langjähriger Freund* | un amigo viejo *ein alter/betagter Freund* |
| un gran perro *ein außergewöhnlicher Hund* | un perro grande *ein großer Hund* |

**1. Vor oder nach dem Substantiv, verkürzt oder nicht? Setzen Sie das Adjektiv an der richtigen Stelle und in der richtigen Form ein.**

Hay *mucha* gente ____________ en la calle. *(mucho)*

a. Ella siempre tiene ____________ tiempo ____________. *(poco)*
b. Vivimos en el ____________ piso ____________. *(primero)*
c. La rosa es una ____________ flor ____________. *(hermoso)*
d. Este es un ____________ libro ____________. *(interesante)*
e. El AVE es un ____________ tren ____________. *(rápido)*
f. No tengo ____________ idea ____________. *(ninguno)*
g. Conozco a Pablo desde hace 20 años. Es un ____________ amigo ____________. *(bueno)*
h. Es la ____________ vez ____________ que estoy en España. *(tercero)*
i. ____________ kilo ____________ de naranjas, por favor. *(medio)*
j. ¿Quieres ____________ cerveza ____________? *(otro)*

**2. Kreuzen Sie die richtige Übersetzung an.**

a. eine gute Freundin
1. ☐ una amiga buena
2. ☐ una buena amiga

b. eine alte Stadt
1. ☐ una antigua ciudad
2. ☐ una ciudad antigua

c. ein großartiger Dichter
1. ☐ un gran poeta
2. ☐ un poeta grande

d. der graue Himmel
1. ☐ el gris cielo
2. ☐ el cielo gris

e. die dritte Straße
1. ☐ la calle tercera
2. ☐ la tercera calle

f. ein halbes Jahr
1. ☐ medio año
2. ☐ un año medio

**3. Ordnen Sie die Wörter zu einem vollständigen Satz.**

a. interesante libro Es un. → ____________________
b. Paco son y amigos Jaime buenos. → ____________________
c. en tercer a Vivimos la derecha el edificio. → ____________________
d. Esta muy es blusa bonita. → ____________________
e. ¿? estado Has alguna vez Guatemala en → ____________________
f. de Medio por litro vino blanco favor. → ____________________
g. ¿? Quieres cerveza otra → ____________________

**4. Übersetzen Sie die Ausdrücke in der Klammer.**

a. El lunes es el *(erste Tag)* ____________________ de la semana.
b. Carmen y Luisa son *(gute Freundinnen)* ____________________.
c. París es una *(interessante Stadt)* ____________________.
d. Vive en la *(dritten Straße)* ____________________ a la izquierda.
e. Por la mañana toma siempre *(einen halben Liter)* ____________________ de leche.
f. No me gusta nada la *(moderne Musik)* ____________________.
g. El Titicaca es un *(peruanischer See)* ____________________.

# 7 Yo soy más alto que tú.

*Ich bin größer als du.*

## Más alto que

Juan und Ana vergleichen ihre Körpergröße. Juan stellt fest, dass er größer als Ana ist, er benutzt dazu den Komparativ (= 1. Steigerungsform) más alto que *(größer als)*.

REGEL Um Personen, Dinge oder Tätigkeiten, die unterschiedlich sind, miteinander zu vergleichen, benötigt man im Spanischen den Komparativ und que. Der Komparativ wird mit más bzw. menos gebildet.

| | |
|---|---|
| más/menos + Adjektiv + que<br><br><br><br>más/menos + Adverb + que | Paco es más alto que Carmen. *Paco ist größer als Carmen.* oder<br>Carmen es menos alta que Paco. *Carmen ist weniger groß als Paco.*<br>Miguel vive más intensamente que su amigo. *Miguel lebt intensiver als sein Freund.* |
| Verb + más/menos + que | Tú trabajas más/menos que nosotros. *Du arbeitest mehr/weniger als wir.* |
| más/menos + Substantiv + que | Tenemos más/menos tiempo que vosotros. *Wir haben mehr/weniger Zeit als ihr.* |

Bei Zahlen gebraucht man más/menos de:
Múnich tiene más de un millón de habitantes. *München hat mehr als eine Million Einwohner.*
Miguel gana menos de mil euros al mes. *Miguel verdient weniger als tausend Euro im Monat.*

Einige Adjektive haben einen unregelmäßigen Komparativ, einige eine regelmäßige und eine unregelmäßige Form. Diese Komparative sind für maskulin und feminin gleich und bilden den Plural durch Anhängen von -es.
bueno → mejor *gut* → *besser*
malo → peor *schlecht* → *schlechter*
pequeño → más pequeño/menor *klein* → *kleiner* (Ausdehnung)/*kleiner* (Bedeutung), *jünger*
grande → más grande/mayor *groß* → *größer* (Ausdehnung)/*größer* (Bedeutung), *älter*
bajo → más bajo/inferior *niedrig* → *niedriger* (Größe)/*niedriger, geringer* (Bedeutung)
alto → más alto/superior *hoch* → *höher* (Größe)/*höher, überlegen* (Bedeutung).

Der Komparativ von mucho/-a/-os/-as *(viel)* ist más und von poco/-a/-os/-as *(wenig)* menos.
Tengo mucho tiempo. *Ich habe viel Zeit.* – Tienes más tiempo. *Du hast mehr Zeit.*
Tengo pocas vacaciones. *Ich habe wenig Ferien.* – Tienes menos vacaciones. *Du hast weniger Ferien.*

Auch der Komparativ einiger Adverbien ist unregelmäßig: bien *(gut)* → mejor *(besser)*, mal *(schlecht)* → peor *(schlechter)*, poco *(wenig)* → menos *(weniger)*, mucho *(viel)* → más *(mehr)*.

# Steigerung und Vergleich (1): Komparativ *más/menos ... que*

**1. Vergleichen Sie mit más ... que oder menos ... que.**

a. El agua mineral es ________ dulce ________ la limonada.
b. Málaga tiene ________ habitantes ________ Marbella.
c. En invierno las temperaturas son ________ bajas ________ en verano.
d. En una casa pequeña hay ________ habitaciones ________ en un palacio.
e. En verano hay ________ turistas en la playa ________ en invierno.
f. La leche es ________ sana ________ el coñac.

**2. Vergleichen Sie mit jeweils zwei Sätzen.**

Enrique corre 100 metros en 13 segundos. Jaime corre 100 metros en 18 segundos.
*(rápido/lento)* → Enrique es más rápido que Jaime. / Jaime es más lento que Enrique.

a. El jardín de mi abuela tiene 3 hectáreas. Nuestro jardín tiene 2 hectáreas. *(grande/pequeño)*

________________________________________

b. Isabel estudia 5 horas al día. Paco estudia 1 hora al día. *(mucho/poco)*

________________________________________

c. En la zona industrial hay muchas fábricas. En la zona peatonal no hay coches. *(ruidoso/tranquilo)*

________________________________________

d. El Everest tiene 8.848 metros de altura. El Teide tiene 3.718 metros de altura. *(alto/bajo)*

________________________________________

e. La moto de Miguel tiene 1 año. La moto de Luis tiene 3 años. *(nuevo/viejo)*

________________________________________

**3. Ordnen Sie die Wörter zu einem sinnvollen Satz.**

a. hace En frío verano menos invierno en que. → ________________________
b. más tiene gatos de diez Nuestra vecina. → ________________________
c. ¿? Quién o yo trabaja más tú → ________________________
d. que Manuela más Pedro es alta. → ________________________
e. Hoy ayer peor está que. → ________________________
f. hermana mayor Luisa es que su. → ________________________

**4. Übersetzen Sie.**

a. Das Buch ist besser als der Film. ________________________
b. Wir haben weniger Zeit als ihr. ________________________
c. Teresa hat mehr als tausend Bücher. ________________________
d. Juan arbeitet mehr als Felipe. ________________________
e. Sevilla hat weniger Einwohner als Barcelona. ________________________

# 8 Cuesta tanto como tu ordenador.

*Es kostet so viel wie dein Computer.*

## Cuesta tanto como

Das Kleid kostet so viel wie Juans neuer Computer – cuesta tanto como.

REGEL Personen, Dinge oder Tätigkeiten, die gleich sind, werden wie folgt miteinander verglichen:

| | |
|---|---|
| tan + Adjektiv + como<br>tan + Adverb + como | La camiseta es tan cara como la blusa. *Das T-Shirt ist genauso teuer wie die Bluse.*<br>María canta tan bien como su amiga. *María singt genauso gut wie ihre Freundin.* |
| Verb + tanto como | Teresa estudia tanto como Luisa. *Teresa lernt genau-so viel wie Luisa.* |
| tanto/-a/-os/-as + Substantiv + como | Gastamos tanto dinero en ropa como en deporte. *Wir geben für Kleidung genauso viel Geld aus wie für Sport.*<br>La niña tiene tanta sed como el niño. *Das Mädchen hat ebenso viel Durst wie der Junge.*<br>Viena no tiene tantos habitantes como Madrid. *Wien hat nicht so viele Einwohner wie Madrid.*<br>No trabajo tantas horas como tú. *Ich arbeite nicht so viele Stunden wie du.* |

Verben lassen sich auch mit lo mismo que und igual que vergleichen:
En las vacaciones hago lo mismo que tú. *In den Ferien mache ich dasselbe wie du.*
Miguel juega al tenis igual que Paco. *Miguel spielt wie Paco Tennis.*

**1. Setzen Sie die richtige Form von tanto bzw. tan ein.**

a. En verano no llueve ______ como en invierno.
b. Miguel tiene ______ discos como Carmen.
c. La rosa es ______ hermosa como el clavel.
d. Tiene ______ ganas de ir al cine como de ir al teatro.
e. El Sr. López no trabaja ______ como el Sr. García.
f. Esta foto me gusta ______ como la otra.
g. La niña no conoce ______ canciones como su madre.

**2. Kreuzen Sie den richtigen Vergleich an.**

a. Mi abuela tiene 78 años, mi abuelo tiene 83 años. → Mi abuelo tiene ... años ... mi abuela.
   1. ☐ tantos / como
   2. ☐ más / que
b. Pedro y María tienen tres semanas de vacaciones. → Pedro tiene ... vacaciones ... María.
   1. ☐ tantas / que
   2. ☐ tantas / como
c. Yo estudio cuatro horas al día, tú estudias cinco horas al día. → Yo ... estudio ... tú.
   1. ☐ no / tanto como
   2. ☐ ∅ / tanto como
d. A mí me gusta el cine y a tí también. → Tenemos los ... intereses.
   1. ☐ tantos
   2. ☐ mismos

**3. Die Wörter in den folgenden Sätzen sind durcheinander geraten. Ordnen Sie sie. Das Wort, mit dem Sie beginnen sollen, ist jeweils unterstrichen.**

a. Carlos tantos no Teresa tiene como años. → ______
b. su tan alta Luisa hermano es como Antonio. → ______
c. tenemos vosotros como vacaciones tantas No. → ______
d. Ir en tan tren no rápido avión es ir como en. → ______
e. de Luis padre trabaja El mi padre tanto como. → ______
f. Él no como ella en ropa tanto gasta. → ______
g. Tú comes como yo tanta fruta no. → ______

**4. Übersetzen Sie die Ausdrücke in der Klammer.**

a. Yo no tengo *(so viel)* ______ tiempo como tú.
b. Tu coche ha recorrido *(so viele)* ______ kilómetros como el mío.
c. Este libro tiene *(so viele)* ______ páginas como el otro.
d. Miguel gasta *(genauso viel)* ______ en ropa como en viajes.
e. La pensión del centro no es *(so)* ______ cara como el hotel de la playa.
f. La música clásica me gusta *(genauso)* ______ como la música folclórica.

# 9 Esta paella está riquísima.

*Diese Paella ist sehr lecker.*

## Riquísima, mejor

Riquísima ist der absolute Superlativ von rico (bei Speisen *lecker*), mejor ist der relative Superlativ von bueno *(gut)*.

REGEL Der relative Superlativ stimmt in seiner Form mit dem Komparativ überein:
el tren más rápido *der schnellere Zug* oder *der schnellste Zug*.
Durch einen Zusatz kann man deutlich machen, dass wirklich der Superlativ gemeint ist:
El AVE es el tren más rápido de España. *Der AVE ist der schnellste Zug Spaniens.*

REGEL Außerdem gibt es im Spanischen den absoluten Superlativ, der auf -ísimo/-ísima/-ísimos/-ísimas endet und einen hohen Grad einer Eigenschaft ausdrückt. Er wird wie folgt gebildet:

| Adjektiv-Endung | absoluter Superlativ |
|---|---|
| Vokal: Der Vokal fällt weg, -ísimo/-ísima/-ísimos/-ísimas wird angehängt, orthografische Veränderung: c wird zu qu und g zu gu. | caro → carísimo *teuer → sehr/sündhaft teuer*<br>rico → riquísimo *reich → sehr reich/steinreich*<br>largo → larguísimo *lang → sehr/überaus lang* |
| -io: Beide Vokale fallen weg, -ísimo/-ísima/-ísimos/-ísimas wird angehängt. | limpio → limpísimo *sauber → sehr sauber/blitzsauber* |
| Konsonant: -ísimo/-ísima/-ísimos/-ísimas wird angehängt, orthografische Veränderung: z wird zu c. | fácil → facilísimo *leicht → sehr leicht/kinderleicht*<br>feliz → felicísimo *glücklich → sehr/überaus glücklich* |

Einige Adjektive bilden den absoluten Superlativ unregelmäßig, z. B. noble *(vornehm)* → nobilísimo, einige haben eine regelmäßige und eine unregelmäßige Form, z. B. fuerte *(stark)* → fuertísimo / fortísimo, cierto *(sicher)* → ciertísimo / certísimo.

! Im Deutschen wird der absolute Superlativ durch bildhafte Ausdrücke, z. B. „spindeldürr“, oder mit Hilfe von Adverbien wie „sehr“, „äußerst“, „überaus“, „wahnsinnig“, „unheimlich“ usw. zum Ausdruck gebracht. Letzteres ist auch im Spanischen möglich:
un libro interesantísimo = un libro muy/sumamente interesante.

# Steigerung und Vergleich (3): Relativer und absoluter Superlativ

**1. Setzen Sie das Adjektiv in der Klammer in den relativen Superlativ. Achten Sie auf Geschlecht und Zahl.**

Manuela es la chica *(perezoso)* más perezosa de la clase.

a. Este pastel es el *(bueno)* ________________ que he comido en mi vida.
b. Javier es el chico *(alto)* ________________ del grupo.
c. Esta mermelada de fresa es la *(dulce)* ________________.
d. Estas playas son las *(limpio)* ________________ de toda la costa.
e. El superlativo es el tema *(fácil)* ________________ de la gramática española.
f. Esta película es la *(aburrido)* ________________ que he visto.

**2. Bilden Sie Sätze wie im Beispiel.**

Este ejercicio es muy difícil. – Sí, es dificilísimo.

a. Esta blusa es muy cara. – Sí, es ________________.
b. Este flan es muy dulce. – Sí, es ________________.
c. Estas casas son muy altas. – Sí, son ________________.
d. Estos señores son muy ricos. – Sí, son ________________.
e. Estas tareas son muy fáciles. – Sí, son ________________.
f. Esta playa es muy larga. – Sí, es ________________.

**3. Wählen Sie aus den Adjektiven das passende aus und bilden Sie Sätze mit dem relativen Superlativ.**

Este ejercicio es facilísimo. – Sí, y además es el más corto de este capítulo.

a. Este gazpacho andaluz está riquísimo. –
No, para mí es el ________________ que he comido.
b. Esta chica es guapísima. –
Sí, y además es la ________________ que conozco.
c. Estos alumnos son inteligentísimos. –
Es verdad, pero son los ________________ de toda la clase.
d. Este barrio es limpísimo. –
Sí, y además es el ________________ de la ciudad.

perezoso antiguo simpático malo

**4. Juan und Ana verkleiden sich für einen Faschingsball und brauchen dazu viele Utensilien. Ergänzen Sie die absoluten Superlative.**

a. riesengroße Ohren — orejas ________________
b. eine superlange Nase — una nariz ________________
c. ein knallroter Pullover — un jersey ________________
d. ein potthässliches T-Shirt — una camiseta ________________
e. ein uralter Rock — una falda ________________

# 10 Una fiesta perfectamente preparada ...

*Eine perfekt vorbereitete Party ...*

## Perfectamente

Perfectamente *(perfekt)* ist ein Adverb (= Umstandswort). Während sich Adjektive auf Substantive beziehen, werden Adverbien verwendet, um Verben, Adjektive, andere Adverbien oder ganze Sätze näher zu bestimmen. Im Spanischen gibt es Adverbien, die sich von Adjektiven herleiten, und Adverbien, die eine eigene Form besitzen.

REGEL ⇨ Durch Anhängen von -mente an die feminine Form des Adjektivs wird aus einem Adjektiv ein Adverb: perfecto → perfecta → perfectamente.
Das Adverb behält den Akzent des Adjektivs bei. Es ist unveränderlich. Enthält ein Satz mehrere Adverbien, wird nur an das letzte -mente angehängt, die anderen entsprechen dem femininen Adjektiv: Trabaja lenta pero exactamente. *Er arbeitet langsam, aber genau.*

⇨ Bei einigen Adjektiven wird neben der Form auf -mente das maskuline Adjektiv als Adverb verwendet, z. B.: correr rápido/rápidamente *(schnell laufen)* und hablar claro/claramente *(deutlich sprechen)*. Einige maskuline Adjektive haben als Adverb eine andere Bedeutung, z. B. hablar alto/bajo *(laut/leise sprechen)* und llegar pronto *(bald ankommen)*.

⇨ Das Adverb von bueno *(gut)* lautet bien, von malo *(schlecht)* mal.

⇨ Adverbien mit eigener Form sind z. B. die Adverbien des Ortes wie abajo *(unten)*, arriba *(oben)*, aquí *(hier)*, allí *(dort)*, der Zeit wie ahora *(jetzt)*, ayer *(gestern)*, siempre *(immer)*, tarde *(spät)*, der Art und Weise wie así *(so)*, despacio *(langsam)*, bien *(gut)*, mal *(schlecht)* und der Menge wie bastante *(ziemlich)*, casi *(fast)*, demasiado *(zu viel)*.

⇨ Adverbien werden wie Adjektive mit más oder menos gesteigert:
fácilmente → más/menos fácilmente.
Unregelmäßig gesteigert werden bien → mejor, mal → peor, poco → menos, mucho → más.

⇨ Muy *(sehr)* – mucho *(viel, sehr)*
Das Adverb muy steht bei einem Adjektiv oder Adverb:
Este jardín es muy grande. *Dieser Garten ist sehr groß.*
Cantas muy bien. *Du singst sehr schön.*
Das Adverb mucho beschreibt ein Verb:
Me gustan mucho los perros. *Ich mag Hunde sehr gern.*
Mucho steht in einer Antwort, wenn das Adjektiv mit muy nicht wiederholt wird:
¿Estás contento? *Bist du zufrieden?* – Sí, mucho. *Ja, sehr.*

### 1. Wie lautet das Adverb?

a. fácil → ____________
b. elegante → ____________
c. independiente → ____________
d. lento → ____________
e. frecuente → ____________
f. anterior → ____________
g. rápido → ____________
h. general → ____________
i. lógico → ____________
j. final → ____________

### 2. Wählen Sie eines der Adverbien im Kasten aus und ergänzen Sie damit die Sätze.

a. Los niños han hecho los deberes muy ____________.
b. El libro es ____________ interesante que la película.
c. Están ____________ satisfechos.
d. ¡Habla más ____________, por favor!
e. Para perder algunos kilos tienes que hacer deporte ____________.
f. Desde hace unos meses veo ____________. Necesito gafas.
g. Juan sabe ____________ de informática.

despacio, mal, totalmente, regularmente, mucho más, mucho, bien

### 3. Muy oder mucho? Tragen Sie das richtige Wort ein.

a. Esta casa es ____________ moderna.
b. También en las vacaciones tengo que trabajar ____________.
c. La salud es ____________ más importante que el dinero.
d. Esta película me gusta ____________.
e. Este señor es ____________ rico.
f. Tú eres ____________ feliz, ¿verdad? – Sí, ____________.
g. He recibido una carta ____________ larga de mi novio.

### 4. Übersetzen Sie die Adverbien in der Klammer.

a. *(Glücklicherweise)* ____________ tenemos tiempo hoy.
b. Toca el piano *(besser)* ____________ que su hermana.
c. Habláis español *(perfekt)* ____________.
d. Ahora ya no duerme tan *(schlecht)* ____________ como antes.
e. ¡Lo has hecho *(sehr gut)* ____________!
f. Pedro es un buen alumno. Aprende *(leicht)* ____________.
g. Siento *(sehr)* ____________ que no podáis venir a mi cumpleaños.

## Uno, dos, tres ...

Eins, zwei, drei ...

REGEL So zählen Sie auf Spanisch.

| | | | | | |
|---|---|---|---|---|---|
| 1 | uno (un, una) | 15 | quince | 29 | veintinueve |
| 2 | dos | 16 | dieciséis | 30 | treinta |
| 3 | tres | 17 | diecisiete | 31 | treinta y uno |
| 4 | cuatro | 18 | dieciocho | 32 | treinta y dos |
| 5 | cinco | 19 | diecinueve | 33 | treinta y tres |
| 6 | seis | 20 | veinte | 40 | cuarenta |
| 7 | siete | 21 | veintiuno | 41 | cuarenta y uno |
| 8 | ocho | 22 | veintidós | 42 | cuarenta y dos |
| 9 | nueve | 23 | veintitrés | 50 | cincuenta |
| 10 | diez | 24 | veinticuatro | 60 | sesenta |
| 11 | once | 25 | veinticinco | 70 | setenta |
| 12 | doce | 26 | veintiséis | 80 | ochenta |
| 13 | trece | 27 | veintisiete | 90 | noventa |
| 14 | catorce | 28 | veintiocho | 100 | cien |

**un, una**

Vor einem maskulinen Substantiv lautet die Zahl „1" un, vor einem weiblichen una, sie stimmt also mit dem unbestimmten Artikel überein. Das gilt auch für höhere Zahlen, die auf „1" enden:
un año *(ein Jahr)* – veintiún años *(21 Jahre)* – cuarenta y un años *(41 Jahre)*
una semana *(eine Woche)* – veintiuna semanas *(21 Wochen)* – cuarenta y una semanas *(41 Wochen)*

**unos, unas**

Vor Zahlen bedeuten unos und unas „ungefähr, etwa":
unos quince años *(ungefähr 15 Jahre)*, unas diez semanas *(etwa zehn Wochen)*

**1. Schreiben Sie die folgenden Zahlen aus, beginnen Sie mit der niedrigsten.**

a. ____________________
b. ____________________
c. ____________________
d. ____________________
e. ____________________
f. ____________________
g. ____________________

7 81 63 12 28 54 15

**2. Geben Sie die folgenden ausgeschriebenen Zahlen in Ziffern an.**

a. treinta y dos ______
b. once ______
c. diecisiete ______
d. noventa y siete ______
e. cuarenta y cuatro ______
f. setenta y seis ______
g. ochenta y cinco ______

**3. Das müssen Sie noch für Ihre Gartenparty besorgen. Ordnen Sie die Buchstaben der benötigten Mengen und geben Sie die Zahlen in Buchstaben und Ziffern an.**

a. a c t n e u a r ________________________ vasos
b. t i s e e ________________________ mesas
c. e n q i c u ________________________ linternas
d. e v i t e n ________________________ botellas de vino
e. s t e r ________________________ cajas de agua mineral
f. o v n t e c h i i o ________________________ sillas
g. s t e n s a e ________________________ discos

**4. Welche Ziffer gehört zu welcher ausgeschriebenen Zahl? Verbinden Sie die beiden Spalten.**

| | |
|---|---|
| a. 12 | 1. treinta y seis |
| b. 70 | 2. cincuenta y cuatro |
| c. 36 | 3. doce |
| d. 2 | 4. sesenta y siete |
| e. 67 | 5. veintiuno |
| f. 21 | 6. dos |
| g. 54 | 7. setenta |

# 12 El Mulhacén tiene 3.481 metros de altura.

*Der Mulhacén ist 3.481 Meter hoch.*

## Tres mil cuatrocientos ochenta y uno

Mit 3.481 Metern ist der Mulhacén in der Sierra Nevada der höchste Berg auf der spanischen Halbinsel.

REGEL Und so zählen Sie ab 100.

| | |
|---|---|
| 100 | cien |
| 101 | ciento un(o)/una |
| 102 | ciento dos |
| 200 | doscientos/doscientas |
| 300 | trescientos/trescientas |
| 400 | cuatrocientos/cuatrocientas |
| 500 | quinientos/quinientas |
| 600 | seiscientos/seiscientas |
| 700 | setecientos/setecientas |
| 800 | ochocientos/ochocientas |
| 900 | novecientos/novecientas |
| 1.000 | mil |
| 1.001 | mil un(o)/una |
| 1.002 | mil dos |
| 2.000 | dos mil |
| 100.000 | cien mil |
| 1.000.000 | un millón |
| 2.000.000 | dos millones |
| 1.000.000.000 | mil millones |

cien, ciento: „100" heißt cien, bei Zahlen über 100 verwendet man ciento.

Ab 200 gibt es eine maskuline und eine feminine Form:
doscientos euros *200 Euro*
doscientas personas *200 Personen*

Als Zahl hat mil keinen Plural.
**Aber:** miles de personas *Tausende von Personen*

Millón wird in den Plural gesetzt. Ein folgendes Substantiv wird mit de angeschlossen.
Esta ciudad tiene más de 12 millones de habitantes. *Diese Stadt hat mehr als 12 Millionen Einwohner.*

## 1. Wie lautet die ausgeschriebene Zahl in Ziffern?

a. quinientos setenta y dos ____________

b. dos mil cuatrocientos ochenta y uno ____________

c. setecientos sesenta y siete ____________

d. nueve mil seiscientos treinta ____________

e. quince mil quinientos cinco ____________

f. un millón doscientos treinta y un mil trescientos trece ____________

g. ochocientos noventa y cuatro ____________

## 2. Wie heißt die Zahl? Kreuzen Sie an.

| | | |
|---|---|---|
| a. 372 | ☐ 1. trescientos setenta y dos | ☐ 2. trescientos veintisiete |
| b. 1.465 | ☐ 1. mil cuatrocientos sesenta y cinco | ☐ 2. mil cuatrocientos setenta y cinco |
| c. 13.746 | ☐ 1. tres mil setecientos cuarenta y seis | ☐ 2. trece mil setecientos cuarenta y seis |
| d. 5.505 | ☐ 1. cinco mil quinientos quince | ☐ 2. cinco mil quinientos cinco |
| e. 76.400 | ☐ 1. sesenta y siete mil cuatrocientos | ☐ 2. setenta y seis mil cuatrocientos |
| f. 827 | ☐ 1. ocho mil veintisiete | ☐ 2. ochocientos veintisiete |
| g. 2.466 | ☐ 1. doce mil cuatrocientos sesenta y seis | ☐ 2. dos mil cuatrocientos sesenta y seis |

## 3. Wie hoch ist welcher Berg? Verbinden Sie Berg und Höhenangabe miteinander.

| | |
|---|---|
| a. Teide 3.718 m | 1. dos mil seiscientos quince metros |
| b. Matterhorn 4.478 m | 2. seis mil trescientos veintidós metros |
| c. Popocatépetl 5.452 m | 3. seis mil doscientos setenta y dos metros |
| d. Picos de Europa 2.615 m | 4. tres mil setecientos dieciocho metros |
| e. Chimborazo 6.272 m | 5. cuatro mil ochocientos siete metros |
| f. Montblanc 4.807 m | 6. cuatro mil cuatrocientos setenta y ocho metros |
| g. Illimani 6.322 m | 7. cinco mil cuatrocientos cincuenta y dos metros |

## 4. Sie bezahlen in verschiedenen Ländern mit verschiedenen Währungen. Schreiben Sie die Zahlen aus, achten Sie auf die Angleichung. ¿Cuánto es?

a. Reino Unido: 275 ____________ libras

b. Suecia: 3.671 ____________ coronas

c. Estados Unidos: 504 ____________ dólares

d. Honduras: 300 ____________ lempiras

e. Argentina: 1.131 ____________ pesos

f. Venezuela: 2.682 ____________ bolívares

g. Guatemala: 100 ____________ quetzales

# 13 Vivo en la segunda casa a la derecha.

*Ich wohne im zweiten Haus rechts.*

## La segunda casa

Paco wohnt im zweiten Haus rechts – segunda *(zweite/r/s)* ist eine Ordnungszahl.

REGEL Die spanischen Ordnungszahlen lauten wie folgt:

| | |
|---|---|
| 1° | primero |
| 2° | segundo |
| 3° | tercero |
| 4° | cuarto |
| 5° | quinto |
| 6° | sexto |
| 7° | séptimo |
| 8° | octavo |
| 9° | noveno |
| 10° | décimo |

Für Ordnungszahlen über „10“ werden im Allgemeinen die Grundzahlen verwendet:
Carlos Quinto *Karl der V.*
Alfonso Once *Alfons der XI.*
el siglo veinte *das 20. Jahrhundert*
Die Ordnungszahlen richten sich wie Adjektive in Geschlecht und Zahl nach dem zugehörigen Substantiv. Sie bilden deshalb auch eine feminine Form und einen maskulinen und femininen Plural:
primero / primera / primeros / primeras

Die Ordnungszahlen stehen vor dem Substantiv. Primero und tercero werden vor einem maskulinen Substantiv zu primer bzw. tercer verkürzt.
la primera vez *das erste Mal* el primer día *der/am erste/n Tag*
la tercera vez *das dritte Mal* el tercer día *der/am dritte/n Tag*

Schreibt man die Ordnungszahlen als Ziffern, erhalten sie im Spanischen keinen Punkt, sondern die entsprechende hochgestellte Endung.
la primera calle = la 1ª calle *die 1. Straße*
el segundo piso = el 2° piso *der 2. Stock*
el tercer semáforo = el $3^{er}$ semáforo *die 3. Ampel*

Für das Datum verwendet man im Spanischen nicht die Ordnungszahlen, sondern die Grundzahlen. Nur beim Monatsersten sind uno und primero möglich.
Hoy es cinco de julio. *Heute ist der 5. Juli.*
Mi cumpleaños es el uno/primero de marzo. *Ich habe am 1. März Geburtstag.*

**1. Verbinden Sie Grund- und Ordnungszahl.**

| | |
|---|---|
| a. ocho | 1. séptimo |
| b. nueve | 2. décimo |
| c. tres | 3. sexto |
| d. siete | 4. cuarto |
| e. diez | 5. quinto |
| f. seis | 6. tercero |
| g. cuatro | 7. primero |
| h. uno | 8. octavo |
| i. dos | 9. noveno |
| j. cinco | 10. segundo |

**2. Folgende Ausdrücke könnten Sie in einer Wegbeschreibung finden. Leider sind die Buchstaben der Ordnungszahlen durcheinander geraten. Ordnen Sie sie.**

a. die erste Ampel: el (r p i r m e) ____________ semáforo
b. die vierte Ecke links: la (a c t u r a) ____________ esquina a la izquierda
c. die zweite Straße rechts: la (d s e a n g u) ____________ calle a la derecha
d. das fünfte Gebäude: el (u t i q n o) ____________ edificio
e. die dritte Kreuzung: el (c e e r t r) ____________ cruce

**3. Übersetzen Sie die Ordnungszahlen ins Spanische.**

| | | |
|---|---|---|
| a. der erste Tag | el ____________ | día |
| b. die fünfte Woche | la ____________ | semana |
| c. das neunte Mal | la ____________ | vez |
| d. die zweiten Besitzer | los ____________ | propietarios |
| e. die ersten Besucher | los ____________ | visitantes |
| f. die zehnte Stunde | la ____________ | hora |
| g. der dritte Preis | el ____________ | premio |

**4. Grund- oder Ordnungszahl, vor- oder nachgestellt? Kreuzen Sie an.**

a. el ___ de agosto
1. ☐ 16
2. ☐ 16°

b. el ___ siglo ___
1. ☐ dieciocho / ∅
2. ☐ ∅ / dieciocho

c. el ___ día ___
1. ☐ ∅ / quinto
2. ☐ quinto / ∅

d. el ___ ganador ___
1. ☐ ∅ / tercero
2. ☐ tercer / ∅

e. la ___ calle
1. ☐ una
2. ☐ primera

f. Rey Juan Carlos ___
1. ☐ uno
2. ☐ primero

# Wählen Sie die richtige Form.

## Substantive und Artikel

1. Hacemos ___ viaje a las Islas Canarias.
   a) ☐ un
   b) ☐ una

2. En ___ calles del centro hay mucho tráfico.
   a) ☐ los
   b) ☐ las

3. ___ agua mineral, por favor.
   a) ☐ Una
   b) ☐ Un

4. ¿Tienes ___ móvil?
   a) ☐ ∅
   b) ☐ un

5. Buenos días, ___ Sra. Sánchez.
   a) ☐ ∅
   b) ☐ la

6. ¿Está ___ Sr. Martínez?
   a) ☐ ∅
   b) ☐ el

7. La película empieza dentro de ___ media hora.
   a) ☐ ∅
   b) ☐ una

## Adjektive

8. Málaga es una ciudad modern-.
   a) ☐ -o
   b) ☐ -a

9. Esta novela me parece muy interesant-.
   a) ☐ -a
   b) ☐ -e

10. Mi padre trabaja en una posición superior-.
    a) ☐ -a
    b) ☐ -∅

11. Ella siempre lleva faldas azul-.
    a) ☐ -es
    b) ☐ -as

12. Nos gustan las películas español-.
    a) ☐ -es
    b) ☐ -as

13. El ___ día fuimos al museo.
    a) ☐ primer
    b) ☐ primero

## Vergleiche

14. España es ___ grande ___ Portugal.
    a) ☐ más / que
    b) ☐ más / como

15. Este vino es ___ ___ el otro.
    a) ☐ mejor / que
    b) ☐ bueno / que

16. Gana ___ ___ cinco mil euros al mes.
    a) ☐ más / que
    b) ☐ más / de

17. La película es ___ interesante ___ el libro.
    a) ☐ tanto / como
    b) ☐ tan / como

18. No tengo ___ vacaciones ___ tú.
    a) ☐ tanto / como
    b) ☐ tantas / como

19. Trabajo ___ ___ Luis.
    a) ☐ tanto / como
    b) ☐ tanto / que

### Adverb

20. Este tren va muy ___.
    a) lento
    b) lentamente

21. Habla el español muy ___.
    a) bien
    b) bueno

22. Esto es ___ correcto.
    a) absolutamente
    b) absoluto

23. Esta camiseta me gusta ___.
    a) mucho
    b) muy

24. Carmen es una chica ___ guapa.
    a) mucho
    b) muy

### Zahlen

25. Tengo ___ años.
    a) cuarenta y uno
    b) cuarenta y un

26. En nuestra clase hay ___ chicas.
    a) veintiún
    b) veintiuna

27. Han venido más de ___ personas.
    a) doscientos cincuenta
    b) doscientas cincuenta

28. Este sillón cuesta ___ (576) euros.
    a) quinientos sesenta y seis
    b) quinientos setenta y seis

29. Viven en la ___ planta ___.
    a) quinta / ∅
    b) ∅ / quinta

30. Hoy estamos a ___ de mayo.
    a) dos
    b) segundo



Vergleichen Sie nun Ihre Lösungen mit dem Schlüssel auf S. 172. Wenn Sie die Aufgaben nicht richtig gelöst haben, wiederholen Sie noch einmal das betreffende Kapitel. Diese Tabelle zeigt Ihnen, auf welches Kapitel sich die einzelnen Aufgaben beziehen.

| Aufgabe | Kapitel | Aufgabe | Kapitel | Aufgabe | Kapitel | Aufgabe | Kapitel | Aufgabe | Kapitel |
|---|---|---|---|---|---|---|---|---|---|
| 1 | 1/2 | 7 | 3 | 13 | 6 | 19 | 8 | 25 | 11 |
| 2 | 1/2 | 8 | 4 | 14 | 7 | 20 | 10 | 26 | 11 |
| 3 | 1/2 | 9 | 4 | 15 | 7 | 21 | 10 | 27 | 12 |
| 4 | 3 | 10 | 4 | 16 | 7 | 22 | 10 | 28 | 12 |
| 5 | 3 | 11 | 4 | 17 | 8 | 23 | 10 | 29 | 13 |
| 6 | 3 | 12 | 5 | 18 | 8 | 24 | 10 | 30 | 13 |

# 14 Yo fumo, tú fumas, Juan no fuma.

*Ich rauche, du rauchst, Juan raucht nicht.*

! In den folgenden Kapiteln ist vom Präsens die Rede. Es handelt sich dabei um den Indikativ Präsens. Der Indikativ ist die Wirklichkeitsform und unterscheidet sich in Form und Gebrauch vom Konjunktiv (Subjuntivo), der Möglichkeitsform (→ Kapitel 46–52). Das Präsens wird im Spanischen im Wesentlichen wie im Deutschen gebraucht.

## Fumo, fumas, fuma

Der Infinitiv (= Grundform) von fumo *(ich rauche)*, fumas *(du rauchst)* und fuma *(er raucht)* ist fumar *(rauchen)*. Fumar gehört zur Gruppe der regelmäßigen Verben, die auf -ar enden.

REGEL Alle regelmäßigen Verben mit der Infinitivendung -ar werden im Präsens wie fumar gebildet. Man hängt jeweils an den Verbstamm fum- die entsprechende Endung für die Person an.

| | fum**ar** | *rauchen* |
|---|---|---|
| (yo) | fum**o** | *ich rauche* |
| (tú) | fum**as** | *du rauchst* |
| (él/ella/usted) | fum**a** | *er/sie raucht, Sie rauchen* |
| (nosotros/-as) | fum**amos** | *wir rauchen* |
| (vosotros/-as) | fum**áis** | *ihr raucht* |
| (ellos/ellas/ustedes) | fum**an** | *sie/Sie rauchen* |

⇨ Da sich schon an der Endung erkennen lässt, um welche Person es sich handelt, werden die Subjektpronomen meistens nicht benutzt. Deshalb sind sie in den Verbtabellen in Klammern angegeben. Mehr über den Gebrauch der Subjektpronomen erfahren Sie in → Kapitel 53.

**1. Verbinden Sie Personalpronomen und Verbform miteinander.**

| | |
|---|---|
| a. yo | 1. compra |
| b. tú | 2. ayudan |
| c. él/ella/usted | 3. pagamos |
| d. nosotros/-as | 4. tomáis |
| e. vosotros/-as | 5. lavas |
| f. ellos/ellas/ustedes | 6. trabajo |

**2. Geben Sie das Verb in der Klammer in der richtigen Form an.**

a. Juan *(hablar)* ___________ español, Paolo y Giulia *(hablar)* ___________ italiano.
b. Yo no *(fumar)* ___________.
c. Paco y Carmen *(desayunar)* ___________ en un bar.
d. ¿Qué *(tomar)* ___________ ustedes, cerveza o vino?
e. Vosotros *(escuchar)* ___________ la radio y nosotros *(escuchar)* ___________ un CD.
f. Tú *(viajar)* ___________ mucho, ¿verdad?
g. ¿Usted *(trabajar)* ___________ en una oficina?

**3. Setzen Sie den Infinitiv in die angegebene Person und ergänzen Sie mit dem passenden Ausdruck.**

a. (ella-bailar) ___________________________
b. (tú-ayudar) ___________________________
c. (ellos-alquilar) ___________________________
d. (yo-buscar) ___________________________
e. (vosotros-pintar) ___________________________
f. (ustedes-llegar) ___________________________
g. (nosotros-tocar) ___________________________

mis gafas
flamenco
el piano
a tu madre
un cuadro
muy tarde
una casa junto al mar

**4. Übersetzen Sie. Die Ausdrücke in der Klammer helfen Ihnen dabei.**

a. Heute bezahlst du die Rechnung. *(pagar la cuenta)*

___________________________________________________

b. Wir trinken Tee, was trinkt ihr? *(tomar té)*

___________________________________________________

c. Teresa tanzt sehr gut Hiphop. *(bailar hiphop muy bien)*

___________________________________________________

d. Wo arbeitet ihr? *(trabajar)*

___________________________________________________

e. Reisen Sie viel? *(viajar mucho)*

___________________________________________________

f. Die Garcías essen um 8 Uhr zu Abend. *(cenar a las ocho)*

___________________________________________________

# 15 Hoy como paella.

*Heute esse ich Paella.*

## Comes, como

REGEL Der Infinitiv von comes *(du isst)* und como *(ich esse)* ist comer *(essen)*. Comer gehört zur Gruppe der regelmäßigen Verben, die auf -er enden.

Wie comer werden im Präsens alle regelmäßigen Verben mit der Infinitivendung -er gebildet. Die Endung für die Person wird an den Verbstamm angehängt.

| | com**er** | *essen* |
|---|---|---|
| (yo) | com**o** | *ich esse* |
| (tú) | com**es** | *du isst* |
| (él/ella/usted) | com**e** | *er/sie isst, Sie essen* |
| (nosotros/-as) | com**emos** | *wir essen* |
| (vosotros/-as) | com**éis** | *ihr esst* |
| (ellos/ellas/ustedes) | com**en** | *sie/Sie essen* |

! Zur Erhaltung der Aussprache des Verbstamms ändert sich bei einigen Verben in der 1. Person Singular (yo) die Schreibweise:
acoger *(aufnehmen)* → aco**j**o
vencer *(siegen)* → ven**z**o

**1. Kreuzen Sie die richtige Präsensform an.**

a. aprender (él)
   1. ☐ aprende
   2. ☐ aprenden

b. vender (nosotros)
   1. ☐ venden
   2. ☐ vendemos

c. romper (vosotros)
   1. ☐ rompes
   2. ☐ rompéis

d. correr (yo)
   1. ☐ corre
   2. ☐ corro

e. deber (tú)
   1. ☐ debas
   2. ☐ debes

f. responder (ellas)
   1. ☐ responden
   2. ☐ respondéis

g. leer (Ud.)
   1. ☐ leo
   2. ☐ lee

h. comprender (ellos)
   1. ☐ comprendes
   2. ☐ comprenden

i. comer (tú)
   1. ☐ coméis
   2. ☐ comes

**2. Setzen Sie das Verb in Klammern in der richtigen Form ein.**

a. Todas las mañanas Paco y Juan *(correr)* __________ por el parque.
b. ¿Qué *(tú-beber)* __________, café o té?
c. Ella nunca *(leer)* __________ revistas técnicas.
d. En esta librería se *(vender)* __________ la nueva novela de García Márquez.
e. ¿*(comprender)* __________ ustedes cómo funciona esta máquina?
f. No *(yo-beber)* __________ nunca café solo.
g. Isabel *(correr)* __________ muchísimo.

**3. Verwenden Sie das passende Verb in der richtigen Form.**

a. Nosotros __________ siempre a las dos, ¿y vosotros?
b. Yo no __________ nunca cerveza.
c. María y Luisa __________ revistas de moda.
d. ¿*(Vosotros)* __________ español en una escuela de idiomas?
e. Tú no __________ nada.
f. Luis __________ todas las tardes por el bosque.

**4. Übersetzen Sie das Verb in der Klammer und verbinden Sie die Fragen mit den passenden Antworten.**

a. ¿*(Esst ihr)* __________ siempre en casa?
b. ¿Cuándo *(verkaufst du)* __________ tu coche?
c. *(Ich lese)* __________ mucho los fines de semana. ¿Y vosotros?
d. ¿*(Verstehen Sie [Uds.])* __________ la gramática?
e. ¿*(Joggst du)* __________ conmigo por la mañana?
f. ¿*(Trinken Sie [Ud.])* __________ cerveza con o sin alcohol?

1. Nosotros no. Vemos la tele.
2. No, no me gusta correr. Prefiero ir al gimnasio.
3. Sí, claro. Es muy fácil.
4. No, a veces vamos a un restaurante.
5. Sin alcohol. Es más sano.
6. Nunca. Es que me gusta mucho.

# 16 ¿A quién le escribes todas esas postales?

*Wem schreibst du all diese Ansichtskarten?*

## Escribes, escribo

Der Infinitiv von escribes *(du schreibst)* und escribo *(ich schreibe)* ist escribir *(schreiben)*. Escribir gehört zur Gruppe der regelmäßigen Verben, die auf -ir enden.

REGEL Alle regelmäßigen Verben mit der Infinitivendung -ir werden im Präsens wie escribir konjugiert. Die entsprechende Endung für die Person wird an den Verbstamm angehängt.

| | escrib**ir** | *schreiben* |
|---|---|---|
| (yo) | escrib**o** | *ich schreibe* |
| (tú) | escrib**es** | *du schreibst* |
| (él/ella/usted) | escrib**e** | *er/sie schreibt, Sie schreiben* |
| (nosotros/-as) | escrib**imos** | *wir schreiben* |
| (vosotros/-as) | escrib**ís** | *ihr schreibt* |
| (ellos/ellas/ustedes) | escrib**en** | *sie/Sie schreiben* |

! Auch bei den Verben auf -ir sind einige orthografische Änderungen zu beachten:
distin**gu**ir *(unterscheiden)* → distin**g**o
fin**g**ir *(so tun als ob)* → fin**j**o

**1. Tragen Sie die unten stehenden Verbformen in die Tabelle ein.**

| Infinitiv | yo | tú | él/ella/ usted | nosotros/ -as | vosotros/ -as | ellos/ellas/ ustedes |
|---|---|---|---|---|---|---|
| | | | | | | |
| | | | | | | |
| | | | | | | |
| | | | | | | |
| | | | | | | |

escribes subo vivimos reciben subes cubrís escribo permitimos escriben decide recibo decides suben describís abrir cubre permitir decidimos viven descubres

**2. Ergänzen Sie die richtige Verbform.**

a. *(nosotros-vivir)* __________ en el campo.
b. Todos los días la secretaria *(escribir)* __________ muchas cartas.
c. *(yo-subir)* __________ la escalera.
d. Carmen *(recibir)* __________ una postal de su amiga.
e. Yo no te *(permitir)* __________ salir esta noche.
f. Enrique *(describir)* __________ el camino a su casa.
g. ¿Ustedes ya no *(vivir)* __________ en Barcelona?

**3. Setzen Sie das passende Verb in der richtigen Form ein.**

a. Hoy mi abuelo ______________ 70 años.
b. En invierno *(nosotros)* ______________ mucho del frío.
c. ¿*(Tú)* ______________ muchos regalos para tu cumpleaños?
d. *(Ella)* siempre me ______________.
e. ¿Por qué no *(vosotros)* ______________ la puerta?

sufrir
abrir
cumplir
recibir
interrumpir

**4. Übersetzen Sie.**

a. Ich öffne die Fenster. ______________________________
b. Er beschreibt den Weg zum Bahnhof. ______________________________
c. Carmen bekommt ein Geschenk. ______________________________
d. Ihr geht die Treppe hinauf. ______________________________
e. Paco und Teresa wohnen nicht mehr in Madrid. ______________________________
f. Du schreibst immer viele Postkarten. ______________________________
g. Warum öffnet er nicht die Tür? ______________________________

# 17 Esta maleta no cierra bien.

*Dieser Koffer schließt nicht gut.*

## Cierra

Ana gebraucht hier die Verbform cierra *(er schließt)*. Der Infinitiv von cierra lautet cerrar *(schließen)*. Cerrar ist ein Verb, bei dem in einigen Formen vor das e des Stammes ein i tritt, sodass der Doppelvokal ie entsteht. Einen Doppelvokal bezeichnet man als Diphthong, deshalb werden die Verben dieser Gruppe auch Diphthongverben genannt.

REGEL Bei Diphthongverben mit einem e im Verbstamm ist im Präsens folgende Veränderung zu beachten:

| | | |
|---|---|---|
| Stammbetonte Formen (Betonung liegt auf dem Verbstamm) | 1., 2., 3. Person Singular<br>3. Person Plural | e > ie |
| Endungsbetonte Formen (Betonung liegt auf der Endung) | 1. und 2. Person Plural | keine Veränderung, das e des Stammes bleibt erhalten |

Diphthongverben mit der Veränderung e > ie gibt es in allen drei Verbklassen. Sie werden wie folgt konjugiert:

| | cerrar<br>*schließen* | querer<br>*lieben, wollen* | preferir<br>*vorziehen* |
|---|---|---|---|
| (yo) | cierro | quiero | prefiero |
| (tú) | cierras | quieres | prefieres |
| (él/ella/usted) | cierra | quiere | prefiere |
| (nosotros/-as) | cerramos | queremos | preferimos |
| (vosotros/-as) | cerráis | queréis | preferís |
| (ellos/ellas/ustedes) | cierran | quieren | prefieren |

! **Ebenso:** comenzar *(anfangen)*, defender *(verteidigen)*, empezar *(anfangen)*, entender *(verstehen)*, mentir *(lügen)*, pensar *(denken)*, perder *(verlieren)*, recomendar *(empfehlen)*, sentir *(fühlen)*.

Bei adquirir *(erwerben)* und inquirir *(nachforschen)* wird das i des Verbstamms in den stammbetonten Formen zu ie.

| | |
|---|---|
| (yo) | adquiero |
| (tú) | adquieres |
| (él/ella/usted) | adquiere |
| (nosotros/-as) | adquirimos |
| (vosotros/-as) | adquirís |
| (ellos/ellas/ustedes) | adquieren |

**1. Tragen Sie die fehlenden Formen in die Tabelle ein.**

| | Infinitiv | yo | tú | él/ella/ usted | nosotros/ -as | vosotros/ -as | ellos/ellas/ ustedes |
|---|---|---|---|---|---|---|---|
| a. | empezar | empiezo | | empieza | empezamos | | empiezan |
| b. | | | pierdes | pierde | | perdéis | |
| c. | invertir | invierto | | | invertimos | | invierten |
| d. | entender | | entiendes | | entendemos | | entienden |
| e. | | pienso | | piensa | | pensáis | |

**2. Was fehlt: ie oder e?**

a. com___nza
b. perd___mos
c. pref___res
d. ent___ndes
e. pref___rís
f. conf___so
g. quer___mos
h. p___nsa
i. n___va
j. def___ndéis
k. emp___zamos
l. enc___ndo

**3. Setzen Sie die richtige Verbform ein.**

a. Paco *(empezar)* __________ a trabajar a las siete y media.
b. ¿Qué *(tú-preferir)* __________, cerveza o vino? – *(yo-preferir)* __________ vino.
c. No *(nosotros-entender)* __________ nada.
d. Aquí en invierno siempre *(nevar)* __________ mucho.
e. ¿Por qué nunca *(vosotros-cerrar)* __________ la puerta?
f. Luisa *(querer)* __________ ver la televisión, sus amigas *(querer)* __________ jugar al tenis.

**4. Übersetzen Sie.**

a. Um wie viel Uhr beginnt das Theater?

______________________________

b. Was magst du lieber, Tee oder Kaffee?

______________________________

c. Im Winter schneit es viel.

______________________________

d. Die Geschäfte schließen um 20.00 Uhr.

______________________________

e. Im Sommer möchte ich nach Spanien reisen.

______________________________

f. Denkt ihr manchmal an eure Zukunft *(futuro)*?

______________________________

# 18 ¿En qué puedo atenderle?

*Wie kann ich Ihnen helfen?*

## Puedo

Der Infinitiv von puedo lautet poder *(können)*. Wie cerrar ist auch poder ein Diphthongverb, d. h. ein Verb, bei dem sich in einigen Formen der Stammvokal ändert und zu einem Doppelvokal (= Diphthong) wird.

REGEL Bei Diphthongverben mit einem o im Verbstamm ist im Präsens folgende Veränderung zu beachten:

| | | |
|---|---|---|
| Stammbetonte Formen (Betonung liegt auf dem Verbstamm) | 1., 2., 3. Person Singular<br>3. Person Plural | o > ue |
| Endungsbetonte Formen (Betonung liegt auf der Endung) | 1. und 2. Person Plural | keine Veränderung, das o des Stammes bleibt erhalten |

Auch Diphthongverben mit der Veränderung o > ue gibt es in allen drei Verbklassen.

| | contar<br>*zählen, erzählen* | poder<br>*können, dürfen* | dormir<br>*schlafen* |
|---|---|---|---|
| (yo) | **cuento** | **puedo** | **duermo** |
| (tú) | **cuentas** | **puedes** | **duermes** |
| (él/ella/usted) | **cuenta** | **puede** | **duerme** |
| (nosotros/-as) | **contamos** | **podemos** | **dormimos** |
| (vosotros/-as) | **contáis** | **podéis** | **dormís** |
| (ellos/ellas/ustedes) | **cuentan** | **pueden** | **duermen** |

! **Ebenso:** acordarse *(sich erinnern)*, acostarse *(zu Bett gehen)*, almorzar *(zu Mittag essen)*, encontrar *(finden)*, devolver *(zurückgeben)*, doler *(schmerzen)*, llover *(regnen)*, morir *(sterben)*, mover *(bewegen)*, recordar *(sich erinnern)*, renovar *(erneuern)*, soñar *(träumen)*, volver *(zurückkehren)*.

Jugar *(spielen)* gehört ebenfalls zu dieser Gruppe. Es ist das einzige Verb, bei dem das u des Verbstamms in den stammbetonten Formen zu ue wird.

| | |
|---|---|
| (yo) | **juego** |
| (tú) | **juegas** |
| (él/ella/usted) | **juega** |
| (nosotros/-as) | **jugamos** |
| (vosotros/-as) | **jugáis** |
| (ellos/ellas/ustedes) | **juegan** |

**1. Was fehlt: ue oder o?**

a. ll___ve
b. d___rmís
c. m___re
d. v___lvemos
e. p___demos
f. j___gan
g. c___stan
h. p___do
i. alm___rzo
j. s___ñas
k. d___le
l. c___ntáis

**2. Wie lautet in den folgenden Sätzen der Infinitiv des Verbs?**

a. En otoño llueve mucho. ___________
b. Almorzamos siempre a las dos. ___________
c. ¿Puedes ayudarme a preparar la comida? ___________
d. Todos los días mi padre vuelve del trabajo a las cinco. ___________
e. ¿A qué hora os acostáis normalmente? ___________
f. Isabel encuentra a sus amigas en el centro de la ciudad. ___________
g. Recuerdan las vacaciones en la isla de Tenerife. ___________

**3. Ergänzen Sie mit dem passenden Verb in der richtigen Form.**

a. Hoy es un día horrible. Hace frío y viento y _________ mucho. Por eso *(nosotros)* no _________ ir a la playa.
b. Es lógico, si bebes mucho vino, te _________ la cabeza la mañana siguiente.
c. Los fines de semana van a la discoteca, _________ a amigos, toman copas y _________ a casa muy tarde.
d. En verano los niños _________ en el jardín todo el día. Por la noche están muy cansados, pero _________ muy poco.
e. A Paco le gusta mucho _________ al tenis. Pero hoy no _________ porque tiene mucho trabajo y _________ muy tarde.
f. Los lunes por la mañana siempre voy a la ciudad. Hago las compras, y al mediodía _________ a una amiga en un restaurante para _________.

almorzar doler dormir encontrar (2x) jugar (2x)
llover poder (2x) volver (2x)

**4. Übersetzen Sie.**

a. Jeden Sonntag spielen Paco und Luis Fußball. ___________________
b. Wie viel kosten die Orangen? ___________________
c. Teresa trifft ihre Freundin in einem Restaurant. ___________________
d. Luisa träumt von Ferien am Meer. ___________________
e. Ich habe Kopfweh. Kannst du mir ein Aspirin geben? ___________________
f. Die Kinder schlafen nicht sehr viel. ___________________
g. Erinnerst du dich an diesen Film? ___________________

# 19 No me sirve de nada.

*Der nützt mir nichts.*

## Sirve

Der Infinitiv von sirve *(er dient, hier: nützt)* ist servir *(dienen, bedienen)*. Servir gehört zu einer Gruppe unregelmäßiger Verben, bei denen in einigen Formen das e des Stammes zu i wird.

REGEL Verben der Gruppe servir weisen im Präsens folgende Veränderung auf:

| | | |
|---|---|---|
| Stammbetonte Formen (Betonung liegt auf dem Verbstamm) | 1., 2., 3. Person Singular<br>3. Person Plural | e > i |
| Endungsbetonte Formen (Betonung liegt auf der Endung) | 1. und 2. Person Plural | keine Veränderung, das e des Stammes bleibt erhalten |

| | servir | *dienen, bedienen* |
|---|---|---|
| (yo) | sirvo | *ich bediene* |
| (tú) | sirves | *du bedienst* |
| (él/ella/usted) | sirve | *er/sie bedient, Sie bedienen* |
| (nosotros/-as) | servimos | *wir bedienen* |
| (vosotros/-as) | servís | *ihr bedient* |
| (ellos/ellas/ustedes) | sirven | *sie/Sie bedienen* |

! **Ebenso:** conseguir *(erlangen)*, corregir *(korrigieren)*, elegir *(wählen)*, pedir *(verlangen, bestellen)*, reír *(lachen)*, repetir *(wiederholen)*, sonreír *(lächeln)*.

! Um die Aussprache des letzten Konsonanten des Stammes zu erhalten, tritt bei einigen dieser Verben in der 1. Person Singular eine orthografische Veränderung auf:
seguir – sigo und corregir – corrijo.

**1. Tragen Sie die fehlenden Verbformen ein.**

| | Infinitiv | yo | tú | él/ella/ usted | nosotros/ -as | vosotros/ -as | ellos/ellas/ ustedes |
|---|---|---|---|---|---|---|---|
| a. | pedir | | pides | | | pedís | piden |
| b. | | sirvo | | sirve | servimos | | |
| c. | elegir | elijo | eliges | | elegimos | elegís | |
| d. | | | | sigue | | seguís | |
| e. | | repito | | | repetimos | | repiten |
| f. | corregir | | | corrige | | corregís | |
| g. | | consigo | consigues | | conseguimos | | |
| h. | reír | | | ríe | | reís | |

**2. Was fehlt: e oder i/í?**

a. p___dir
b. el___gís
c. s___guimos
d. corr___ge
e. r___ír
f. p___des
g. s___rvimos
h. r___es
i. s___rvo
j. p___de
k. cons___gue
l. sonr___e
m. r___o
n. corr___jo
o. cons___guimos
p. sonr___ís
q. rep___tes
r. el___gir

**3. Setzen Sie die Verben in der richtigen Form ein.**

a. La profesora de inglés ______________ los deberes de los alumnos.
b. El señor Sánchez ______________ una cerveza.
c. ¿Podrías ______________ la frase, por favor?
d. ¿En qué le puedo ______________, señor?
e. Esta niña siempre ______________.
f. *(Ustedes)* ______________ la calle hasta el museo.

sonreír · pedir · repetir · seguir · servir · corregir

**4. Setzen Sie das deutsche Verb in der Klammer auf Spanisch ein.**

a. ¿Por qué nunca *(du lächelst)* ___________?
b. Esto es un abrelatas. *(dient)* ___________ para abrir latas.
c. En septiembre *(wir wählen)* ___________ un nuevo presidente.
d. Los niños *(lachen)* ___________ mucho.
e. *(ich wiederhole)* ___________.
f. El camino a nuestra casa es muy fácil: *(ihr folgt)* ___________ esta calle, y a 100 metros está.
g. En el restaurante *(ich bestelle)* ___________ siempre pollo asado con patatas fritas.

# 20 ¿A quién le envías esto?

*Wem schickst du das?*

## Envías, cambio

Der Infinitiv von envías *(du schickst)* lautet enviar *(schicken)*, der von cambio *(ich tausche um)* cambiar *(umtauschen, wechseln, ändern)*. Beide Verben haben im Infinitiv die gleiche Endung, ihre Konjugation im Präsens ist jedoch unterschiedlich. Bei enviar wird das i zu einer eigenständigen Silbe und erhält einen Akzent.

REGEL: Bei Verben wie cambiar bildet das i des Stammes in den stammbetonten Formen (1., 2., 3. Pers. Sg. und 3. Pers. Pl.) mit dem Vokal der Endung einen Doppelvokal. Bei Verben wie enviar wird das i des Stammes in den stammbetonten Formen zu einer betonten Silbe und erhält einen Akzent.

| | camb**iar** | env**iar** |
|---|---|---|
| (yo) | camb**io** | env**ío** |
| (tú) | camb**ias** | env**ías** |
| (él/ella/usted) | camb**ia** | env**ía** |
| (nosotros/-as) | camb**iamos** | env**iamos** |
| (vosotros/-as) | camb**iáis** | env**iáis** |
| (ellos/ellas/ustedes) | camb**ian** | env**ían** |

! **Ebenso** wie cambiar: anunciar *(ankündigen)*, copiar *(kopieren)*, estudiar *(lernen, studieren)*, limpiar *(säubern)*, negociar *(verhandeln)*, odiar *(hassen)*.

! **Ebenso** wie enviar: ampliar *(erweitern)*, confiar *(vertrauen)*, desviar *(umleiten)*, esquiar *(Ski laufen)*, guiar *(führen)*, resfriarse *(sich erkälten)*, vaciar *(leeren)*, variar *(variieren)*.

Diese Besonderheit gibt es auch für Verben mit einem u im Stamm, wie evacuar *(evakuieren)* und continuar *(fortsetzen, andauern)*.

| | evac**uar** | contin**uar** |
|---|---|---|
| (yo) | evac**uo** | contin**úo** |
| (tú) | evac**uas** | contin**úas** |
| (él/ella/usted) | evac**ua** | contin**úa** |
| (nosotros/-as) | evac**uamos** | contin**uamos** |
| (vosotros/-as) | evac**uáis** | contin**uáis** |
| (ellos/ellas/ustedes) | evac**uan** | contin**úan** |

! Wie continuar werden auch actuar *(handeln)* und efectuar *(ausführen)* konjugiert, wie evacuar auch desaguar *(entwässern)*.

**1. Setzen Sie die fehlenden Akzente.**

a. limpia
b. negociamos
c. amplia
d. envio
e. desvian
f. guiais
g. copia
h. anuncio
i. varias
j. confian
k. aprecio
l. estudian
m. cambias
n. limpian
o. ampliamos
p. continuo
q. efectuamos
r. evacua

**2. Vervollständigen Sie den Satz mit dem Verb in der richtigen Schreibweise.**

a. Todos los viernes *(yo-limpiar)* ______________ mi habitación.
b. ¿*(tú-confiar)* ______________ en él?
c. ¿Qué *(estudiar)* ______________ Paco, Biología o Medicina?
d. Le *(nosotros-enviar)* ______________ flores a nuestra abuela.
e. Nuestros vecinos *(ampliar)* ______________ su casa.
f. *(ellos-negociar)* ______________ el contrato.
g. ¿Por qué no *(vosotros-continuar)* ______________ el viaje?
h. En esta comedia *(actuar)* ______________ muchos actores.

**3. Setzen Sie die Verben in der richtigen Form ein.**

a. En invierno siempre *(yo)* ________________ en Sierra Nevada.
b. Todos los lunes mi madre ________________ la casa.
c. La secretaria ________________ la carta por correo.
d. *(ellas)* ________________ euros por dólares para su viaje a Nueva York.
e. ¿Por qué *(tú)* no ________________ el viaje?

continuar
enviar
esquiar
cambiar
limpiar

**4. Übersetzen Sie.**

a. Ich putze die Fenster.

______________________________________________

b. Teresa studiert Englisch, Miguel und Angela studieren Spanisch.

______________________________________________

c. Die Polizei evakuiert das Hotel.

______________________________________________

d. Er schickt eine Ansichtskarte an seine Eltern.

______________________________________________

e. Sie verhandeln über das Angebot *(oferta)*.

______________________________________________

f. Der Chef schätzt Miguels Arbeit sehr.

______________________________________________

# 21 Soy Juan.
*Ich bin Juan.*

[1] Fan
[2] Mitglied
[3] Tierschutzverein

## Soy

Soy *(ich bin)* ist die 1. Person Singular des Verbs ser *(sein)*.

REGEL Ser ist ein unregelmäßiges Verb und wird im Präsens wie folgt konjugiert:

| | ser | *sein* |
|---|---|---|
| (yo) | soy | *ich bin* |
| (tú) | eres | *du bist* |
| (él/ella/usted) | es | *er/sie ist, Sie sind* |
| (nosotros/-as) | somos | *wir sind* |
| (vosotros/-as) | sois | *ihr seid* |
| (ellos/ellas/ustedes) | son | *sie/Sie sind* |

Ser wird u. a. in folgenden Situationen verwendet:

- zur Angabe der **Person:**
  Soy Paco. *Ich bin Paco.*
- zur Angabe der **Herkunft:**
  ¿De dónde eres? – Soy de Múnich. *Woher bist/kommst du? – Ich bin/komme aus München.*
- zur Angabe der **Nationalität:**
  Bert es suizo, Monika es alemana. *Bert ist Schweizer, Monika ist Deutsche.*
- zur Angabe des **Berufes:**
  Pedro Almodóvar es director de cine. *Pedro Almodóvar ist Regisseur.*
- zur Angabe der **Uhrzeit:**
  ¿Qué hora es? – Son las dos y media. *Wie viel Uhr ist es? – Es ist halb drei.*
- zur Angabe der **Zugehörigkeit:**
  Este coche es mío. *Dieses Auto ist meins/gehört mir.*
- zur Angabe des **Materials:**
  Este pañuelo es de seda. *Dieses Tuch ist aus Seide.*



(Zum weiteren Gebrauch von ser → Kapitel 23)

**1. Welche Form von ser gehört zu welchem Subjektpronomen? Verbinden Sie.**

| | |
|---|---|
| a. tú | 1. son |
| b. él/ella/usted | 2. soy |
| c. nosotros/-as | 3. eres |
| d. ellos/ellas/ustedes | 4. somos |
| e. yo | 5. sois |
| f. vosotros/-as | 6. es |

**2. Verbinden Sie die beiden Spalten zu einem sinnvollen Dialog.**

| | |
|---|---|
| a. Esta señora canta muy bien. | 1. Son las tres en punto. |
| b. ¿Es usted de Buenos Aires? | 2. No trabajo. Todavía soy estudiante. |
| c. ¿Dónde trabajas? | 3. Sí, es una cantante famosa. |
| d. ¿Qué hora es? | 4. No sé. No son mías. |
| e. ¿De quién son estas gafas? | 5. Sí, soy argentino. |

**3. Ergänzen Sie die richtige Form von ser.**

a. Nosotras ____________ de Viena, y vosotras, ¿de dónde ____________?
b. Juan ____________ arquitecto.
c. Marianne ____________ de Zúrich. ____________ suiza.
d. Paolo y Giulia ____________ italianos.
e. ¿De dónde ____________ usted?
f. *(tú)* ____________ ingeniero, ¿verdad? – No, ____________ médico.
g. ¿Ustedes ____________ los padres de Julia, verdad?
h. ¿Qué ____________ esto?

**4. Übersetzen Sie.**

a. Er ist Ingenieur und sie ist Architektin.

______________________________________________

b. Diese Tasche *(bolso)* ist aus schwarzem Leder *(cuero)*.

______________________________________________

c. Ich bin Susanne. Ich bin Österreicherin.

______________________________________________

d. Wem gehört dieser Schlüssel?

______________________________________________

e. Es ist schon 10 Uhr.

______________________________________________

f. Bist du aus Madrid?

______________________________________________

## 22 ¿Dónde están mis gafas?

*Wo ist meine Brille?*

### Está, están

Der Infinitiv von está *(er/sie ist)* und están *(sie sind)* lautet estar *(sein, liegen, sich befinden)*.

REGEL ⇨ Estar ist ein unregelmäßiges Verb und wird im Präsens wie folgt konjugiert:

| | estar | *liegen, sich befinden* |
|---|---|---|
| (yo) | estoy | *ich bin* |
| (tú) | estás | *du bist* |
| (él/ella/usted) | está | *er/sie ist, Sie sind* |
| (nosotros/-as) | estamos | *wir sind* |
| (vosotros/-as) | estáis | *ihr seid* |
| (ellos/ellas/ustedes) | están | *sie/Sie sind* |

⇨ Estar, das wie ser ebenfalls mit „sein" übersetzt werden kann, wird u. a. in folgenden Situationen verwendet:

- zur Angabe des **Gesundheitszustandes**:
  ¿Cómo estás? *Wie geht es dir?*
  Gracias, estoy bien. *Danke, es geht mir gut.*
- zur Angabe des **Ortes**:
  ¿Dónde están los niños? *Wo sind/befinden sich die Kinder?*
  Madrid está en España. *Madrid ist/liegt/befindet sich in Spanien.*
- zur Angabe des **Personenstandes**:
  Teresa está casada. *Teresa ist verheiratet.*
  ! **Aber:** Soltero/-a *(ledig)* kann mit ser oder estar verwendet werden:
  María está soltera. oder María es soltera. *María ist ledig.*



(Zum weiteren Gebrauch von estar → Kapitel 23 und 24)

## 1. Kreuzen Sie die richtige Form von estar an.

a. tú
1. ☐ estás
2. ☐ está

b. usted
1. ☐ están
2. ☐ está

c. nosotras
1. ☐ estamos
2. ☐ estáis

d. yo
1. ☐ está
2. ☐ estoy

e. ellas
1. ☐ estáis
2. ☐ están

f. ustedes
1. ☐ están
2. ☐ estamos

g. él
1. ☐ estás
2. ☐ está

h. vosotros
1. ☐ estamos
2. ☐ estáis

i. ellos
1. ☐ estáis
2. ☐ están

## 2. Ergänzen Sie die passenden Subjektpronomen.

a. está ____________
b. estamos ____________
c. estoy ____________
d. estáis ____________
e. están ____________
f. estás ____________

## 3. Tragen Sie die richtige Form von estar ein.

a. El padre de Luisa __________ en el jardín.
b. ¿Dónde __________ la señora García?
c. Yo __________ casado.
d. Paco y sus amigos __________ en un bar.
e. ¿Cómo __________? *(tú)*
f. En verano nosotros __________ siempre en la piscina por la tarde.

## 4. Übersetzen Sie.

a. Heute sind wir zu Hause.

________________________________________

b. Isabel und Paco sind im Urlaub.

________________________________________

c. Sind Sie verheiratet?

________________________________________

d. Warum seid ihr nicht in der Schule?

________________________________________

e. Mir geht es sehr gut.

________________________________________

# 23 Yo soy cazador. – Yo estoy hambriento.

*Ich bin Jäger. – Ich bin hungrig.*

## Soy, estoy

[1] Jäger [2] hungrig

Sowohl soy (*ich bin*, Infinitiv ser) als auch estoy (*ich bin*, Infinitiv estar) werden im Deutschen mit „sein" wiedergegeben.

REGEL In den beiden vorangehenden Kapiteln haben Sie bereits erfahren, in welchen Situationen Sie ser bzw. estar verwenden.

Es folgt nun der weitere Gebrauch.

Ser + Adjektiv gibt **wesentliche Eigenschaften** an:
El azúcar es dulce. *Zucker ist süß.*
Estas manzanas son verdes. *Diese Äpfel sind grün.* (Es ist eine grüne Apfelsorte.)
Ser wird in Ausdrücken wie ser feliz *(glücklich sein)*, ser rico *(reich sein)* oder ser posible *(möglich sein)* verwendet.

Estar + Adjektiv gibt **einen Zustand oder vorübergehende Merkmale** an:
Mi café está muy dulce. *Mein Kaffee ist sehr süß.* (Ich habe viel Zucker hineingetan.)
Las manzanas todavía están verdes. *Die Äpfel sind noch grün.* (Sie müssen noch rot werden.)

Estar + Partizip gibt einen **Zustand als Ergebnis einer Handlung an**:
La puerta está abierta. *Die Tür ist offen.* (Jemand hat die Tür zuvor geöffnet.)

Estar + Gerundium gibt eine **gerade ablaufende Handlung an**:
Los niños están jugando en el jardín. *Die Kinder spielen gerade im Garten.*

Mit estar + a werden **Preis, Datum und Entfernung** angegeben:
Las naranjas están a 2 euros el kilo. *Die Orangen kosten 2 Euro das Kilo.*
Estamos a 5 de julio. *Wir haben den 5. Juli.*
Nuestra casa está a 2 kms del centro. *Unser Haus ist 2 km vom Zentrum entfernt.*
Estar in Ausdrücken wie estar rico *(gut schmecken)*, estar de acuerdo *(einverstanden sein)*, estar de visita *(zu Besuch sein)*, estar de vacaciones *(in Urlaub sein)*, estar de pie *(stehen)*, estar para bromas *(zu Späßen aufgelegt sein)*, estar por hacer *(zu tun sein)*.

**!** Bei einigen Adjektiven hängt die Bedeutung davon ab, ob sie mit ser oder estar gebraucht werden, z. B.:

| | |
|---|---|
| ser despierto *aufgeweckt sein* | estar despierto *wach sein* |
| ser listo *schlau sein* | estar listo *fertig/bereit sein* |
| ser rico *reich sein* | estar rico *gut schmecken* |

**1. Ergänzen Sie ser oder estar.**

a. Creo que los García __________ muy ricos. Tienen una casa en el campo y tres en la ciudad.
b. Este café __________ muy fuerte.
c. La alfombra en el salón __________ nueva, pero ya no __________ muy limpia.
d. Salamanca __________ a unos 200 kms de Madrid.
e. A los 13 años Juan ya sabe mucho de ordenadores. __________ un chico muy listo.
f. Hoy __________ a 1 de mayo y no tenemos que trabajar.
g. Miguel no __________ cansado aunque ha trabajado mucho hoy.

**2. Finden Sie zu jeder Frage die passende Antwort.**

a. ¿Estás cansado, Paco?
b. ¿Te gusta este libro?
c. ¿Cuánto cuestan los tomates?
d. ¿Tú sabes de dónde es Paolo?
e. ¿Qué tal la comida?
f. ¿Está usted casado?
g. ¿Qué hora es?

1. Están a 2 euros el kilo.
2. Sí, he dormido muy poco.
3. El vino es bueno, pero el pollo está salado.
4. No, pero tengo novia.
5. Sí, es muy interesante.
6. No sé, no tengo reloj.
7. Es de Roma.

**3. Bilden Sie Sätze wie im Beispiel. (Zum Perfekt, z. B. han hecho, siehe Kapitel 29.)**

Han hecho las camas. → *Las camas están hechas.*
a. Han abierto las ventanas. → __________
b. Han puesto la mesa. → __________
c. Han terminado el trabajo. → __________
d. Han lavado los platos. → __________
e. Han roto el espejo. → __________

**4. Übersetzen Sie.**

a. Pacos Auto ist neu, aber es ist schon sehr schmutzig.

__________

b. Die Betten sind noch nicht gemacht.

__________

c. Normalerweise sind die Tomaten im Sommer billig. Aber heute kosten sie 4 Euro pro Kilo.

__________

d. Ist Carmen da? – Ja, sie ist im Garten. Sie liest gerade eine Modezeitschrift.

__________

e. Die Wohnung ist sehr teuer, aber sie ist schon vermietet.

__________

f. Wie grau der Himmel heute ist!

__________

# 24 ¿Hay algún banco aquí cerca?

*Gibt es hier in der Nähe eine Bank?*

## Hay, está

Mit hay (der Infinitiv ist das Hilfsverb haber) und está (von estar) wird hier angegeben, wo sich etwas befindet.
Im Folgenden erfahren Sie, wie Sie hay und estar korrekt verwenden.

REGEL

| hay | estar |
|---|---|
| Hay ist unveränderlich. Es entspricht dem deutschen „es gibt". Mit hay gibt man das allgemeine Vorhandensein einer ansonsten unbestimmten Person oder Sache an. Hay steht in Verbindung mit Substantiven mit unbestimmtem Artikel, ohne Artikel, mit Zahlen und Zahlwörtern. | Estar wird verwendet, wenn man die Lage einer bekannten Person oder Sache nennt oder wenn man von einer Person oder Sache spricht, von der man weiß oder sicher annimmt, dass sie vorhanden ist. Die Form von estar richtet sich nach dem Subjekt. In Verbindung mit estar steht das Substantiv mit dem bestimmten Artikel oder auch mit dem Possessiv- und Demonstrativpronomen. |
| ¿Hay un restaurante por aquí? *Gibt es hier in der Nähe ein Restaurant?*<br>En la plaza Mayor hay un restaurante italiano. *Auf der Plaza Mayor gibt es ein italienisches Restaurant.*<br>En esta ciudad hay museos, iglesias, hoteles, … *In dieser Stadt gibt es Museen, Kirchen, Hotels, …*<br>En el centro de la ciudad hay muchas tiendas. *In der Stadtmitte gibt es viele Geschäfte.* | ¿Dónde está el restaurante «La Paella»? *Wo ist das Restaurant „La Paella"?*<br>El restaurante «La Paella» está allí en la esquina. *Das Restaurant „La Paella" ist dort an der Ecke.*<br>Mi coche está delante de la casa. *Mein Auto steht vor dem Haus.*<br>Ese parque de la foto está en Barcelona. *Dieser Park da auf dem Foto ist in Barcelona.* |

hay que = man muss / no hay que = man muss/darf nicht
Hay que llegar con puntualidad. *Man muss pünktlich ankommen.*
No hay que exagerar. *Man darf nicht übertreiben.*
No hay de qué. *Keine Ursache./Gern geschehen.*

**1. Hay oder estar? Setzen Sie die richtige Form ein.**

a. En la mesa __________ libros, revistas y muchas otras cosas.
b. ¿Dónde __________ la consulta del doctor Sánchez?
c. En esta ciudad no __________ ningún hotel.
d. Este gato __________ siempre debajo de la cama.
e. ¿Sabes dónde __________ una oficina de Correos?
f. Las tiendas de moda __________ en la plaza Mayor, y además __________ un Corte Inglés.
g. Hoy solo __________ quince estudiantes en la clase, pero normalmente somos más.
h. ¿Dónde __________ la panadería? – En este barrio no __________ ninguna.

**2. Ordnen Sie die Begriffe der Kategorie hay oder está / están zu.**

la ópera
algunas discotecas
hoteles
el bar «La Paloma»
la Universidad Técnica
el Instituto Cervantes
un palacio
más de veinticinco bares
dos museos
muchas iglesias
el Corte Inglés
institutos
una zona peatonal
el zoo
tiendas
el restaurante «Casa China»
la galería de arte moderno

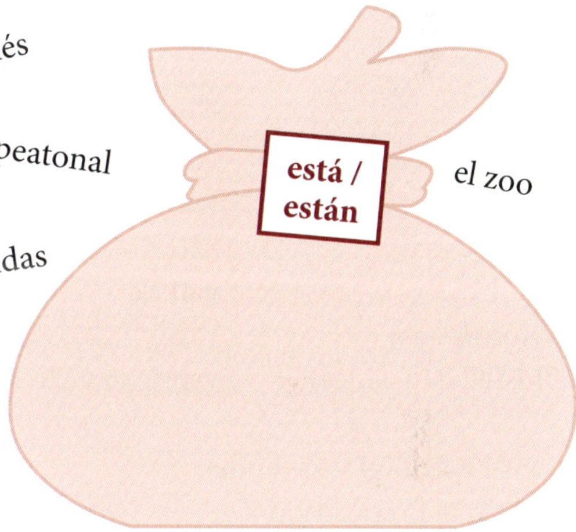


**3. Übersetzen Sie.**

a. Wie viele Zimmer gibt es in eurem Haus?

______________________________________________

b. Mein Zimmer ist im 1. Stock.

______________________________________________

c. In diesem Zoo gibt es viele seltene *(raro)* Tiere.

______________________________________________

d. In welchem Gebäude befindet sich die Kunstgalerie?

______________________________________________

e. Wir sind heute Abend zu Hause. Außerdem *(además)* sind weitere fünf Personen da.

______________________________________________

f. Leider gibt es keine Tortilla und keinen Gazpacho mehr.

______________________________________________

## 25 ¿Adónde vas?

*Wohin gehst du?*

### Vas, voy

Der Infinitiv von vas *(du gehst)* und voy *(ich gehe)* ist ir. Das Verb ir kann im Deutschen sowohl „gehen“ als auch „fahren“ bedeuten.

REGEL Ir ist ein unregelmäßiges Verb und wird im Präsens wie folgt konjugiert:

| | ir | *gehen, fahren* |
|---|---|---|
| (yo) | voy | *ich gehe, fahre* |
| (tú) | vas | *du gehst, fährst* |
| (él/ella/usted) | va | *er/sie geht, fährt, Sie gehen, fahren* |
| (nosotros/-as) | vamos | *wir gehen, fahren* |
| (vosotros/-as) | vais | *ihr geht, fahrt* |
| (ellos/ellas/ustedes) | van | *sie/Sie gehen, fahren* |

Ir wird wie folgt verwendet:

- Mit ir + Präposition a geben Sie an, wohin Sie gehen oder fahren.
  ¿Vas a España en verano? *Fährst du im Sommer nach Spanien?*
  Voy al cine. *Ich gehe ins Kino.*
- Mit ir + Präposition en geben Sie an, mit welchem Verkehrsmittel Sie fahren.
  ir en coche *(mit dem Auto fahren)*, ir en bicicleta *(mit dem Fahrrad fahren)*, ir en moto *(mit dem Motorrad fahren)*, ir en tren *(mit dem Zug fahren)*, ir en autobús *(mit dem Bus fahren)*, ir en barco *(mit dem Schiff fahren)*, ir en avión *(fliegen)* usw.
  ! **Aber:** ir a pie *(zu Fuß gehen)* und ir a caballo *(reiten)*.
- Mit ir + a + Infinitiv geben Sie Pläne und Absichten für die Zukunft an.
  En otoño voy a ir a España. *Im Herbst werde/will ich nach Spanien fahren.*
- Ir wird auch reflexiv verwendet und betont dann den Aufbruch.
  ¿A qué hora te vas? *Wann gehst du weg?*

**1. Setzen Sie die richtige Form des Verbs *ir* ein.**

a. En invierno siempre *(nosotros)* ___________ a esquiar a Suiza.
b. Los niños no ___________ a la playa porque hace mucho frío.
c. Nunca *(yo)* ___________ en avión.
d. Miguel ___________ al instituto normalmente en bicicleta.
e. ¿Adónde ___________? *(tú)*
f. Esta noche Luisa, Teresa y yo ___________ al cine.
g. ___________ en coche? *(vosotros)*

**2. ¿A o en? Ergänzen Sie.**

a. En verano siempre van _____ Canarias.
b. ¿Cómo vas _____ la escuela, _____ bicicleta o _____ pie?
c. En octubre Luisa va _____ Perú. Va _____ avión.
d. ¿Vamos _____ la playa?
e. Es más rápido ir _____ coche que _____ pie.
f. ¿Vais _____ la ciudad?
g. En invierno voy _____ la montaña a esquiar.

**3. Ordnen Sie jeder Frage die richtige Antwort zu.**

a. ¿Adónde vas?
b. ¿Va Ud. en coche o en autobús?
c. ¿Que prefieres, ir a pie o en coche?
d. ¿Cómo vais al trabajo?
e. ¿Cuándo van Uds. a España?
f. ¿Vas al cine?
g. ¿Por qué no vas a casa a pie?

1. Prefiero ir a pie.
2. Porque está lloviendo.
3. Vamos en metro.
4. No, voy a la discoteca.
5. Voy a casa de mi abuela.
6. Voy en coche.
7. Vamos en mayo.

**4. Bringen Sie die Wörter in die richtige Reihenfolge, sodass ein sinnvoller Satz entsteht.**

a. ¿al a Vamos tomar bar algo? → ___________
b. ir más rápido Es en avión. → ___________
c. En vamos pueblo un abril a de Costa Brava la. → ___________
d. ¿Por vas nunca a qué pie? → ___________
e. esquiar a van En a invierno la montaña. → ___________
f. que en autobús Es cómodo más ir en tren. → ___________
g. los días voy Todos en la bicicleta a oficina. → ___________

# 26 Hago deporte.
*Ich mache Sport.*

## Hago

Der Infinitiv zu hago *(ich mache)* ist hacer *(machen)*. Die Formen von hacer und einiger anderer Verben weisen Besonderheiten in der 1. Person Singular Präsens auf.

REGEL Einige spanische Verben sind im Präsens in der 1. Person Singular unregelmäßig, bilden alle anderen Formen jedoch nach dem entsprechenden Schema. Dazu gehören die folgenden Verben:

| | |
|---|---|
| dar *(geben)* | **doy**, das, da, damos, dais, dan |

Abgesehen von der 1. Person Singular wird dar wie ein regelmäßiges Verb auf -ar konjugiert.

| | |
|---|---|
| caber *(Platz haben in)* | **quepo**, cabes, cabe, cabemos, cabéis, caben |
| caer *(fallen)* | **caigo**, caes, cae, caemos, caéis, caen |
| traer *(tragen, bringen)* | **traigo**, traes, trae, traemos, traéis, traen |
| hacer *(tun, machen)* | **hago**, haces, hace, hacemos, hacéis, hacen |
| poner *(setzen, stellen)* | **pongo**, pones, pone, ponemos, ponéis, ponen |
| saber *(wissen)* | **sé**, sabes, sabe, sabemos, sabéis, saben |

Diese Verben werden in allen Personen außer der 1. Person Singular wie die regelmäßigen Verben auf -er konjugiert.

| | |
|---|---|
| salir *(aus-/hinausgehen)* | **salgo**, sales, sale, salimos, salís, salen |

Außer in der 1. Person Singular wird salir wie die regelmäßigen Verben auf -ir konjugiert.

| | |
|---|---|
| decir *(sagen)* | **digo**, dices, dice, decimos, decís, dicen |

Decir ist ein Verb der Gruppe e > i mit einer unregelmäßigen 1. Person Singular.

| | |
|---|---|
| tener *(haben)* | **tengo**, tienes, tiene, tenemos, tenéis, tienen |
| venir *(kommen)* | **vengo**, vienes, viene, venimos, venís, vienen |

Tener und venir gehören zur Gruppe der Diphthongverben mit der Veränderung e > ie und sind nur in der 1. Person Singular unregelmäßig.

! Tener + que bedeutet „müssen“: Tengo que trabajar. *Ich muss arbeiten.*

| | |
|---|---|
| oír *(hören)* | **oigo**, oyes, oye, oímos, oís, oyen |

Bei oír wird in der 2. und 3. Person Singular sowie in der 3. Person Plural außerdem ein y vor der Endung eingeschoben.

# Unregelmäßige Verben (1): Verben mit unregelmäßiger 1. Person Singular



**1. Welche Verben sind in der 1. Person Singular unregelmäßig? Ordnen Sie ein.**

**regelmäßige Verben**

hacer traer tomar venir hablar subir decir tener escribir comer salir abrir beber poner saber vivir aprender escuchar

**unregelmäßige Verben**

**2. Setzen Sie die angegebenen Verben in der 1. Person Singular ein.**

a. Los fines de semana no ________________ *(salir)* nunca por la noche.
b. Siempre ________________ *(decir)* la verdad.
c. No ________________ *(saber)* mucho de animales.
d. ________________ *(tener)* un coche antiguo.
e. En seguida os ________________ *(traer)* las bebidas.
f. ________________ *(oír)* muy mal por el oído izquierdo.
g. Hoy ________________ *(poner)* la mesa yo.

**3. Kreuzen Sie die richtige Verbform im Indikativ Präsens an.**

a. *poner-tú*
1. ☐ pones
2. ☐ puedes

b. *venir-nosotros*
1. ☐ vengo
2. ☐ venimos

c. *hacer-yo*
1. ☐ hace
2. ☐ hago

d. *tener-usted*
1. ☐ tienen
2. ☐ tiene

e. *salir-yo*
1. ☐ salió
2. ☐ salgo

f. *decir-ellos*
1. ☐ dicen
2. ☐ digan

g. *traer-él*
1. ☐ traje
2. ☐ trae

h. *oír-nosotros*
1. ☐ oigamos
2. ☐ oímos

i. *saber-yo*
1. ☐ sé
2. ☐ soy

**4. Übersetzen Sie.**

a. Kommst du mit uns in die Stadt? – Nein, ich muss das Fahrrad reparieren.

________________________________________

b. Was machst du heute Abend? – Ich gehe mit Freunden aus.

________________________________________

c. Ich lege meine Brille immer auf den Tisch.

________________________________________

d. Weißt du, wo das Museum ist? – Nein, ich weiß es nicht.

________________________________________

# 27 Ya lo conozco.
*Ich kenne ihn schon.*

## Conoces, conozco

Der Infinitiv von conoces *(du kennst)* und conozco *(ich kenne)* lautet conocer *(kennen)*. Conocer gehört zu einer Gruppe von Verben, deren 1. Person Singular im Präsens unregelmäßig ist.

REGEL Bei Verben auf -acer, -ecer, -ocer und -ucir – mit einigen wenigen Ausnahmen wie z. B. hacer *(tun, machen)* und cocer *(kochen)* – lautet die Endung für die 1. Person Singular Präsens -zco. Alle anderen Formen sind regelmäßig.

| | **nacer** *geboren werden* | cr**ecer** *wachsen* | con**ocer** *kennen* | prod**ucir** *produzieren* |
|---|---|---|---|---|
| (yo) | na**zco** | cre**zco** | cono**zco** | produ**zco** |
| (tú) | naces | creces | conoces | produces |
| (él/ella/usted) | nace | crece | conoce | produce |
| (nosotros/-as) | nacemos | crecemos | conocemos | producimos |
| (vosotros/-as) | nacéis | crecéis | conocéis | producís |
| (ellos/ellas/ustedes) | nacen | crecen | conocen | producen |

**!** Weitere Verben, die diese Veränderung aufweisen, sind:
agradecer *(danken)*, carecer de *(nicht haben, entbehren)*, conducir *(fahren, lenken)*, ofrecer *(anbieten)*, parecer *(scheinen)*, permanecer *(bleiben)*, pertenecer *(gehören)*, reducir *(verringern)*, traducir *(übersetzen)*.

**1. Die folgenden Verben stehen in der 1. Person Plural. Setzen Sie sie in die 1. Person Singular und geben Sie den Infinitiv an.**

| nosotros/-as | yo | Infinitiv |
|---|---|---|
| a. conocemos | __________ | __________ |
| b. traducimos | __________ | __________ |
| c. agradecemos | __________ | __________ |
| d. producimos | __________ | __________ |
| e. pertenecemos | __________ | __________ |
| f. carecemos | __________ | __________ |
| g. ofrecemos | __________ | __________ |
| h. conducimos | __________ | __________ |

**2. Verbinden Sie Fragen und Antworten.**

a. ¿Ya conoce Ud. a mi madre?
b. Conduces muy mal.
c. ¿De quién son estas gafas?
d. ¿Quién sabe traducir esta frase?
e. ¿Te gusta el libro que te regalé?
f. ¿Qué se produce en esta fábrica?
g. ¡Cuánto han crecido tus niños!

1. Sí, muchísimo. Te lo agradezco mucho.
2. La traduzco yo.
3. Sí, ya tienen 12 años.
4. Sí, ya la conozco desde hace mucho tiempo.
5. Se producen ordenadores.
6. No es verdad. Conduzco con mucho cuidado.
7. Creo que pertenecen a Juana.

**3. Setzen Sie den Infinitiv in der Klammer in die erforderliche Präsens-Form.**

a. Yo *(conducir)* __________ de Málaga a Sevilla y tú hasta Córdoba.
b. Ese asunto *(carecer)* __________ de importancia.
c. En esta fiesta no *(yo-conocer)* __________ a nadie.
d. El camarero de este restaurante nos *(ofrecer)* __________ siempre un aperitivo.
e. ¿Tú *(pertenecer)* __________ a este club?
f. Te *(yo-agradecer)* __________ mucho tu ayuda.

**4. Übersetzen Sie.**

a. Ich kenne hier niemanden *(a nadie)*.

______________________________

b. Wer fährt, du oder ich?

______________________________

c. Ich übersetze dir gern *(con mucho gusto)* diesen Brief.

______________________________

d. Ich bleibe bis nächsten Samstag im Hotel.

______________________________

e. Diese Bäume wachsen sehr langsam.

______________________________

## Wählen Sie die richtige Form.

### Regelmäßige Verben

1. ¿Dónde *(vosotros)* ___, en casa o en una cafetería?
   a) ☐ desayunan
   b) ☐ desayunáis

2. ¿Ud. siempre ___ pipa?
   a) ☐ fuman
   b) ☐ fuma

3. *(Tú)* ___ demasiado café.
   a) ☐ bebes
   b) ☐ bebéis

4. *(Ellos)* ___ su casa en el campo.
   a) ☐ vendemos
   b) ☐ venden

5. *(Yo)* siempre ___ muchas cartas.
   a) ☐ recibo
   b) ☐ recibe

6. *(Nosotros)* nunca ___ postales de vacaciones.
   a) ☐ escribimos
   b) ☐ escribís

### Verben der Gruppe e > ie, o > ue, e > i, -ía/-úa

7. Paolo ent___nde muy bien el español.
   a) ☐ -ie-
   b) ☐ -e-

8. Emp___zamos a trabajar a las ocho.
   a) ☐ -ie-
   b) ☐ -e-

9. Todos los sábados *(nosotros)* j___gamos al tenis.
   a) ☐ -ue-
   b) ☐ -u-

10. ¿Rec___rdáis esta película?
    a) ☐ -ue-
    b) ☐ -o-

11. ¿Para qué s___rve esto?
    a) ☐ -i-
    b) ☐ -ie-

12. Mañana contin___an el viaje.
    a) ☐ -ú-
    b) ☐ -u-

13. Camb___an dinero en el banco.
    a) ☐ -i-
    b) ☐ -í-

### Die Verben ser, estar und hay

14. Estas señoras ___ de Suiza.
    a) ☐ soy
    b) ☐ son

15. Esta silla ___ de plástico.
    a) ☐ está
    b) ☐ es

16. Las gafas ___ encima de la mesa.
    a) ☐ están
    b) ☐ son

17. Mis padres ___ casados desde hace 20 años.
    a) ☐ son
    b) ☐ están

18. Este vino ___ a 15 euros la botella.
    a) ☐ está
    b) ☐ es

19. Suiza ___ un país montañoso.
    a) ☐ está
    b) ☐ es

20. María ___ en la terraza. ___ leyendo.
   a) está / Está
   b) está / Es

21. En nuestra calle ___ dos bares.
   a) están
   b) hay

22. El Museo de Historia no ___ aquí.
   a) está
   b) hay

23. ¿Cuántas tiendas ___ en el centro comercial?
   a) está
   b) hay

### Das Verb ir + a / en

24. En verano *(yo)* ___ al lago a nadar.
   a) voy
   b) va

25. ¿Cómo vas al trabajo, ___ coche o ___ pie?
   a) a / en
   b) en / a

### Unregelmäßige Verben

26. ¿*(Tú)* ___ mucho? – No, *(yo)* ___ solo los sábados.
   a) sales / salgo
   b) sales / sale

27. Ya es hora de comer. ¿*(Yo)* ___ la mesa?
   a) pongo
   b) pone

28. ¿*(Tú)* ___ a la fiesta? – No, *(yo)* ___ que trabajar.
   a) venís / tengo
   b) vienes / tengo

29. No entiendo esta frase. ¿Me la tradu___es al alemán?
   a) -c-
   b) -cz-

30. *(Yo)* cono___o muy bien la isla de Mallorca.
   a) -c-
   b) -zc-

## Lust auf noch mehr Tests?

Dann ab ins Netz und weitermachen:
https://go.hueber.de/power-grammatik/spanisch

Vergleichen Sie nun Ihre Lösungen mit dem Schlüssel auf S. 175. Wenn Sie die Aufgaben nicht richtig gelöst haben, wiederholen Sie noch einmal das betreffende Kapitel. Diese Tabelle zeigt Ihnen, auf welches Kapitel sich die einzelnen Aufgaben beziehen.

| Aufgabe | Kapitel | Aufgabe | Kapitel | Aufgabe | Kapitel | Aufgabe | Kapitel | Aufgabe | Kapitel |
|---|---|---|---|---|---|---|---|---|---|
| 1 | 14 | 7 | 17 | 13 | 20 | 19 | 23 | 25 | 25 |
| 2 | 14 | 8 | 17 | 14 | 21 | 20 | 22/23 | 26 | 26 |
| 3 | 15 | 9 | 18 | 15 | 21 | 21 | 24 | 27 | 26 |
| 4 | 15 | 10 | 18 | 16 | 22 | 22 | 24 | 28 | 26 |
| 5 | 16 | 11 | 19 | 17 | 22 | 23 | 24 | 29 | 27 |
| 6 | 16 | 12 | 20 | 18 | 23 | 24 | 25 | 30 | 27 |

# 28 Está pintando el piso.

*Er streicht gerade die Wohnung.*

## Está pintando

Juan kann nicht mit seinem Freund in die Bar gehen, Ana nennt den Grund dafür: Está pintando el piso. *(Er streicht gerade die Wohnung.)* Está pintando ist die Verlaufsform des Verbs pintar *(malen, streichen)*. Man verwendet diese Form, um auszudrücken, was gerade im Moment des Sprechens geschieht.

Um die Verlaufsform zu bilden, benötigt man eine Form von estar und das Gerundium des Verbs.

REGEL Um das Gerundium (spanisch gerundio) zu bilden, wird bei den Verben auf -ar die Endung -ando an den Wortstamm angehängt, Verben auf -er und -ir erhalten die Endung -iendo: habl**ar** → habl**ando**, com**er** → com**iendo**, escrib**ir** → escrib**iendo.**

| | | |
|---|---|---|
| (yo) | estoy | hablando<br>comiendo<br>escribiendo |
| (tú) | estás | |
| (él/ella/usted) | está | |
| (nosotros/-as) | estamos | |
| (vosotros/-as) | estáis | |
| (ellos/ellas/ustedes) | están | |

Folgende Verben haben ein unregelmäßiges Gerundium:

- Verben der Gruppe e > i:
  servir → **si**rviendo, pedir > **pi**diendo.
- Verben der Gruppe e > ie und o > ue, die auf -ir enden:
  preferir → pref**i**riendo, dormir → d**u**rmiendo.
- Bei Verben, deren Stamm mit einem Vokal endet, wird -iendo zu -yendo:
  leer → le**y**endo, construir → constru**y**endo.
- Das Gerundium von ir lautet yendo.
- Ferner: decir → d**i**ciendo, poder → p**u**diendo, venir → v**i**niendo.

Das Gerundium wird im Deutschen durch einen Zusatz wie „gerade“ oder durch die Konstruktion „(gerade) dabei sein etwas zu tun“ wiedergegeben.
Estoy pintando las paredes. *Ich streiche gerade die Wände. / Ich bin (gerade) dabei, die Wände zu streichen.*

**1. Wie lautet das Gerundium dieser Verben?**

a. vivir ______
b. servir ______
c. poder ______
d. cantar ______
e. beber ______
f. leer ______
g. empezar ______
h. venir ______
i. dormir ______
j. ir ______
k. subir ______
l. construir ______

**2. Die Sätze stehen im Präsens. Setzen Sie sie in die Verlaufsform.**

Carmen lava la ropa. → *Carmen está lavando la ropa.*
a. Pienso en ti. → ______
b. Isabel lee una revista de moda. → ______
c. Voy al trabajo. → ______
d. Los chicos juegan al fútbol. → ______
e. Comemos calamares a la plancha. → ______
f. Coges flores en el jardín. → ______

**3. Geben Sie an, womit die Bewohner eines Hauses gerade beschäftigt sind.**

a. En la planta baja una chica *(telefoniert gerade)* ______ con su amiga.
b. En la 1ª planta un hombre *(bügelt gerade)* ______ los pantalones de su hijo.
c. En la 2ª planta un señor *(liest gerade)* ______ el periódico.
d. En la 3ª planta un señor *(spielt gerade)* ______ el piano.
e. En la 4ª planta dos niños *(schlafen gerade)* ______.
f. En la 5ª planta una señora *(macht gerade)* ______ las camas.
g. En la 6ª planta un chico y una chica *(lernen gerade)* ______.
h. En la 7ª planta un profesor *(korrigiert gerade)* ______ unos exámenes.

**4. Übersetzen Sie, was diese Personen gerade tun.**

a. Miguel macht gerade Hausaufgaben *(los deberes)*.
______
b. Ich lese gerade ein interessantes Buch.
______
c. Luisa kommt gerade aus der Stadt.
______
d. Was hört ihr gerade im Radio an?
______
e. Der Kellner serviert gerade den Fisch.
______
f. Wir warten gerade auf den Bus.
______

# 29 Ya ha empezado.
*Es hat schon angefangen.*

## Ha empezado

Ha empezado *(es hat angefangen)* ist das Perfekt (pretérito perfecto compuesto) des Verbs empezar.

REGEL Das Perfekt wird mit einer Form des Hilfsverbs haber *(haben)* und dem Partizip des Verbs gebildet. Die Formen von haber lauten:

| | |
|---|---|
| (yo) | he |
| (tú) | has |
| (él/ella/usted) | ha |
| (nosotros/-as) | hemos |
| (vosotros/-as) | habéis |
| (ellos/ellas/ustedes) | han |

REGEL Um das Partizip zu bilden, wird bei den Verben auf -ar die Endung -ado und bei den Verben auf -er und -ir die Endung -ido an den Stamm gehängt. Diese Endungen sind unveränderlich.
habl**ar** → habl**ado**, com**er** → com**ido**, dorm**ir** → dorm**ido**

Als Beispiel das Perfekt von hablar *(sprechen)*:

| | | |
|---|---|---|
| (yo) | he | hablado |
| (tú) | has | |
| (él/ella/usted) | ha | |
| (nosotros/-as) | hemos | |
| (vosotros/-as) | habéis | |
| (ellos/ellas/ustedes) | han | |

Im Deutschen wird das Perfekt mit dem Präsens von „haben" oder „sein" gebildet.
Has hablado mucho. *Du hast viel gesprochen.*
He ido a casa. *Ich bin nach Hause gegangen.*

Das Partizip einiger Verben ist unregelmäßig:
abrir *(öffnen)* → abierto
cubrir *(bedecken)* → cubierto
decir *(sagen)* → dicho
escribir *(schreiben)* → escrito
hacer *(machen, tun)* → hecho
morir *(sterben)* → muerto
poner *(setzen, legen)* → puesto
romper *(zerbrechen)* → roto
ver *(sehen)* → visto
volver *(zurückkehren)* → vuelto

Auch die abgeleiteten Verben weisen ein unregelmäßiges Partizip auf, z. B.
descubrir → descubierto, describir → descrito, devolver → devuelto.

Die Form von haber und das Partizip dürfen nie getrennt werden. Die Verneinung wird vorangestellt.
Hoy no he comido mucho. *Ich habe heute nicht viel gegessen.*
(Zum Gebrauch des Perfekts → Kapitel 33)

**1. Ordnen Sie die Verben nach regelmäßigem und unregelmäßigem Partizip.**

| regelmäßiges Partizip | unregelmäßiges Partizip |
| --- | --- |
| | |

abrir, pagar, hacer, romper, comer, comprar, cubrir, poner, decir, venir, volver, perder, conducir

**2. Wie lautet das Perfekt?**

a. (yo-hacer) ______________
b. (nosotros-comer) ______________
c. (ella-escribir) ______________
d. (vosotros-poner) ______________
e. (ellos-ver) ______________
f. (tú-bailar) ______________
g. (él-volver) ______________
h. (ustedes-decir) ______________
i. (ellas-dormir) ______________
j. (yo-entender) ______________
k. (tú-venir) ______________
l. (usted-pedir) ______________

**3. Setzen Sie die Verben im Perfekt ein.**

a. Esta mañana no *(llegar)* ______________ el correo.
b. Hoy *(yo-olvidar)* ______________ llamar al mecánico.
c. Este año *(nosotros-ir)* ______________ a España.
d. ¿Por qué no *(tú-decir)* ______________ la verdad?
e. César no *(jugar)* ______________ nunca al fútbol.
f. Los niños *(romper)* ______________ los juguetes.
g. ¿Qué películas de Almodóvar ya *(vosotros-ver)* ______________?

**4. Ergänzen Sie die Sätze wie im Beispiel mit dem Verb im Perfekt.**

Normalmente no bebo champán, pero hoy *he bebido* una copa.

a. Normalmente Juan y Ana vuelven a casa a las cuatro de la tarde, pero hoy ______________ a medianoche.
b. Normalmente hacemos gimnasia después del trabajo, pero hoy la ______________ antes.
c. Normalmente tocas la guitarra muy bien, pero hoy ______________ fatal.
d. Normalmente veis el telediario por la noche, pero hoy lo ______________ al mediodía.
e. Normalmente compran en el centro comercial, pero esta semana ______________ en la tienda de la esquina.
f. Normalmente la señora Martínez recibe una vez al mes correo de su hija, pero este mes ______________ tres cartas.

# Lo pasé muy bien.

*Ich habe mich gut amüsiert.*

## Pasé

Ana gebraucht die Verbform pasé *(ich habe verbracht)*. Dabei handelt es sich um den Indefinido (genauer: pretérito perfecto simple oder indefinido), eine weitere Zeit der Vergangenheit.

REGEL Zur Bildung des Indefinido werden bei den regelmäßigen Verben die Indefinido-Endungen an den Verbstamm angehängt.

| | habl**ar** *sprechen* | com**er** *essen* | escrib**ir** *schreiben* |
|---|---|---|---|
| (yo) | habl**é** | com**í** | escrib**í** |
| (tú) | habl**aste** | com**iste** | escrib**iste** |
| (él/ella/usted) | habl**ó** | com**ió** | escrib**ió** |
| (nosotros/-as) | habl**amos** | com**imos** | escrib**imos** |
| (vosotros/-as) | habl**asteis** | com**isteis** | escrib**isteis** |
| (ellos/ellas/ustedes) | habl**aron** | com**ieron** | escrib**ieron** |

! Zur Erhaltung der Aussprache des Verbstamms treten bei einigen Verben in der 1. Person Singular orthografische Veränderungen auf:
pagar → pa**gu**é, empezar → empe**c**é, buscar → bus**qu**é.

Endet der Verbstamm auf einen Vokal, wird das i der Indefinido-Endungen -ió und -ieron zu y:
leer → leyó/leyeron, construir → construyó/construyeron.

! Ein Verb im Indefinido kann im Deutschen mit dem Perfekt oder Imperfekt übersetzt werden.
Anoche bailé mucho. *Gestern Abend tanzte ich viel / habe ich viel getanzt.*

(Zum Gebrauch des Indefinido → Kapitel 33 und 35)

## 1. Konjugieren Sie im Indefinido.

| | Infinitiv | yo | tú | él/ella/ usted | nosotros/ -as | vosotros/ -as | ellos/ellas/ ustedes |
|---|---|---|---|---|---|---|---|
| a. | beber | | | | | | |
| b. | buscar | | | | | | |
| c. | comprar | | | | | | |
| d. | llegar | | | | | | |
| e. | leer | | | | | | |
| f. | vivir | | | | | | |

## 2. Verbinden Sie die Elemente zu ganzen Sätzen.

a. El año pasado Juan
b. Anoche *(nosotros)*
c. El lunes pasado en el curso *(ellos)*
d. La semana pasada *(yo)*
e. En 2003 Luisa
f. Ayer *(tú)*
g. El fin de semana pasado *(vosotros)*

1. leyeron artículos de un periódico.
2. conoció a su novio Paco.
3. compró una nueva moto.
4. trabajaste hasta las nueve de la noche.
5 bebisteis solo agua mineral en la fiesta.
6. volvimos de las vacaciones en Austria.
7. visité a mi abuela.

## 3. Setzen Sie die Sätze in den Indefinido.

Hoy ha tomado un café con leche. → Ayer *tomó* un cortado.

a. Esta tarde las tiendas han cerrado a las 8. → Ayer ______________ a las 10 de la noche.
b. Esta semana habéis comido mucho. → La semana pasada ______________ poquísimo.
c. Este año Ana ha leído dos novelas policíacas. → El año pasado no ______________ ninguna.
d. Siempre aparcamos el coche delante de la casa. → Ayer lo ______________ en el garaje.
e. Normalmente saco fotos del paisaje. → En mi último viaje ______________ sobre todo fotos de personas.

## 4. Setzen Sie das Verb in der Klammer in den Indefinido.

a. El sábado pasado *(yo-llegar)* __________ a la fiesta muy tarde.
b. Ayer Paco *(vender)* __________ su moto y *(comprar)* __________ un coche.
c. La semana pasada *(yo-escribir)* __________ una carta a mi amiga en Londres.
d. Los niños *(aprender)* __________ mucho sobre Picasso en la clase de arte.
e. ¿Dónde *(construir)* __________ ustedes su nueva casa, en el campo o en la ciudad?
f. ¿Qué *(tú-tomar)* __________, paella o pollo asado?
g. De 1990 a 1998 Juan y su familia *(vivir)* __________ en Buenos Aires.

# 31 ¿Qué hiciste anoche?

*Was hast du gestern Abend gemacht?*

## Hiciste, fui, vimos

Jetzt erzählt Juan, wie er den Abend verbracht hat. Und auch er verwendet den Indefinido – fui *(ich ging)*, vimos *(wir sahen)*. Diese Formen sind unregelmäßig.

REGEL Zu den Verben mit einem unregelmäßigen Indefinido gehören u. a. ser *(sein)*, ir *(gehen, fahren)*, hacer *(tun, machen)*, ver *(sehen)* und dar *(geben)*. Die Indefinido-Formen von ser und ir sind gleich und nur aus dem Zusammenhang lässt sich erkennen, welches Verb gemeint ist.

| | ser *sein*<br>ir *gehen, fahren* | hacer<br>*tun, machen* | ver<br>*sehen* | dar<br>*geben* |
|---|---|---|---|---|
| (yo) | fui | hice | vi | di |
| (tú) | fuiste | hiciste | viste | diste |
| (él/ella/usted) | fue | hizo | vio | dio |
| (nosotros/-as) | fuimos | hicimos | vimos | dimos |
| (vosotros/-as) | fuisteis | hicisteis | visteis | disteis |
| (ellos/ellas/ustedes) | fueron | hicieron | vieron | dieron |

| | d**o**rmir<br>*schlafen* | pref**e**rir<br>*bevorzugen* | s**e**rvir<br>*(be)dienen* |
|---|---|---|---|
| (yo) | dormí | preferí | serví |
| (tú) | dormiste | preferiste | serviste |
| (él/ella/usted) | d**u**rmió | pref**i**rió | s**i**rvió |
| (nosotros/-as) | dormimos | preferimos | servimos |
| (vosotros/-as) | dormisteis | preferisteis | servisteis |
| (ellos/ellas/ustedes) | d**u**rmieron | pref**i**rieron | s**i**rvieron |

**!** Bei Verben der Gruppe o > ue, die auf -ir enden, wird in der 3. Pers. Sg. und Pl. das Stamm-o zu u (z. B. dormir, morir). Bei Verben der Gruppe e > ie, die auf -ir enden, und der Gruppe e > i wird in der 3. Pers. Sg. und Pl. das Stamm-e zu i (z. B. preferir und sentir bzw. servir und pedir).

(Zum Gebrauch des Indefinido → Kapitel 33 und 35)

**1. Bilden Sie den Indefinido zu den folgenden Präsens-Formen.**

a. vas __________
b. sirvo __________
c. hacemos __________
d. eres __________
e. duerme __________
f. sienten __________
g. veo __________
h. da __________
i. duermo __________
j. pides __________
k. es __________
l. voy __________
m. prefiere __________
n. muere __________
o. sigue __________

**2. Wie lautet das Verb im Präsens?**

a. visteis __________
b. fuimos __________
c. dormí __________
d. fui __________
e. murieron __________
f. pidió __________
g. preferí __________
h. dimos __________
i. hiciste __________
j. vi __________
k. dieron __________
l. sintieron __________
m. serví __________
n. fueron __________
o. siguió __________

**3. Welche der unten stehenden Verbformen gehört zu welchem Pronomen? Tragen Sie ein.**

| yo | tú | él/ella/ usted | nosotros/ -as | vosotros/ -as | ellos/ellas/ ustedes |
|---|---|---|---|---|---|
| | | | | | |
| | | | | | |
| | | | | | |
| | | | | | |
| | | | | | |

hicisteis siguieron vimos prefirió dormisteis fue hizo fuiste fui prefirieron fuimos dormí durmió fuisteis serví dieron murieron seguiste preferiste

**4. Übersetzen Sie das Verb in der Klammer mit dem Indefinido.**

a. El fin de semana pasado *(wir sind gefahren)* __________ a la montaña.
b. Juan no *(tat)* __________ nada.
c. ¿Qué *(habt ihr bestellt)* __________?
d. Ana ya *(sah)* __________ la película el mes pasado.
e. *(Sie schliefen)* __________ hasta el mediodía.
f. Primero Juan y Ana *(gingen)* __________ a cenar, después Ana quiso dar un paseo.
g. Le *(ich gab)* __________ un beso a mi novia antes de irme al trabajo.
h. Ana *(wollte lieber)* __________ el traje azul.

# 32 ¿Dónde estuviste ayer?
*Wo warst du gestern?*

## Estuviste

Estuviste *(du warst)* ist die Indefinido-Form des Verbs estar *(sein, sich befinden).*

REGEL Estar und einige andere Verben haben im Indefinido einen unregelmäßigen Verbstamm, die angehängten Endungen sind bei allen gleich.

| | |
|---|---|
| (yo) | estuv**e** |
| (tú) | estuv**iste** |
| (él/ella/usted) | estuv**o** |
| (nosotros/-as) | estuv**imos** |
| (vosotros/-as) | estuv**isteis** |
| (ellos/ellas/ustedes) | estuv**ieron** |

Ebenso:

| | | |
|---|---|---|
| andar | → anduv- | **-e** |
| poder | → pud- | **-iste** |
| poner | → pus- | **-o** |
| querer | → quis- | **-imos** |
| saber | → sup- | **-isteis** |
| tener | → tuv- | **-ieron** |
| venir | → vin- | |

Der Indefinido der Verben auf -ucir, z. B. producir *(produzieren)*, lautet:

| | |
|---|---|
| (yo) | produj**e** |
| (tú) | produj**iste** |
| (él/ella/usted) | produj**o** |
| (nosotros/-as) | produj**imos** |
| (vosotros/-as) | produj**isteis** |
| (ellos/ellas/ustedes) | produj**eron** |

Ebenso:

| | | |
|---|---|---|
| conducir | → conduj- | **-e** |
| introducir | → introduj- | **-iste** |
| reducir | → reduj- | **-o** |
| traducir | → traduj- | **-imos** |
| traer | → traj- | **-isteis** |
| decir | → dij- | **-eron** |

⇨ Der Indefinido von hay (*es gibt*; Infinitiv haber) lautet hubo.

(Zum Gebrauch des Indefinido → Kapitel 33 und 35)

**1. Wie lautet der Infinitiv?**

a. quise ________________
b. pusieron ________________
c. pudo ________________
d. condujo ________________
e. estuviste ________________
f. anduve ________________
g. trajeron ________________
h. dijo ________________
i. tuvimos ________________
j. vine ________________
k. supiste ________________
l. redujiste ________________

**2. Setzen Sie die Sätze in den Indefinido.**

a. El camarero trae el menú. ________________________________
b. Producen juguetes de madera. ________________________________
c. Conduces muy bien. ________________________________
d. No tengo ganas de salir. ________________________________
e Estamos toda la noche en casa. ________________________________
f. No podemos ir a la fiesta. ________________________________
g. No dicen la verdad. ________________________________

**3. Ergänzen Sie die Sätze mit einem der Verben im Indefinido.**

decir – estar – traer – conducir – poner – venir – poder

a. ¿Dónde *(vosotros)* ________________ de vacaciones el año pasado?
b. Mi madre ________________ la mesa para la cena.
c. ¿A qué hora *(tú)* ________________ ayer del trabajo?
d. *(Nosotros)* no ________________ encontrar el camino.
e. El cartero te ________________ un paquete de tu novia.
f. ¿Por qué no se lo *(ustedes)* ________________?
g. Pedro ________________ despacio y con mucho cuidado.

**4. Geben Sie die Anwort auf Spanisch. Sie benötigen dazu den Indefinido.**

a. ¿Qué hiciste ayer después de llamarme? – *Ich musste* (tener que) *zum Zahnarzt gehen.*

________________________________________________

b. ¿Vino Manuel ayer a tu fiesta? – *Nein, er konnte* (poder) *nicht.*

________________________________________________

c. ¿Has visto a Carmen esta semana? – *Ja, sie besuchte* (venir a ver) *mich gestern.*

________________________________________________

d. ¿Sabes que Miguel y María estuvieron de vacaciones en Canarias? – *Ja, sie brachten* (traer) *mir ein Souvenir* (recuerdo) *mit.*

________________________________________________

e. ¿Salió Juan con su novia ayer por la tarde? – *Nein, er war* (estar) *den ganzen Abend bei seinen Eltern.*

________________________________________________

# 33 ¿Has estado alguna vez en Latinoamérica?

*Bist du schon einmal in Lateinamerika gewesen?*

## Has estado, fuimos

Die Verben, die die beiden in ihrem Dialog gebrauchen, stehen im Perfekt – has estado *(du bist gewesen)* – und im Indefinido – fuimos *(wir fuhren)*. In welchen Fällen Sie das Perfekt verwenden und in welchen den Indefinido, wird nachfolgend erklärt.

REGEL

| **Perfekt** | **Indefinido** |
|---|---|
| Die Handlung steht in enger Beziehung zur Gegenwart. | Die Handlung hat zu einem bestimmten Zeitpunkt in der Vergangenheit stattgefunden und ist bereits abgeschlossen. |
| Häufige Zeitangaben:<br>hoy *(heute)*, esta semana *(diese Woche)*, este año *(dieses Jahr)*, alguna vez *(einmal)*, muchas veces *(oft)*, todavía no *(noch nicht)* oder ohne Zeitangabe, wenn der Zeitpunkt selbst unwichtig ist. | Häufige Zeitangaben:<br>ayer *(gestern)*, la semana pasada *(letzte Woche)*, el año pasado *(letztes Jahr)*, la última vez *(das letzte Mal)*, en 2003 *(2003)* usw. |
| Hoy los niños no han ido al colegio.<br>*Heute sind die Kinder nicht in die Schule gegangen.*<br>No hemos ido nunca a Portugal.<br>*Wir sind nie nach Portugal gefahren.* | ¿Dónde pasaste tus últimas vacaciones?<br>*Wo hast du deine letzten Ferien verbracht?*<br><br>Estuve en Bilbao, en casa de mi abuela.<br>*Ich war in Bilbao bei meiner Großmutter.* |

(Zum Gebrauch von Indefinido und Imperfekt → Kapitel 35)

**1. Perfekt oder Indefinido? Entscheiden Sie sich für die richtige Zeitform.**

a. ¿Por qué no *(has ido/fuiste)* ________________ a la agencia de viajes todavía?
b. El año pasado mi abuelo *(ha cumplido/cumplió)* ________________ 70 años.
c. ¿Por qué no nos *(habéis llamado/llamasteis)* ________________ ayer?
d. Yo no *(he visto/vi)* ________________ nunca a tu hermano.
e. Luis y Pedro *(han esquiado/esquiaron)* ________________ en Sierra Nevada el invierno pasado.
f. ¿Ya *(habéis esquiado/esquiasteis)* ________________ alguna vez en Sierra Nevada?

**2. Wählen Sie aus den Zeitangaben die passende aus und ergänzen Sie die Sätze damit.**

a. ______________ no ha comido mucho.
b. No sé qué vamos a hacer esta noche porque Isabel ______________ no nos ha llamado.
c. ______________ hemos pasado las vacaciones en el Caribe.
d. ______________ la película empezó a las siete y media.
e. No han estado ______________ en la montaña.
f. ¿Habéis aprendido mucho ______________?
g. ______________ he comprado el vino para la fiesta.

aún | este verano | nunca | anoche | todavía no | en este curso | hoy

**3. Welche Antwort passt zu welcher Frage? Verbinden Sie.**

a. ¿Has estado alguna vez en Perú?
b. ¿Has visto alguna película de Almodóvar?
c. ¿Has comido alguna vez paella?
d. ¿Has estado alguna vez en un concierto al aire libre?
e. ¿Ya has leído la nueva novela de Rosa Montero?

1. Sí, el sábado pasado vi una en el Odeón.
2. Sí, el verano pasado Juan me regaló una entrada para un concierto de Bon Jovi.
3. Sí, en 2001 fui al lago Titicaca.
4. La compré ayer, pero aún no la he leído.
5. Sí, cené en un restaurante español el viernes pasado.

**4. Übersetzen Sie.**

a. Hast du Ana das Geschenk schon geschickt? – Nein, aber ich habe gestern eine CD für sie gekauft.

______________________________________________

b. In dieser Woche bin ich schon zwei Mal im Theater gewesen.

______________________________________________

c. Seid ihr schon einmal auf den Kanarischen Inseln gewesen? – Ja, wir waren *(ir a)* letztes Jahr auf Lanzarote.

______________________________________________

d. Hast du Pepe gesehen? – Ja, ich habe gestern Nachmittag mit ihm Tennis gespielt.

______________________________________________

# 34 Era la una de la noche, todo estaba tranquilo …

*Es war ein Uhr nachts, alles war ruhig …*

## Era, estaba

In dem Krimi, den Ana liest, wird mit era *(es war)* und estaba *(es war)* die Situation für die weiteren Ereignisse beschrieben. Diese Verben stehen im Imperfekt (pretérito imperfecto), einer weiteren Zeit der Vergangenheit.

REGEL Zur Bildung des Imperfekts werden die Imperfekt-Endungen an den Verbstamm angehängt.
Das Imperfekt der Verben mit der Endung -er und -ir ist gleich.

| | habl**ar**<br>*sprechen* | com**er**<br>*essen* | escrib**ir**<br>*schreiben* |
|---|---|---|---|
| (yo) | habl**aba** | com**ía** | escrib**ía** |
| (tú) | habl**abas** | com**ías** | escrib**ías** |
| (él/ella/usted) | habl**aba** | com**ía** | escrib**ía** |
| (nosotros/-as) | habl**ábamos** | com**íamos** | escrib**íamos** |
| (vosotros/-as) | habl**abais** | com**íais** | escrib**íais** |
| (ellos/ellas/ustedes) | habl**aban** | com**ían** | escrib**ían** |

Nur drei Verben haben ein unregelmäßiges Imperfekt.

| | ser<br>*sein* | ir<br>*gehen, fahren* | ver<br>*sehen* |
|---|---|---|---|
| (yo) | era | iba | veía |
| (tú) | eras | ibas | veías |
| (él/ella/usted) | era | iba | veía |
| (nosotros/-as) | éramos | íbamos | veíamos |
| (vosotros/-as) | erais | ibais | veíais |
| (ellos/ellas/ustedes) | eran | iban | veían |

Wenn Sie erzählen möchten, wie etwas früher war oder was Sie früher gewöhnlich getan haben, verwenden Sie das Imperfekt. Zum weiteren Gebrauch des Imperfekts und zum Gebrauch von Imperfekt und Indefinido → Kapitel 35.

**1. Wie lautet die Imperfekt-Form der folgenden Verben?**

a. (él-hablar) ____________
b. (nosotros-ir) ____________
c. (tú-tener) ____________
d. (ellos-vivir) ____________
e. (yo-ser) ____________
f. (vosotros-estudiar) ____________
g. (usted-dormir) ____________
h. (nosotros-salir) ____________
i. (ustedes-aprender) ____________
j. (tú-ver) ____________

**2. María erzählt aus ihrer Kindheit. Setzen Sie die Verben in der Klammer ins Imperfekt.**

María: Cuando era niña, . . .

a. ____________ *(jugar)* con mi muñeca.
b. ____________ *(ver)* en la tele dibujos animados de Walt Disney.
c. ____________ *(ir)* de vacaciones con mis padres.
d. ____________ *(tener)* muchos juguetes.
e. ____________ *(leer)* libros sobre animales de la selva.
f. ____________ *(construir)* castillos de arena en la playa.

**3. Im Vergleich zu früher ist heute vieles anders. Setzen Sie die Verben in die richtige Zeit.**

a. ¿Cómo vas al trabajo?
Antes *(ir)* ____________ en autobús. Ahora *(ir)* ____________ en coche.
b. ¿Vais al cine con frecuencia?
Antes *(ver)* ____________ películas en el cine. Ahora *(ver)* ____________ DVD en casa.
c. ¿Dónde te gusta pasar las vacaciones?
Antes las *(pasar)* ____________ junto al mar. Ahora *(hacer)* ____________ senderismo en la montaña.
d. ¿Dónde vivís?
Antes *(vivir)* ____________ en la ciudad. Ahora *(tener)* ____________ una casa en el campo.
e. ¿Sales mucho por la noche?
Antes *(ir)* ____________ de copas todas las noches. Ahora solo *(salir)* ____________ los sábados.

**4. Übersetzen Sie.**

a. Früher hat er viel geraucht.
____________________________________________
b. Früher haben wir in der Bar „La Paloma" gefrühstückt.
____________________________________________
c. Früher hat sie die Ferien bei ihrer Großmutter verbracht.
____________________________________________
d. Früher hat er nie Zeit gehabt.
____________________________________________
e. Früher habe ich abends ferngesehen.
____________________________________________

# 35 Antes me regalaba rosas, ayer no me dio ni siquiera un beso.

*Früher schenkte er mir Rosen, gestern gab er mir nicht einmal einen Kuss.*

## Regalaba, dio

Die Verben, die Ana gebraucht, stehen im Imperfekt – regalaba *(er schenkte)* – und im Indefinido – dio *(er gab)*. Nachfolgend lernen Sie die Regeln, wann Sie das Imperfekt und wann den Indefinido verwenden.

REGEL

| **Das Imperfekt wird gebraucht,** | **Der Indefinido wird gebraucht,** |
|---|---|
| um Personen, Dinge oder Zustände in der Vergangenheit zu beschreiben: Aquel día llovía mucho. *An jenem Tag regnete es viel.* Mi abuela tenía el pelo gris. *Meine Großmutter hatte graue Haare.* | um über Ereignisse zu sprechen, die zu einem bestimmten Zeitpunkt in der Vergangenheit stattgefunden haben und schon abgeschlossen sind: Ayer fui al teatro. *Gestern war ich im/ging ich ins Theater.* |
| um Gewohnheiten oder sich wiederholende Handlungen in der Vergangenheit auszudrücken: De niño jugaba mucho con mis vecinos. *Als Kind habe ich viel mit meinen Nachbarn gespielt.* | um Handlungen in der Vergangenheit anzugeben, die aufeinander folgen: Primero fui al cine. Luego encontré a Marta. *Zuerst ging ich ins Kino. Dann traf ich Marta.* |
| um gleichzeitig ablaufende Handlungen in der Vergangenheit anzugeben: Mi marido escuchaba música mientras yo leía un libro. *Mein Mann hörte Musik, während ich ein Buch las.* | |
| um den Grund anzugeben: Como no tenía tiempo, no fui a la ciudad contigo. *Weil ich keine Zeit hatte, ging ich nicht mit dir in die Stadt.* | |
| um einen Wunsch höflich auszudrücken: Quería una blusa blanca. *Ich möchte/hätte gern eine weiße Bluse.* | |

Ist eine Handlung noch nicht abgeschlossen, während eine weitere Handlung eintritt, verwendet man für die erste nicht abgeschlossene Handlung das Imperfekt, für die hinzutretende Handlung den Indefinido.
Paco hacía sus deberes cuando su madre lo llamó. *Paco machte seine Hausaufgaben, als ihn seine Mutter rief.*

**!** Als „Entscheidungshilfe", ob Sie Imperfekt oder Indefinido verwenden, kann die Frage „was war?" (Imperfekt) bzw. „was geschah (danach)?" (Indefinido) dienen.

**1. Imperfekt oder Indefinido? Entscheiden Sie sich für die richtige Vergangenheitsform.**

a. Cuando *(era/fui)* ___________ niña, *(visitaba/visité)* ___________ a mi abuela todos los días.
b. Antes siempre *(íbamos/fuimos)* ___________ en coche al trabajo.
c. ¿Qué *(hacías/hiciste)* ___________ anoche cuando te *(llamaba/llamé)* ___________?
d. El año pasado María y su novio *(pasaban/pasaron)* ___________ las vacaciones en Grecia.
e. Como no *(había/hubo)* ___________ mucha nieve, no *(podíamos/pudimos)* ___________ esquiar.
f. Primero Juana *(hacía/hizo)* ___________ las compras y luego *(iba/fue)* ___________ al café.
g. De niño Juan *(tenía/tuvo)* ___________ el pelo largo.

**2. Laura schreibt ihrer Tante, was sie und ihre Freundin am ersten Tag ihrer Barcelona-Reise getan haben. Setzen Sie die Verben in Klammern in die richtige Zeitform (Präsens, Imperfekt oder Indefinido).**

Querida tía Anita:
Ayer Isabel y yo (ir) ________ a Barcelona. (llegar) ________ al aeropuerto a las diez de la mañana. (llover) ________ mucho y por eso (tomar) ________ un taxi para ir al hotel. El hotel (estar) ________ en el centro. (tener) ________ siete plantas, (ser) ________ muy moderno, y todas las habitaciones (tener) ________ un balcón grande. Media hora más tarde, cuando ya no (llover) ________, (salir) ________ del hotel. (dar) ________ un paseo por las Ramblas y (visitar) ________ la catedral y el Barrio Gótico. Por la noche (ir) ________ al teatro. (ver) ________ una obra muy moderna. Después del teatro (ir) ________ a un bar, (tomar) ________ unas tapas y (beber) ________ cava. A las once (volver) ________ al hotel. Mañana (ir) ________ a la playa.

¡Hasta pronto!
Abrazos
Laura

**3. All das geschah während Carmens Mittagsschlaf. Übersetzen Sie mit dem Indefinido.**

Cuando Carmen dormía la siesta, …

a. rief ihre Freundin an. … ______________________________.
b. läutete es an der Tür *(sonar el timbre de la puerta)*. … ______________________________.
c. kamen die Kinder nach Hause *(volver)*. … ______________________________.
d. machte auf der Straße jemand Lärm *(ruido)*. … ______________________________.
e. begann der Nachbar Klavier zu spielen. … ______________________________.

# 36 Te había dicho que pidieras un folleto del hotel.

*Ich hatte dich gebeten, nach einem Prospekt von dem Hotel zu fragen.*

## Había dicho

Juan benutzt die Form había dicho *(ich hatte gebeten)*, das Plusquamperfekt (pretérito pluscuamperfecto) des Verbs decir *(sagen, bitten)*.

REGEL Das Plusquamperfekt wird mit dem Imperfekt des Hilfsverbs haber *(haben / sein)* und dem Partizip des Verbs gebildet. (Zur Bildung des Partizips → Kapitel 29)

| | | |
|---|---|---|
| (yo) | había | hablado |
| (tú) | habías | |
| (él/ella/usted) | había | |
| (nosotros/-as) | habíamos | |
| (vosotros/-as) | habíais | |
| (ellos/ellas/ustedes) | habían | |

Im Deutschen wird das Plusquamperfekt mit dem Imperfekt von „haben" oder „sein" ausgedrückt:
Había hablado. *Er hatte gesprochen.*
Habían ido al trabajo. *Sie waren zur Arbeit gegangen.*

Mit dem Plusquamperfekt wird eine Handlung wiedergegeben, die vor einer anderen Handlung in der Vergangenheit stattfand und bereits abgeschlossen war, als diese einsetzte.
Te había dicho que pidieras un folleto del hotel. Pero no lo hiciste. *Ich hatte dich gebeten, nach einem Prospekt von dem Hotel zu fragen. Aber du hast es nicht getan.*
No pudimos dar un paseo porque había llovido. *Wir konnten nicht spazieren gehen, weil es geregnet hatte.*
Cuando llegué a casa, mi marido ya había cenado. *Als ich nach Hause kam, hatte mein Mann schon zu Abend gegessen.*

**1. Ergänzen Sie die fehlenden Verbformen.**

| | a. | b. | c. | d. |
|---|---|---|---|---|
| Infinitiv | estudiar | | abrir | |
| (yo) | | había vuelto | había abierto | |
| (tú) | habías estudiado | | habías abierto | |
| (él/ella/usted) | | | había abierto | había aprendido |
| (nosotros/-as) | habíamos estudiado | habíamos vuelto | | habíamos aprendido |
| (vosotros/-as) | habíais estudiado | | habíais abierto | |
| (ellos/ellas/ ustedes) | | habían vuelto | | |

**2. Vervollständigen Sie die folgenden Sätze mit dem Plusquamperfekt wie im Beispiel.**

Cuando María llegó a casa, su marido ya *(preparar)* había preparado la cena.

a. Cuando María y Juan se fueron de vacaciones, todavía no *(comenzar)* ________________ la temporada alta.
b. Cuando comenzó el mal tiempo, ya *(ellos-abandonar)* ________________ la isla.
c. Cuando los padres volvieron del teatro, los niños todavía no *(terminar)* ________________ los deberes.
d. Cuando Ana llegó, Juan ya se *(ir)* ________________.
e. Al entrar en el cajero automático, Juan se dio cuenta de que *(olvidar)* ________________ la tarjeta de crédito. La *(dejar)* ________________ en casa.
f. Cuando sonó el despertador, Ana ya se *(levantar)* ________________.
g. Cuando la policía llegó, los ladrones ya *(huir)* ________________.

**3. Setzen Sie die Verben in der Klammer in die erforderliche Zeit (Plusquamperfekt, Imperfekt oder Indefinido).**

a. Cuando *(ellos-llegar)* ________________ a la estación, el tren ya *(salir)* ________________.
b. Ya *(él-esperar)* ________________ media hora, cuando finalmente *(ella-venir)* ________________.
c. Todavía no *(nosotros-poner)* ________________ la mesa, cuando *(llegar)* ________________ nuestros amigos para cenar.
d. Ya *(yo-regar)* ________________ las flores en el jardín, cuando *(empezar)* ________________ a llover.
e. *(ellos-llegar)* ________________ al cine, cuando la película ya *(comenzar)* ________________.

37

# ¡Serán unas vacaciones estupendas!

*Es wird ein toller Urlaub werden!*

## Serán

Die Form serán *(es werden sein)* ist das Futur I (Zukunft) des Verbs ser *(sein)*.

REGEL Die Endungen des Futur I sind für alle Verbgruppen (auf -ar, -er und -ir) gleich. Sie werden in der Regel an den Infinitiv angehängt.

| | hablar<br>*sprechen* | comer<br>*essen* | vivir<br>*leben* |
|---|---|---|---|
| (yo) | hablar**é** | comer**é** | vivir**é** |
| (tú) | hablar**ás** | comer**ás** | vivir**ás** |
| (él/ella/usted) | hablar**á** | comer**á** | vivir**á** |
| (nosotros/-as) | hablar**emos** | comer**emos** | vivir**emos** |
| (vosotros/-as) | hablar**éis** | comer**éis** | vivir**éis** |
| (ellos/ellas/ustedes) | hablar**án** | comer**án** | vivir**án** |

Einige Verben haben im Futur I einen unregelmäßigen Stamm, an den die regelmäßigen Endungen angehängt werden.

decir *sagen* → diré, dirás, dirá, diremos, diréis, dirán
haber *haben, sein* (Hilfsverb) → habré …
hacer *machen, tun* → haré …
poder *können* → podré …
poner *legen, stellen* → pondré …
querer *wollen* → querré …
saber *wissen* → sabré …
salir *(hin)ausgehen* → saldré …
tener *haben* → tendré …
venir *kommen* → vendré …

(Zum Gebrauch des Futurs → Kapitel 38)

Neben dem Futur I gibt es eine vollendete Form des Futurs, das so genannte Futur II. Mehr dazu in → Kapitel 40.

**1. Welche Verben haben im Futur I einen unregelmäßigen Verbstamm? Ordnen Sie zu.**

**regelmäßig**

conocer oír escribir dormir decir hacer pensar salir saber volver poder tener tomar poner venir

**unregelmäßig**

**2. Setzen Sie das Verb vom Präsens ins Futur I.**

a. recibes ____________
b. pone ____________
c. tienen ____________
d. encuentran ____________
e. dice ____________
f. vamos ____________
g. salís ____________
h. es ____________
i. sabemos ____________
j. comienza ____________
k. hago ____________
l. vienes ____________

**3. Setzen Sie die Sätze ins Präsens.**

Hará mucho calor. → *Hace mucho calor.*
a. En agosto estaremos de vacaciones. → ____________
b. ¿A qué hora vendrás? → ____________
c. ¿Tomaréis el tren de las cuatro para ir a la ciudad? → ____________
d. ¿Me escribirás una postal? → ____________
e. Saldré todas las noches. → ____________
f. No dirá nada. → ____________
g. Empezará sus estudios en Madrid. → ____________

**4. Das werden Miguel und Teresa in den Ferien tun. Bilden Sie Sätze mit dem Futur I.**

ir a la playa → *Irán a la playa.*
a. hacer excursiones → ____________
b. jugar al tenis → ____________
c. leer mucho → ____________
d. salir por la noche → ____________
e. escribir postales → ____________
f. comprar recuerdos → ____________
g. bucear en el mar → ____________
h. dormir la siesta en la playa → ____________

# 38 ¿Qué vamos a hacer con ellos?

*Was machen wir mit ihnen?*

## Vienen, vamos a hacer, vas a hacer

Ana und Juan sprechen über das kommende Wochenende und benutzen dabei zwei verschiedene Zeitformen:

- das Präsens – vienen *(sie kommen)*,
- die Konstruktion ir + a + Infinitiv – vamos a hacer *(wir machen / wir werden machen)* bzw. vas a hacer *(du machst / du wirst machen)*.

Das Futur zum Ausdruck der Zukunft haben Sie bereits kennengelernt. Nachfolgend erklären wir Ihnen, wann Sie welche Zeitform für die Zukunft verwenden.

⇨ Das Futur I wird im Spanischen verwendet,

- um über **zukünftige Ereignisse oder Handlungen** zu sprechen:
  En agosto terminaré mis estudios. *Im August werde ich mein Studium beenden.*
- um **Vermutungen** zu äußern:
  Ella tendrá 40 años. *Sie wird wohl 40 Jahre alt sein.*
- um **Vorhersagen** auszudrücken:
  Mañana lloverá. *Morgen wird es regnen.*

⇨ Wird eine Zeitbestimmung genannt, kann die Zukunft – wie im Deutschen – auch mit dem Präsens wiedergegeben werden:
El próximo año vamos a Perú. *Nächstes Jahr fahren wir nach Peru.*

⇨ Absichten und Handlungen, die für die nahe Zukunft geplant sind und als unmittelbar bevorstehend empfunden werden, lassen sich auch mit dem Verb ir + a + Infinitiv zum Ausdruck bringen. Häufig wird diese Form als weniger formell empfunden und bevorzugt.
Vamos a pasar el próximo fin de semana en París. *Wir verbringen das nächste Wochenende in Paris.*
A partir de mañana voy a dejar de fumar. *Ab morgen höre ich auf zu rauchen.*

**1. In den folgenden Sätzen werden die zukünftigen Handlungen und Ereignisse mit dem Präsens ausgedrückt. Ersetzen Sie das Präsens durch die Konstruktion ir + a + Infinitiv.**

Mañana compro un vestido para la fiesta. →
*Mañana voy a comprar un vestido para la fiesta.*

a. El sábado vamos a la fiesta en casa de Felipe. →
______
b. El año que viene mi abuelo cumple 80 años. →
______
c. ¿Tenéis tiempo para ir al teatro la próxima semana? →
______
d. Manuela sale con sus amigas el viernes por la noche. →
______
e. ¿No trabajas mañana? →
______
f. El próximo fin de semana están en casa. →
______
g. ¿Me dejas tu diccionario para el examen? →
______

**2. Wie wird das Wetter? Benutzen Sie das Futur I für die Vorhersage.**

a. En la costa meridional *(haber)* ______ cielos despejados.
b. En el norte del país *(llover)* ______ por la tarde.
c. En Levante *(soplar)* ______ vientos de componente norte.
d. *(Nevar)* ______ en la sierra a 1200 metros de altura.
e. En el interior del país *(estar)* ______ nuboso.

**3. Was prophezeit das Horoskop für die kommende Woche? Übersetzen Sie das Verb in der Klammer mit dem Futur I in der 2. Person Singular.**

a. Acuario: El jueves *(conocer)* ______ a una persona muy simpática.
b. Piscis: El martes *(recibir)* ______ una carta interesante.
c. Aries: ¡Cuidado! El fin de semana *(tener)* ______ una aventura peligrosa.
d. Tauro: El viernes *(perder)* ______ algo que te gusta mucho.
e. Geminis: El lunes *(encontrar)* ______ a un buen amigo de tu juventud.
f. Cáncer: *(Estar)* ______ muy nervioso el viernes y sábado.
g. Leo: El miércoles *(viajar)* ______ muy lejos por razones profesionales.
h. Virgo: El fin de semana *(tener)* ______ problemas de salud.
i. Libra: El sábado *(cometer)* ______ un gran error.
j. Escorpio: El domingo *(salir)* ______ con una persona importante.
k. Sagitario: *(Tener)* ______ dificultades con un colega el lunes.
l. Capricornio: El martes *(poder)* ______ ayudar a una persona que quieres mucho.

# 39 Podrías comprarme uno nuevo.

*Du könntest mir ein neues kaufen.*

## Podrías

Ana benutzt das Konditional I – podrías *(du könntest)* – des Verbs poder (können), um einen Vorschlag zu äußern.

REGEL Die Endungen des Konditional I sind für alle Verbgruppen (auf -ar, -er und -ir) gleich. Bei den Verben, die das Konditional I regelmäßig bilden, werden sie an den Infinitiv angehängt.

| | hablar *sprechen* | comer *essen* | vivir *leben* |
|---|---|---|---|
| (yo) | habla**ría** | come**ría** | vivi**ría** |
| (tú) | habla**rías** | come**rías** | vivi**rías** |
| (él/ella/usted) | habla**ría** | come**ría** | vivi**ría** |
| (nosotros/-as) | habla**ríamos** | come**ríamos** | vivi**ríamos** |
| (vosotros/-as) | habla**ríais** | come**ríais** | vivi**ríais** |
| (ellos/ellas/ustedes) | habla**rían** | come**rían** | vivi**rían** |

Die Verben, die im Futur einen unregelmäßigen Verbstamm haben, ändern diesen auch im Konditional. Die regelmäßigen Endungen werden daran angehängt.

| | | | |
|---|---|---|---|
| decir *sagen* | → diría … | querer *wollen* | → querría … |
| haber *haben, sein* (Hilfsverb) | → habría … | saber *wissen* | → sabría … |
| hacer *machen, tun* | → haría … | salir *(hin)ausgehen* | → saldría … |
| poder *können* | → podría … | tener *haben* | → tendría … |
| poner *legen, stellen* | → pondría … | venir *kommen* | → vendría … |

Das Konditional I wird verwendet, um höfliche Bitten oder Vorschläge zu äußern, Ratschläge zu geben oder um auszudrücken, was man tun würde oder wie etwas sein könnte.
¿Podrías ayudarme? *Könntest du mir helfen?*
Yo en tu lugar compraría la casa. *Ich an deiner Stelle würde das Haus kaufen.*
¿Qué harías en esta situación? *Was würdest du in dieser Situation tun?*

Im Deutschen wird das Konditional I in den meisten Fällen mit „würde" + Infinitiv wiedergegeben und nur in einigen Fällen mit einer eigenen Form.
Yo no lo haría. *Ich würde das nicht tun.*
Podríamos ir a la playa. *Wir könnten zum Strand gehen.*



(Zum Gebrauch des Konditional I in Bedingungssätzen → Kapitel 69)

**1. Setzen Sie die Verben vom Infinitiv in die 1. Person Singular des Konditonal I.**

a. invitar ______ g. poder ______
b. salir ______ h. decir ______
c. comer ______ i. escuchar ______
d. ser ______ j. comenzar ______
e. venir ______ k. hacer ______
f. escribir ______ l. tener ______

**2. Was würden diese Personen tun, wenn sie im Lotto den Hauptgewinn ziehen würden?**

yo – comprar un coche antiguo → *Yo compraría un coche antiguo.*
a. Felipe – no trabajar más → ______
b. nosotros – comprar una isla en el Caribe → ______
c. Juan y Ana – salir todas las noches → ______
d. Raquel – beber solo champán → ______
e. (tú) – dar una vuelta al mundo → ______
f. (vosotros) – ir a la luna → ______
g. usted – alquilar un castillo → ______
h. yo – no hacer nada y ahorrar el dinero → ______

**3. Die Verben der folgenden Sätze stehen in verschiedenen Zeitformen. Setzen Sie sie ins Konditional I.**

Fueron a la ciudad en bicicleta. → *Irían a la ciudad en bicicleta.*
a. ¿Me haces un favor? → ______
b. ¿Os gusta ir al teatro? → ______
c. Eran las dos de la noche. → ______
d. ¿Me puedes ayudar? → ______
e. No dirá nada. → ______
f. ¿Podéis venir un poco antes? → ______

**4. Übersetzen Sie.**

a. Ich an deiner Stelle *(yo en tu lugar)* würde nicht so viel rauchen.
______
b. Würdest du mir bei den Hausaufgaben *(con los deberes)* helfen?
______
c. Könnten Sie mir bitte das Salz reichen?
______
d. Er würde sehr gerne mit uns Tennis spielen, aber er hat keine Zeit.
______
e. Würdest du das Auto verkaufen?
______

# 40 Las habrá cogido el perro.

*Der Hund wird sie genommen haben.*

## Habrá cogido

Ana spekuliert, wo Juans Pantoffeln sind. Sie benutzt dazu das Futur II – las habrá cogido *(er wird sie [wohl] genommen haben).*

REGEL Das Futur II wird mit den Futur-Formen des Hilfsverbs haber und dem Partizip des Verbs gebildet. (→ Kapitel 29 und 37)
Als Beispiel das Verb hablar *(sprechen)*:

| | | |
|---|---|---|
| (yo) | habré | hablado |
| (tú) | habrás | |
| (él/ella/usted) | habrá | |
| (nosotros/-as) | habremos | |
| (vosotros/-as) | habréis | |
| (ellos/ellas/ustedes) | habrán | |

Mit dem Futur II beschreibt man Handlungen, die vor anderen in der Zukunft stattfanden (Vorzeitigkeit). Außerdem werden mit dem Futur II Vermutungen über etwas ausgedrückt, was geschehen sein mag.

● Juan todavía no ha llegado. *Juan ist noch nicht gekommen.*
▲ ¿Qué habrá pasado? *Was wird passiert sein?*
❖ Se habrá quedado dormido. *Er wird wohl verschlafen haben.*

⇨ Auch zum Konditional gibt es eine vorzeitige Form, das Konditional II. Es wird mit dem Konditional des Hilfsverbs haber und dem Partizip des Verbs gebildet. (→ Kapitel 29 und 39)
Als Beispiel das Verb comer *(essen)*:

| | | |
|---|---|---|
| (yo) | habría | comido |
| (tú) | habrías | |
| (él/ella/usted) | habría | |
| (nosotros/-as) | habríamos | |
| (vosotros/-as) | habríais | |
| (ellos/ellas/ustedes) | habrían | |

Mit dem Konditional II wird ausgedrückt, was in der Vergangenheit hätte geschehen können, aber nicht geschehen ist. Es wird daher auch in irrealen Bedingungssätzen verwendet. (→ Kapitel 69)
Si ella no hubiera estado enferma, habría ido a la fiesta. *Wenn sie nicht krank gewesen wäre, wäre sie zu der Party gegangen.*

**1. Die folgenden Verben stehen im Präsens. Setzen Sie sie ins Futur II.**

a. bebes ____________
b. hace ____________
c. escuchas ____________
d. venís ____________
e. veo ____________
f. abrimos ____________
g. van ____________
h. vuelvo ____________
i. escribe ____________
j. suben ____________

**2. Die Freunde warten auf Juan. Was mag wohl passiert sein? Übersetzen Sie unter Verwendung der Ausdrücke in den Klammern.**

a. Er wird wohl verschlafen haben. *(quedarse dormido)*

____________

b. Er wird wohl den Bus verpasst haben. *(perder el autobús)*

____________

c. Er wird doch wohl keinen Unfall gehabt haben? *(tener un accidente)*

____________

d. Er wird wohl noch im Internet gesurft haben. *(navegar en internet)*

____________

e. Seine Uhr wird wohl stehen geblieben sein. *(su reloj – pararse)*

____________

**3. Setzen Sie die Verben vom Präsens ins Konditional II.**

a. comen ____________
b. digo ____________
c. puedes ____________
d. está ____________
e. aprendo ____________
f. ponemos ____________
g. decide ____________
h. pagáis ____________
i. rompes ____________
j. cierran ____________

**4. Was hätten Sie getan, wenn Sie genug Zeit gehabt hätten? Übersetzen Sie. Die Ausdrücke in den Klammern helfen Ihnen dabei.**

a. Ich hätte im Kino einen Film angesehen. *(ver una película en el cine)*

____________

b. Ich wäre mit dir in die Stadt gefahren. *(ir a la ciudad contigo)*

____________

c. Ich hätte einen Krimi gelesen. *(leer una novela policíaca)*

____________

d. Ich hätte Fußball gespielt. *(jugar al fútbol)*

____________

e. Ich hätte meiner Freundin einen Brief geschrieben. *(escribir una carta a mi novia)*

____________

# Wählen Sie die richtige Form.

### Gerundium

1. ¿Dónde está tu padre? – ___ en el jardín.
   a) Trabaja
   b) Está trabajando

2. ¿Qué haces por la mañana?
   a) Arreglo la casa.
   b) Estoy arreglando la casa.

3. ¿Cómo pasáis las vacaciones?
   – ___ mucho y ___ al tenis.
   a) Leemos / jugamos
   b) Estamos leyendo / jugando

4. ¿Los niños están en la cama ya?
   – Sí, ya ___.
   a) están durmiendo
   b) duermen

### Vergangenheitszeiten (Perfekt, Indefinido, Imperfekt, Plusquamperfekt)

5. Esta semana le he ___ tres cartas a mi novio.
   a) escribo
   b) escrito

6. ¿Por qué *(usted)* no me lo ___?
   a) han dicho
   b) ha dicho

7. ¿Qué *(tú)* ___ en la ciudad ayer?
   – No ___ nada.
   a) compraste / compró
   b) compraste / compré

8. Ayer empe___é a trabajar a las siete.
   a) -c-
   b) -z-

9. Ayer me ___ los libros.
   a) devolvió
   b) devuelto

10. ¿Cómo *(vosotros)* ___ al lago?
    a) fuisteis
    b) fuiste

11. *(Él)* le ___ a su novia un ramo de rosas.
    a) traigo
    b) trajo

12. ¿Cuándo ___ en España por última vez?
    a) estuviste
    b) has estado

13. Ya es hora de comer, pero todavía *(ella)* no ___ la mesa.
    a) puso
    b) ha puesto

14. Ayer ___, pero hoy no ___ nada.
    a) trabajó / hizo
    b) trabajó / ha hecho

15. El año pasado *(yo)* ___ a Granada.
    a) fui
    b) he ido

16. Antes siempre ___ al trabajo en bicicleta, ahora ___ en coche.
    a) iba / va
    b) ha ido / va

17. Cuando ___ niña, ___ mucho con nuestro perro.
    a) era / jugó
    b) era / jugaba

18. *(Tú)* no ___ en casa, cuando *(yo)* te ___.
    a) estabas / llamé
    b) estuviste / llamé

19. Como *(yo)* no ___ tiempo, *(yo)* no ___ a correr contigo.
    a) tenía / fui
    b) tenía / fue

20. Ya ___ salido, cuando ___.
   a) habíamos / vino
   b) habíamos / viene

21. Cuando ___ a la estación, el tren ya ___.
   a) habíamos llegado / salió
   b) llegamos / había salido

**Futur und Konditional**

22. En mi horóscopo se dice que *(yo)* ___ mucha suerte el lunes.
   a) tendrá
   b) tendré

23. No ___ a la piscina mañana.
   a) íbamos
   b) iremos

24. ¿Tú sabes cuántos años tiene?
   – No sé, ___ 30 años.
   a) tendrá
   b) tiene

25. Tengo calor. ¿___ abrir la ventana, por favor?
   a) Podías
   b) Podrías

26. Yo en tu lugar no lo ___.
   a) harás
   b) haría

27. Yo no ___ el vaso sobre el televisor.
   a) podría
   b) pondría

28. No ha llegado todavía. ¿Qué le ___?
   a) ha pasado
   b) habrá pasado

29. ¿Me lo ___ dicho, si lo hubieras sabido?
   a) habrías
   b) habías

30. Si lo hubiéramos sabido, ___ a tu fiesta de cumpleaños.
   a) habríamos ido
   b) habremos ido

## Lust auf noch mehr Tests?

Dann ab ins Netz und weitermachen:
https://go.hueber.de/power-grammatik/spanisch

Vergleichen Sie nun Ihre Lösungen mit dem Schlüssel auf S. 178. Wenn Sie die Aufgaben nicht richtig gelöst haben, wiederholen Sie noch einmal das betreffende Kapitel. Diese Tabelle zeigt Ihnen, auf welches Kapitel sich die einzelnen Aufgaben beziehen.

| Aufgabe | Kapitel | Aufgabe | Kapitel | Aufgabe | Kapitel | Aufgabe | Kapitel | Aufgabe | Kapitel |
|---|---|---|---|---|---|---|---|---|---|
| 1 | 28 | 7 | 30 | 13 | 33 | 19 | 35 | 25 | 39 |
| 2 | 28 | 8 | 30 | 14 | 33 | 20 | 36 | 26 | 39 |
| 3 | 28 | 9 | 30 | 15 | 33 | 21 | 36 | 27 | 39 |
| 4 | 28 | 10 | 31 | 16 | 34 | 22 | 37/38 | 28 | 40 |
| 5 | 29 | 11 | 32 | 17 | 35 | 23 | 37/38 | 29 | 40 |
| 6 | 29 | 12 | 33 | 18 | 35 | 24 | 37/38 | 30 | 40 |

# Mi marido tiene que peinarse.
*Mein Mann muss sich kämmen.*

## Peinarse

Peinarse *(sich kämmen)* ist ein reflexives Verb. Der Mann kämmt nicht jemand anderen (no peina a otra persona), sondern sich selbst (se peina).

REGEL: Reflexive Verben bestehen aus dem Reflexivpronomen und der konjugierten Form des Verbs. Ein spanisches reflexives Verb muss im Deutschen nicht ebenfalls reflexiv sein, z. B. llamarse *(heißen,* wörtlich: *sich rufen).*

| | lavar**se** | *sich waschen* |
|---|---|---|
| (yo) | **me** lavo | *ich wasche mich* |
| (tú) | **te** lavas | *du wäschst dich* |
| (él/ella/usted) | **se** lava | *er/sie wäscht sich, Sie waschen sich* |
| (nosotros/-as) | **nos** lavamos | *wir waschen uns* |
| (vosotros/-as) | **os** laváis | *ihr wascht euch* |
| (ellos/ellas/ustedes) | **se** lavan | *sie/Sie waschen sich* |

Das Reflexivpronomen steht vor der konjugierten Form des Verbs.
Juan se levanta todos los días a las 7. *Juan steht jeden Tag um 7 Uhr auf.*

Bei der Verlaufsform wird das Reflexivpronomen an das Gerundium angehängt oder dem konjugierten Verb vorangestellt.
Juan está duchándose. oder: Juan se está duchando. *Juan duscht sich gerade.*

Enthält ein Satz ein konjugiertes Verb und einen Infinitiv, wird das Reflexivpronomen an den Infinitiv angehängt. Man kann es aber auch dem konjugierten Verb voranstellen.
Mañana quiero levantarme más tarde. oder: Mañana me quiero levantar más tarde.
*Morgen will ich später aufstehen.*

Das Reflexivpronomen wird an den bejahten Imperativ angehängt, dabei fällt in der 1. Person Plural das -s der Endung und in der 2. Person Plural das -d der Endung weg. (→ Kapitel 45)

¡Levántate! *Steh auf!*
¡Levantémonos! *Stehen wir auf!*
¡Levantaos! *Steht auf!*
¡Levántese! *Stehen Sie auf!*
¡Levántense! *Stehen Sie auf!*

**1. Wie lautet das fehlende Reflexivpronomen? Tragen Sie es ein.**

a. ___ levanto
b. no ___ duchasteis
c. estás lavándo___
d. ___ llama
e. ¡despiérta___!
f. quieren quedar___
g. ¡acostémo___
h. ___ acordáis
i. ___ callamos
j. voy a marchar___
k. acostumbrar___
l. ___ acuestan

**2. Bilden Sie Sätze in der richtigen Zeit.**

a. Ayer *(yo-levantarme)* ____________ a las siete.
b. Todavía no *(nosotros-acostumbrarse)* ____________ a la vida en este país.
c. ¡*(vosotros-lavarse)* ____________ las manos!
d. Mañana *(él-quedarse)* ____________ en casa.
e. El otro día *(yo-perderse)* ____________ en el bosque.
f. Esta noche vamos a *(acostarse)* ____________ después de las noticias.
g. ¡*(tú-no marcharse)* ____________ tan pronto!

**3. In den folgenden Sätzen sind die Wörter durcheinander geraten. Ordnen Sie sie.**

a. temprano todos Nos días levantamos los muy. → ____________
b. quedo en me Esta noche casa. → ____________
c. ¿? Por podéis no qué os decidir → ____________
d. Antes sobre viajar de a el México se había país informado.
→ ____________
e. vacaciones ya no Los niños Mallorca en se acuerdan de las.
→ ____________
f. ¿? cambiado Ya ropa has de te → ____________
g. que vida a la país acostumbrarte en este Tienes. → ____________

**4. Welche Antwort gehört zu welcher Frage? Verbinden und übersetzen Sie.**

| | |
|---|---|
| a. Miguel, ¿te afeitas todos los días? | 1. Nein, wir bleiben *(quedarse)* zu Hause.<br>____________ |
| b. Luisa, ¿qué haces si tienes tiempo libre? | 2. Ja, sehr. Ich nehme *(llevarse)* sie.<br>____________ |
| c. ¿Venís al cine con nosotros? | 3. Nein, nur einmal in der Woche.<br>____________ |
| d. ¿Te gusta esta blusa? | 4. Normalerweise gehe ich zwischen 11 und 12 Uhr zu Bett.<br>____________ |
| e. ¿A qué hora sueles acostarte? | 5. Ich treffe mich mit Isabel in der Stadt und wir gehen in ein Café.<br>____________ |
| f. ¡Qué lástima que tengas que irte ya! | 6. Ja, es ist spät und morgen muss ich früh aufstehen.<br>____________ |

# 42 La Sagrada Familia fue construida por Gaudí.

*Die Sagrada Familia wurde von Gaudí erbaut.*

## Fue construida

Auch im Spanischen gibt es Aktiv- und Passivsätze. Ein Aktivsatz gibt an, dass jemand etwas tut – Gaudí construyó la Sagrada Familia. *(Gaudí hat die Sagrada Familia erbaut.).* Im Passiv geschieht mit einer Person oder Sache etwas – La Sagrada Familia fue construida por Gaudí. *(Die Sagrada Familia wurde von Gaudí erbaut.).*

REGEL Das Passiv wird mit einer Form von ser und dem Partizip des Verbs (→ Kapitel 29) gebildet. Das Partizip richtet sich in Geschlecht und Zahl nach dem Subjekt des Satzes, also der Person oder Sache, mit der etwas geschieht. Es wird generell seltener als im Deutschen verwendet.

| | ser | Partizip | *gewaschen werden* |
|---|---|---|---|
| (yo) | soy | lavado/-a | *ich werde gewaschen* |
| (tú) | eres | lavado/-a | *du wirst gewaschen* |
| (él/ella/usted) | es | lavado/-a | *er/sie wird gewaschen, Sie werden gewaschen* |
| (nosotros/-as) | somos | lavados/-as | *wir werden gewaschen* |
| (vosotros/-as) | sois | lavados/-as | *ihr werdet gewaschen* |
| (ellos/ellas/ustedes) | son | lavados/-as | *sie/Sie werden gewaschen* |

Zur Bildung der anderen Passivzeiten wird ser in die entsprechende Zeit gesetzt:
Él fue lavado. *Er wurde gewaschen.* / Él será lavado. *Er wird gewaschen werden.*

Der Urheber wird mit por angegeben:
El niño es lavado por su madre. *Der kleine Junge wird von seiner Mutter gewaschen.*

Bei der Umformung eines Aktivsatzes in einen Passivsatz wird das direkte Objekt des Aktivsatzes zum Subjekt des Passivsatzes.
El cocinero prepara la comida. *Der Koch bereitet das Essen zu.*
La comida es preparada por el cocinero. *Das Essen wird vom Koch zubereitet.*

Ein Passivsatz wird häufig mit se + **3. Person (Aktiv)** gebildet. Dieses reflexive Passiv (pasiva refleja) wird im Deutschen mit dem Passiv oder mit „man" übersetzt.
Se vende vino. *Es wird Wein verkauft. / Man verkauft Wein.*
Se alquilan apartamentos. *Es werden Apartments vermietet. / Man vermietet Apartments.*

An die Stelle des Passivs kann auch ein **Aktivsatz in der 3. Person Plural** treten.
Informaron a todos los clientes. *Alle Kunden wurden informiert. / Sie informierten alle Kunden.*

**1. Geben Sie das Partizip in der richtigen Form an.**

a. Esta película ya ha sido *(visto)* ______________ por mucha gente.
b. Estos cuadros fueron *(pintado)* ______________ por Picasso.
c. La fiesta de Nochevieja será *(organizado)* ______________ por nuestros vecinos.
d. Estos tapices han sido *(hecho)* ______________ a mano.
e. La sinfonía inacabada fue *(compuesto)* ______________ por Schubert.
f. Las sillas y el sofá fueron *(diseñado)* ______________ por mi hermana.
g. La corbata ha sido *(envuelto)* ______________ por Luisa.

**2. Setzen Sie die Sätze ins Passiv.**

La madre lava al niño. → *El niño es lavado por la madre.*
a. Mi abuela plantó rosas y claveles. → ______________
b. Teresa ya había escrito la carta. → ______________
c. La editorial «Libros» publicará la novela. → ______________
d. Luisa ha envuelto el regalo. → ______________

**3. Setzen Sie das Verb in der Klammer ins Passiv (Zeit: Indefinido).**

a. La tarde del sábado *(robar)* ______________ un coche en el centro de Barcelona.
b. El ladrón *(detener)* ______________ un día más tarde.
c. Ayer *(elegir)* ______________ el nuevo presidente de la república.
d. Esta novela es un éxito, en un día *(vender)* ______________ mil ejemplares.
e. Una nueva ley *(votar)* ______________ por el parlamento.
f. El traje de novia *(diseñar)* ______________ por un diseñador muy famoso.
g. América *(descubrir)* ______________ por Colón.

**4. Übersetzen Sie mit dem Passiv, bei den Sätzen a., b. und c. zusätzlich mit dem pasiva refleja.**

a. Das Haus ist noch nicht verkauft worden.

______________

______________

b. Wann wird der Oscar *(los Oscar)* verliehen *(entregar)*?

______________

______________

c. Im nächsten Jahr werden die Wände gestrichen (werden).

______________

______________

d. Die Glühbirne *(bombilla)* wurde von Edison erfunden *(inventar)*.

______________

______________

# 43 ¡Trae la pelota!

*Bring den Ball!*

## Trae

Der Mann befiehlt dem Hund mit der Imperativ-Form – trae *(bring)* – des Verbs traer *(bringen)*, den Ball zu bringen.

REGEL Für Anweisungen, Befehle, Bitten und Ratschläge verwendet man den Imperativ. Die Formen des bejahten Imperativs lauten:

| Anrede | hablar *sprechen* | comer *essen* | escribir *schreiben* |
|---|---|---|---|
| tú | habl**a** *sprich* | com**e** *iss* | escrib**e** *schreib* |
| usted | habl**e** *sprechen Sie* | com**a** *essen Sie* | escrib**a** *schreiben Sie* |
| nosotros/-as | habl**emos** *sprechen wir* | com**amos** *essen wir* | escrib**amos** *schreiben wir* |
| vosotros/-as | habla**d** *sprecht* | come**d** *esst* | escribi**d** *schreibt* |
| ustedes | habl**en** *sprechen Sie* | com**an** *essen Sie* | escrib**an** *schreiben Sie* |

**!** Bei Verben, die den bejahten Imperativ regelmäßig bilden, stimmt der Imperativ der 2. Person Singular (tú) mit der 3. Person Indikativ Präsens (él/ella/usted) überein. Für den Imperativ der 2. Person Plural (vosotros/-as) wird das r der Infinitiv-Endung durch d ersetzt. Für usted und ustedes sowie nosotros/-as werden die Formen des Subjuntivo verwendet (→ Kapitel 46–50).

Einige Verben bilden den bejahten Imperativ unregelmäßig:

| | tú | usted | nosotros/-as | vosotros/-as | ustedes |
|---|---|---|---|---|---|
| decir | di | diga | digamos | decid | digan |
| hacer | haz | haga | hagamos | haced | hagan |
| ir | ve/vete | vaya | vayamos/vamos | id | vayan |
| poner | pon | ponga | pongamos | poned | pongan |
| salir | sal | salga | salgamos | salid | salgan |
| ser | sé | sea | seamos | sed | sean |
| tener | ten | tenga | tengamos | tened | tengan |
| venir | ven | venga | vengamos | venid | vengan |

In der Umgangssprache wird für die 2. Person Plural anstelle des Imperativs häufig der Infinitiv gebraucht.
¡Hablad más despacio! = ¡Hablar más despacio! *Sprecht langsamer!*

Bei ir wird für tú meistens nicht ve, sondern die reflexive Form vete gebraucht, und in der 1. Person Plural wird häufig vamos anstatt vayamos verwendet.

**1. Wie lautet die Anrede zu diesen Imperativen? 1 = tú, 2 = usted, 3 = vosotros/-as, 4 = ustedes**

a. mire ___
b. pon ___
c. mirad ___
d. escribe ___
e. conduzcan ___
f. sal ___
g. decid ___
h. devuelve ___
i. corra ___
j. sean ___
k. duerma ___
l. pida ___
m. ven ___
n. diga ___
o. vengan ___
p. haz ___
q. empezad ___
r. haga ___
s. termina ___
t. elija ___
u. llamen ___

**2. Nachfolgend einige Ratschläge für Ihre Gesundheit. Setzen Sie die Infinitive in den Imperativ zu tú und usted.**

| | tú | usted |
|---|---|---|
| a. dormir mucho | ___ | ___ |
| b. comer verduras | ___ | ___ |
| c. tomar vitaminas | ___ | ___ |
| d. hacer deporte | ___ | ___ |
| e. descansar | ___ | ___ |
| f. ir de vacaciones | ___ | ___ |
| g. desayunar con tranquilidad | ___ | ___ |

**3. Ordnen Sie zu und setzen Sie das Verb in den Imperativ für tú.**

a. Tengo mucho calor.
b. Ya es hora de cenar.
c. No te entiendo.
d. Ya son las nueve.
e. ¿Tienes hambre?
f. Hay mucho tráfico aquí.
g. Necesito tu ayuda.

1. ¡*(empezar)* ___ a trabajar!
2. ¡*(tomar)* ___ otro trozo de pastel!
3. ¡*(abrir)* ___ la ventana, por favor!
4. ¡*(conducir)* ___ con cuidado!
5. ¡*(venir)* ___ aquí, por favor!
6. ¡*(poner)* ___ la mesa, por favor!
7. ¡*(hablar)* ___ más despacio, por favor!

**4. Übersetzen Sie.**

a. Schließt die Tür! ___
b. Zünde *(encender)* die Kerzen *(velas)* an! ___
c. Nehmen Sie *(usted)* noch eine Orange! ___
d. Lass uns Tennis spielen! ___
e. Sprich langsamer! ___
f. Geh nach Hause! ___
g. Kommen Sie *(ustedes)* mit uns! ___

# 44 ¡No seas pesimista!

*Sei nicht pessimistisch!*

## No seas

No seas *(sei nicht)* ist der verneinte Imperativ der 2. Person Singular des Verbs ser *(sein)*.

REGEL Für den verneinten Imperativ werden die Formen des Subjuntivo verwendet (→ Kapitel 46–50).

| Anrede | hablar | comer | escribir |
|---|---|---|---|
| tú | no habl**es**<br>*sprich nicht* | no com**as**<br>*iss nicht* | no escrib**as**<br>*schreibe nicht* |
| usted | no habl**e**<br>*sprechen Sie nicht* | no com**a**<br>*essen Sie nicht* | no escrib**a**<br>*schreiben Sie nicht* |
| nosotros/-as | no habl**emos**<br>*sprechen wir nicht* | no com**amos**<br>*essen wir nicht* | no escrib**amos**<br>*schreiben wir nicht* |
| vosotros/-as | no habl**éis**<br>*sprecht nicht* | no com**áis**<br>*esst nicht* | no escrib**áis**<br>*schreibt nicht* |
| ustedes | no habl**en**<br>*sprechen Sie nicht* | no com**an**<br>*essen Sie nicht* | no escrib**an**<br>*schreiben Sie nicht* |

**!** Auch bei den Verben, die im bejahten Imperativ in einigen Formen unregelmäßig sind, stimmt der verneinte Imperativ mit dem Subjuntivo überein. Als Beispiel das Verb hacer *(tun, machen)*:

| (tú) | (usted) | (nosotros/-as) | (vosotros/-as) | (ustedes) |
|---|---|---|---|---|
| no hagas | no haga | no hagamos | no hagáis | no hagan |

**1. Verneinen Sie die bejahten Imperativsätze.**

a. ¡Apaga la luz! ______
b. ¡Limpiad los zapatos! ______
c. ¡Pon la mesa! ______
d. ¡Haz lo que él te dice! ______
e. ¡Pagad la cuenta! ______
f. ¡Empezad! ______
g. ¡Abra la puerta! ______

**2. Bilden Sie Sätze mit dem verneinten Imperativ.**

No debes beber tanto alcohol. → *¡No bebas tanto alcohol!*
a. No debes dormir tan poco. → ______
b. No deben comer tanta carne. → ______
c. No debes volver tarde. → ______
d. No debe ir siempre en coche. → ______
e. No debéis salir esta noche. → ______
f. No debe llamar tan tarde. → ______

**3. Wählen Sie das geeignete Mittel gegen die Beschwerden aus. Benutzen Sie die usted-Form des Imperativs.**

Me duele la cabeza. (no trabajar tanto) → *¡No trabaje tanto!*
a. Me duelen los ojos. → ______
b. Me duelen las piernas. → ______
c. Me duele la espalda. → ______
d. Me siento muy cansado. → ______
e. Me duelen las muelas. → ______

no trabajar tanto en el jardín | no comer tantos dulces | no llevar zapatos con tacón | no leer sin gafas | no acostarse tan tarde

**4. Übersetzen Sie die Ratschläge.**

a. Geht nicht nach Mitternacht zu Bett!

______

b. Trinken Sie *(usted)* nicht so viel Alkohol!

______

c. Rauch nicht so viele Zigaretten!

______

d. Geht nicht jeden Abend in die Diskothek!

______

e. Arbeiten Sie *(ustedes)* nicht so viel!

______

# 45 ¡Dame la tarjeta telefónica!

*Gib mir die Telefonkarte!*

## Dame

Dame *(gib mir)* ist der bejahte Imperativ von dar *(geben)* in Verbindung mit einem indirekten Objektpronomen (me).

REGEL Für den **bejahten Imperativ** gilt:

- Objektpronomen werden angehängt.
  ¡Llámame! *Ruf mich an!*

- Enthält ein Satz ein direktes und ein indirektes Objektpronomen, wird beim Anhängen das indirekte Pronomen dem direkten vorangestellt.
  ¡Explíquenoslo, por favor! *Erklären Sie es uns bitte!*

! Vor lo, la, los und las werden die indirekten Objektpronomen le und les zu se.
¡Dáselo! *Gib es ihm/ihr/ihnen!*

- Reflexive Verben hängen das Reflexivpronomen ebenfalls an den Imperativ an. Dabei fällt bei nosotros/-as und vosotros/-as das s bzw. d der Endung vor dem Reflexivpronomen weg.
  ¡Lavémonos! *Waschen wir uns!*
  ¡Levantaos! *Steht auf!*

! Eine Ausnahme bildet das Verb irse *(weggehen)*:
¡Idos! *Geht weg!*

! Achten Sie auf das Akzentzeichen, das bei vielen Verben im bejahten Imperativ mit angehängtem Pronomen zur Erhaltung der Betonung gesetzt werden muss.

- Beim **verneinten Imperativ** werden die Pronomen dem Verb vorangestellt. Auch hier gilt: Das indirekte Objektpronomen wird dem direkten vorangestellt. Le und les werden vor lo, la, los und las ebenfalls zu se.
  ¡No la abras! *Öffne sie nicht!* (z. B. la puerta = *die Tür)*
  ¡No se lo digas! *Sag es ihm/ihr/ihnen nicht!*

(Zu den Objektpronomen siehe auch → Kapitel 54–56)

# Imperativ (3): Stellung des Pronomens beim Imperativ



**1. Verneinen Sie.**

a. ¡Escríbeles una postal! ________________
b. ¡Ponte la chaqueta! ________________
c. ¡Llamadme! ________________
d. ¡Díselo! ________________
e. ¡Pruébate el jersey! ________________
f. ¡Acuéstate antes de las diez! ________________
g. ¡Hazlo! ________________
h. ¡Levantaos! ________________

**2. Bilden Sie den bejahten Imperativ.**

a. ¡No me llames! ________________
b. ¡No la abráis! ________________
c. ¡No os sentéis allí! ________________
d. ¡No lo hagáis! ________________
e. ¡No los vendas! ________________
f. ¡No se muevan! ________________
g. ¡No las compre! ________________
h. ¡No se lo digas! ________________

**3. Ordnen Sie jeder Frage die richtige Antwort im Imperativ zu.**

| | |
|---|---|
| a. ¿Puedo abrir la ventana? | 1. ¡Cómansela! |
| b. ¿Puedo probarme esta falda? | 2. ¡Pruébalo! |
| c. ¿Podemos comernos la tortilla? | 3. ¡Pregúnteme! |
| d. ¿Puedo usar su teléfono? | 4. ¡Pruébesela! |
| e. ¿Puedo probar este pastel? | 5. ¡Úselo! |
| f. ¿Puedo hacerle una pregunta? | 6. ¡Ábrela! |

**4. Ersetzen Sie die unterstrichenen Wörter durch die entsprechenden Pronomen. Achten Sie auf die Akzente.**

¡Repite la frase! → ¡Repítela!
a. ¡No invitéis a Paco! → ________________
b. ¡Devuélvele el libro a Miguel! → ________________
c. ¡No alquiléis esta casa! → ________________
d. ¡Ponte el abrigo! → ________________
e. ¡Lavaos las manos! → ________________
f. ¡No beban esa agua! → ________________
g. ¡Regale las flores a su suegra! → ________________

# 46 ¿Quieres que te ayudemos?

*Möchtest du, dass wir dir helfen?*

## Ayudemos

Mit dem Präsens des Subjuntivo des Verbs ayudar *(helfen)* bieten die Freunde ihre Hilfe an. Der Subjuntivo ist Thema dieses und der folgenden Kapitel. Oft wird der Subjuntivo im Deutschen mit „Konjunktiv“ wiedergegeben. Da sich der spanische Subjuntivo aber sehr vom deutschen Konjunktiv unterscheidet, behalten wir im Folgenden den spanischen Begriff bei.

REGEL Das Präsens Subjuntivo eines Verbs wird durch Anhängen der Subjuntivo-Endungen an den Verbstamm gebildet. Die Verben auf -ar erhalten dabei in den Endungen statt des -a ein -e und die auf -er und -ir statt des -e bzw. -i ein -a.

| | habl**ar**<br>*sprechen* | com**er**<br>*essen* | escrib**ir**<br>*schreiben* |
|---|---|---|---|
| (yo) | habl**e** | com**a** | escrib**a** |
| (tú) | habl**es** | com**as** | escrib**as** |
| (él/ella/usted) | habl**e** | com**a** | escrib**a** |
| (nosotros/-as) | habl**emos** | com**amos** | escrib**amos** |
| (vosotros/-as) | habl**éis** | com**áis** | escrib**áis** |
| (ellos/ellas/ustedes) | habl**en** | com**an** | escrib**an** |

**!** Zur Erhaltung der Aussprache des Verbstamms ändert sich im Präsens des Subjuntivo in einigen Verbformen die Schreibweise:

pagar → pa**gu**e
buscar → bus**qu**e
coger → co**j**a
cruzar → cru**c**e

## 1. Wie lautet der Subjuntivo zu den folgenden Indikativ-Formen?

a. tomas ______
b. bebemos ______
c. habláis ______
d. vives ______
e. escribe ______
f. buscan ______
g. llegamos ______
h. vendo ______
i. compro ______
j. subís ______
k. reciben ______
l. lees ______

## 2. Wie lautet das Verb im Indikativ?

a. aprendas ______
b. canten ______
c. paguemos ______
d. existan ______
e. corráis ______
f. escriba ______
g. llame ______
h. toques ______
i. venda ______
j. crucen ______
k. recojas ______
l. decidamos ______

## 3. Bilden Sie Sätze wie im Beispiel.

Quiero correr todas las mañanas. *(Auch du sollst jeden Morgen joggen.)*
→ Quiero que tú también corras todas las mañanas.

a. Quiero leer este libro. *(Auch du sollst dieses Buch lesen.)* →
______
b. Quiero adelgazar. *(Auch du sollst abnehmen.)* →
______
c. Quiero comer menos chocolate. *(Auch du sollst weniger Schokolade essen.)* →
______
d. Quiero llevar una vida más sana. *(Auch du sollst gesünder leben.)* →
______
e. Quiero llegar puntual. *(Auch du sollst pünktlich kommen.)* →
______

## 4. Setzen Sie den Infinitiv in der Klammer in die entsprechende Form des Subjuntivo.

a. No quiero que *(tú-vender)* ______ nuestro coche.
b. Es posible que no *(nosotros-llegar)* ______ antes de las ocho.
c. No creo que *(ella-vivir)* ______ todavía en esta ciudad.
d. Es necesario que *(ellos-aprender)* ______ español.
e. Me alegro de que me *(tú-acompañar)* ______ al concierto.
f. Estamos contentos de que *(Ud.-cenar)* ______ con nosotros el sábado.
g. Nos encanta que os *(gustar)* ______ nuestro perro.

# 47 Espero que te diviertas con ellos.

*Ich hoffe, du hast Spaß mit ihnen.*

## Te diviertas

Te diviertas ist die 2. Person Singular Präsens Subjuntivo des Verbs divertirse *(sich amüsieren)*.

REGEL

Die Verben der Gruppe e > ie und o > ue (→ Kapitel 17 und 18) verändern ihre Stammvokale in den stammbetonten Formen (1., 2., 3. Person Singular und 3. Person Plural) auch im Präsens des Subjuntivo. Außerdem ist bei den Verben dieser Gruppen, die auf -ir enden, der Stammvokal in der 1. und 2. Person Plural ebenfalls verändert (e wird zu i bzw. o zu u).

| | -ar/-er: e > ie<br>pensar<br>*denken* | -ar/-er: o > ue<br>poder<br>*können* | -ir: e > ie<br>sentir<br>*fühlen* | -ir: o > ue<br>dormir<br>*schlafen* |
|---|---|---|---|---|
| (yo) | piense | pueda | sienta | duerma |
| (tú) | pienses | puedas | sientas | duermas |
| (él/ella/usted) | piense | pueda | sienta | duerma |
| (nosotros/-as) | pensemos | podamos | sintamos | durmamos |
| (vosotros/-as) | penséis | podáis | sintáis | durmáis |
| (ellos/ellas/ustedes) | piensen | puedan | sientan | duerman |

Die Verben der Gruppe e > i (→ Kapitel 19) übernehmen den veränderten Stammvokal in allen Formen des Präsens Subjuntivo.

| | servir *(be)dienen* |
|---|---|
| (yo) | sirva |
| (tú) | sirvas |
| (él/ella/usted) | sirva |
| (nosotros/-as) | sirvamos |
| (vosotros/-as) | sirváis |
| (ellos/ellas/ustedes) | sirvan |

**1. Tragen Sie die fehlenden Subjuntivo-Formen ein.**

| | Infinitiv | yo | tú | él/ella/ usted | nosotros/ -as | vosotros/ -as | ellos/ellas/ ustedes |
|---|---|---|---|---|---|---|---|
| a. | volver | | vuelvas | vuelva | | volváis | |
| b. | | empiece | empieces | | empecemos | | |
| c. | seguir | siga | | | sigamos | | sigan |
| d. | dormir | | duermas | | | durmáis | duerman |
| e. | | | entiendas | | entendamos | | |
| f. | contar | cuente | | cuente | | | cuenten |
| g. | | prefiera | prefieras | | | | prefieran |

**2. Ordnen Sie die Verben nach der Endung ihres Infinitivs und geben Sie diesen an.**

| -ar | -er | -ir |
|---|---|---|
| ______ | ______ | ______ |
| ______ | ______ | ______ |
| ______ | ______ | ______ |
| ______ | ______ | ______ |
| ______ | ______ | ______ |
| ______ | ______ | ______ |

adquiera almorcemos calientes cerréis comiences duelan durmamos entiendas llueva muevas perdáis pueda recuerde siga sintamos sirva

**3. Welche Sätze gehören zusammen? Verbinden Sie.**

a. Quiero que vuelvas del trabajo antes.
b. Luis nunca cierra la puerta,
c. ¿Por qué no lees esta novela?
d. Me gusta mucho el invierno.
e. ¿Compraron esa casa en el campo?
f. No sé dónde está mi paraguas.

1. A mí no. No me gusta que nieve tanto.
2. Sí. Pero es necesario que renueven los baños.
3. No puedo. Tengo mucho que hacer.
4. Lo tengo yo. ¿Quieres que te lo devuelva?
5. aunque su madre le pide que lo haga.
6. No creo que me guste.

**4. Übersetzen Sie das Verb in der Klammer mit dem Präsens des Subjuntivo.**

a. Quiere que los niños *(schlafen)* ______________ más.
b. Es posible que *(er kehrt zurück)* ______________ antes de las nueve.
c. Nos alegramos de que nos *(ihr könnt)* ______________ ayudar.
d. No creo que este ordenador *(kostet)* ______________ menos de 1000 euros.

# 48 Cuando venga mamá, …

*Wenn Mama kommt, …*

## Venga

Venga ist die (unregelmäßige) Subjuntivo-Form des Verbs venir *(kommen)*.

REGEL Die Verben, deren 1. Person Singular im Präsens Indikativ unregelmäßig ist, übernehmen diese Unregelmäßigkeit **in allen Formen** des Präsens Subjuntivo, d. h. der Wortstamm leitet sich von der 1. Person Singular Präsens Indikativ ab, z. B. venir: (yo) vengo → venga.

| | venir *kommen* | Ebenso: |
|---|---|---|
| (yo) | veng**a** | hacer → haga …, poner → ponga …, |
| (tú) | veng**as** | salir → salga …, tener → tenga …, |
| (él/ella/usted) | veng**a** | saber → sepa …, caer → caiga …, |
| (nosotros/-as) | veng**amos** | traer → traiga …, oír → oiga …, |
| (vosotros/-as) | veng**áis** | construir → construya …, decir → diga … |
| (ellos/ellas/ustedes) | veng**an** | Verben auf -acer/-ecer/-ocer/-ucir: conocer → conozca … |

Das Präsens des Subjuntivo von saber *(wissen)* und caber *(Platz haben in)* ist ebenfalls unregelmäßig: saber → sepa … und caber → quepa …

Im Präsens des Subjuntivo unregelmäßig sind auch folgende Verben:

| | estar *sein, sich befinden* | ir *gehen, fahren* | haber *(Hilfsv.) haben, sein* | ser *sein* |
|---|---|---|---|---|
| (yo) | esté | vaya | haya | sea |
| (tú) | estés | vayas | hayas | seas |
| (él/ella/usted) | esté | vaya | haya | sea |
| (nosotros/-as) | estemos | vayamos | hayamos | seamos |
| (vosotros/-as) | estéis | vayáis | hayáis | seáis |
| (ellos/ellas/ustedes) | estén | vayan | hayan | sean |

Das Präsens des Subjuntivo von haber wird zur Bildung des Perfekts des Subjuntivo verwendet: has hablado → hayas hablado. Haya ist auch das Präsens des Subjuntivo zu hay *(es gibt)*: Es posible que haya un atasco. *Es ist möglich, dass es einen Stau gibt.*
Wie ser wird auch ver *(sehen)* konjugiert, also: vea, veas, …

# 48 Subjuntivo (3): Verben mit verändertem Wortstamm

## 1. Indikativ oder Subjuntivo? Ordnen Sie die Verben zu.

sé – conocen – quepáis – salís – conozca – pongan – caigo – venimos – tengo – salga – sepan – pones – seas – tengáis – sois – venga – vayan – haya

**Indikativ**

**Subjuntivo**

## 2. Geben Sie den Infinitiv der Verben an.

| | |
|---|---|
| a. vengamos ______ | g. oigamos ______ |
| b. estéis ______ | h. pongan ______ |
| c. construya ______ | i. conduzca ______ |
| d. salgas ______ | j. tengáis ______ |
| e. vayan ______ | k. haya ______ |
| f. sea ______ | l. traiga ______ |

## 3. Bilden Sie Sätze wie im Beispiel.

Luisa – hacer las compras → *Quiero que Luisa haga las compras.*

a. Enrique – no salir esta noche → Quiero que ______

b. vosotros – hacer deporte → Quiero que ______

c. tú – venir a la fiesta → Quiero que ______

d. ellos – ir en tren → Quiero que ______

e. el camarero – traer las bebidas → Quiero que ______

f. Carmen – poner la mesa → Quiero que ______

g. vosotros – tener mucha paciencia → Quiero que ______

## 4. Übersetzen Sie den Ausdruck in der Klammer mit dem Präsens des Subjuntivo.

a. Espero que *(du Zeit hast)* ______.

b. Ella quiere que *(wir nicht so viel Lärm machen)* ______.

c. No nos gusta que *(er so viel fernsieht)* ______.

d. Es una pena que *(du krank bist)* ______.

e. No creo que *(du meinen Bruder kennst)* ______.

f. Se alegra de que *(ihr am Samstag kommt)* ______.

g. Es posible que *(wir zu Fuß gehen)* ______.

# 49 Ahora es necesario que trabaje las piernas.

*Jetzt müssen Sie Ihre Beine trainieren.*

## Es necesario que trabaje

Während mit dem Indikativ Tatsachen oder wirkliche Handlungen wiedergegeben werden, verwendet man den Subjuntivo, um z. B. Wünsche, Forderungen, Meinungen oder Zweifel auszudrücken. Meistens geschieht dies in einem Satzgefüge aus Haupt- und Nebensatz – der Hauptsatz enthält ein Verb des Wünschens, Forderns, Zweifelns usw. im Indikativ, das Verb des davon abhängigen Nebensatzes steht im Subjuntivo.

REGEL Folgende Gruppen von Verben und Ausdrücken erfordern den Subjuntivo:

- Verben und Ausdrücke der **Willensäußerung** (Wunsch, Bitte, Aufforderung, Rat, Verbot):
  Quiero que me ayudes. *Ich möchte, dass du mir hilfst.*
  Te prohíbo que salgas esta noche. *Ich verbiete dir, dass du heute Abend ausgehst.*
- Verben und Ausdrücke der **Gefühlsäußerung** (Freude, Bedauern, Ärger, Erstaunen, Gefallen, Angst, Hoffnung):
  Me alegro de que me acompañes. *Ich freue mich, dass du mich begleitest.*
  Sentimos mucho que estés enfermo. *Wir bedauern sehr, dass du krank bist.*
- Verben und Ausdrücke des **Zweifels** und der **Unsicherheit** sowie verneinte Verben und Ausdrücke der **Meinungsäußerung** und des **Denkens**:
  Dudo que tengas razón. *Ich bezweifle, dass du recht hast.*
  No creo que ella sea puntual. *Ich glaube nicht, dass sie pünktlich ist.*
  ! **Aber:** Creo que ella es puntual. *Ich glaube, dass sie pünktlich ist.*
  No estoy seguro de que ella vuelva hoy. *Ich bin nicht sicher, dass sie heute zurückkommt.*
  ! **Aber:** Estoy seguro de que ella vuelve hoy. *Ich bin sicher, dass sie heute zurückkommt.*
  (No creo/No estoy seguro de que = der Sprecher ist sich unsicher. Creo/Estoy seguro de que = der Sprecher ist sich sicher.)
- **Unpersönliche Ausdrücke**, die eine Notwendigkeit, einen Zweifel, eine Vermutung, ein Gefühl usw. ausdrücken:
  Es necesario que aprendas español. *Es ist notwendig, dass du Spanisch lernst.*
  Es una pena que no conozcas a mi hermana. *Es ist schade, dass du meine Schwester nicht kennst.*
  ! **Aber:** Es seguro que ella vuelve hoy. *Es ist sicher, dass sie heute zurückkommt.*
  (= Es besteht kein Zweifel daran.)

! Ist das Subjekt im Haupt- und Nebensatz gleich, steht der Infinitiv.
Quiero ir al cine esta noche. *Ich möchte heute Abend ins Kino gehen.*

**1. Isabel und Paco sind umgezogen. Geben Sie mit dem Präsens des Subjuntivo an, was ihnen an ihrem neuen Zuhause gefällt.**

Les gusta que . . .

a. el salón *(ser)* ___________ grande y *(dar)* ___________ al sur.
b. el supermercado *(estar)* ___________ muy cerca.
c. *(tener)* ___________ un jardín con árboles y flores.
d. en el jardín *(florecer)* ___________ rosas hermosas.
e. *(haber)* ___________ cerca un parque infantil.
f. sus padres *(vivir)* ___________ en el mismo pueblo.
g. sus hijos *(poder)* ___________ ir al colegio a pie.

**2. Verbinden Sie zu sinnvollen Sätzen.**

a. Estoy seguro de que
b. Esta tarde queremos
c. Sentimos mucho que tu abuelo
d. Espera que su novio
e. Es posible que yo
f. Es fundamental que vosotros

1. le traiga flores.
2. ir a la playa.
3. no te lo haya dicho.
4. aprendáis inglés.
5. esté en el hospital.
6. nos vemos esta noche.

**3. Ergänzen Sie im zweiten Satz das Verb im Indikativ oder Subjuntivo.**

a. ¿Habéis cerrado las ventanas?
Sí, estamos seguros de que las *(hemos cerrado/hayamos cerrado)* _____________.
b. ¿Qué tal el examen de Antonio?
Me alegro mucho de que lo *(ha aprobado/haya aprobado)* _____________.
c. ¿Con quién va a salir Miguel esta noche?
Espera que Teresa *(sale/salga)* _____________ con él.
d. ¿Vas a la fiesta de Isabel?
Sí, pero creo que *(llegaré/llegue)* _____________ un poco más tarde.
e. ¿Te gusta Inglaterra?
No, no mucho. No me gusta que *(llueve/llueva)* _____________ tanto.

**4. Übersetzen Sie.**

a. Es ist möglich, dass wir keine Zeit haben.

_______________________________________________

b. Er möchte, dass du ihn heute Abend anrufst.

_______________________________________________

c. Sie ist sicher, dass er ihre Schwester kennt.

_______________________________________________

d. Wir bedauern sehr, dass du heute krank bist.

_______________________________________________

# Lo que tú quieras.
*Was du willst.*

## Lo que tú quieras

Juan überlässt Ana die Entscheidung, was sie am Abend tun werden – lo que tú quieras *(was du willst)*. Quieras (Infinitiv querer) steht im Präsens des Subjuntivo.
Es folgen nun weitere Ausdrücke und Wendungen, nach denen ebenfalls der Subjuntivo steht.

REGEL

- Wenn man anderen die Entscheidung überlässt:
  ¿Cuándo vamos a la ciudad? *Wann fahren wir in die Stadt?* – Cuando tú quieras. *Wann du willst.*
- Bei guten **Wünschen**:
  ¡Que te mejores! *Gute Besserung!*
- Zur Wiedergabe von **Bitten** und **Befehlen**:
  Dile que venga. *Sag ihm, er soll kommen.*
- Zur Angabe von **Absicht** oder **Zweck** nach para que:
  Te lo he dicho para que lo sepas. *Ich habe es dir gesagt, damit du es weißt.*
- Nach bestimmten **Konjunktionen** wie z. B. cuando *(wenn, sobald)*, mientras *(solange)*, aunque *(wenn auch)*, antes de que *(bevor)*, después de que *(nachdem)*, hasta que *(bis, solange)*, **wenn sich der Hauptsatz auf zukünftige Handlungen oder Ereignisse bezieht.**
  Cuando vuelva, cenamos. *Wenn/Sobald er heimkommt, essen wir zu Abend.* (= Es ist nicht sicher, wann er heimkommt.)
  Hasta que no me confirmen el viaje, no pagaré nada. *Solange sie mir die Reise nicht bestätigen, werde ich nichts zahlen.* (= Der Zeitpunkt für die Bestätigung ist unbekannt.)
- Nach Ausdrücken der **Vermutung** wie quizá(s) und tal vez *(vielleicht)*. Hier kann auch der Indikativ stehen, doch wird die Unsicherheit durch den Subjuntivo verstärkt.
  Quizá(s) vengan mañana. *Vielleicht kommen sie morgen.*
- In **Relativsätzen**, wenn diese einen **Wunsch** oder eine **Forderung** enthalten:
  Se busca secretaria que hable español. *Es wird eine Sekretärin gesucht, die Spanisch spricht.*
  ! **Aber:** Tengo una secretaria que habla español. *Ich habe eine Sekretärin, die Spanisch spricht.*

**1. Überlassen Sie Ihrem Partner die Entscheidung, was Sie wann und wo tun werden.**

¿Tomamos vino o cerveza? → *Lo que tú quieras.*

a. ¿Qué cenamos hoy, pescado o pollo? → ____________

b. ¿Vamos a la playa en coche o en bicicleta? → ____________

c. ¿Me llamas por la mañana o por la noche? → ____________

d. ¿Desayunamos en la terraza o en el comedor? → ____________

e. ¿Me pongo la blusa roja o la azul? → ____________

**2. Verbinden Sie die guten Wünsche mit der deutschen Übersetzung.**

| | |
|---|---|
| a. ¡Que lo pases bien! | 1. Viel Spaß! |
| b. ¡Que te diviertas! | 2. Hoffentlich geht alles gut für dich! |
| c. ¡Ojalá que todo te salga bien! | 3. Mach's gut! |
| d. ¡Que te mejores! | 4. Es lebe das Brautpaar! |
| e. ¡Vivan los recién casados! | 5. Gute Besserung! |

**3. Setzen Sie eine der unten stehenden Konjunktionen in die Lücken ein.**

a. Trabaja doce horas al día ____________ sus hijos puedan estudiar.

b. Vamos a la playa ____________ haga frío.

c. ____________ no recibas mi llamada, no hagas nada.

d. Solo vas a salir ____________ hayamos cenado.

e. ____________ Juan termine sus estudios, va a buscar trabajo en Suiza.

aunque | después de que | hasta que | para que | cuando

**4. Übersetzen Sie.**

a. ¿Cuándo vemos el DVD? – Wann immer du Lust hast *(tener ganas)*.

____________

b. ¿Te gusta esta casa? – Nein. Ich will in einem Haus wohnen *(vivir)*, das einen großen Garten hat.

____________

c. ¿Puedo dar una fiesta? – Ja, klar! Aber mach das Haus sauber *(limpiar)*, bevor wir zurückkommen.

____________

d. ¿Vamos a la ciudad? – Ja. Nachdem ich diesen Anruf beendet habe, fahren wir.

____________

# 51 Me aconsejó que me quedara en la cama.

*Er hat mir geraten, im Bett zu bleiben.*

## Quedara

Der Arzt hat Juan geraten, im Bett zu bleiben – que me quedara en la cama *(dass ich im Bett bleiben soll)*. Um seinen Freunden das mitzuteilen, verwendet er me quedara, das Imperfekt des Subjuntivo von quedarse *(bleiben)*.

REGEL Die Verbformen des Imperfekts des Subjuntivo leiten sich von der 3. Person Plural des Indefinido ab. An die Stelle der Endung -ron treten die entsprechenden Subjuntivo-Endungen.

| | habl**ar** *sprechen*<br>3. Pers. Pl. Indefinido<br>= habla**ron** | com**er** *essen*<br>3. Pers. Pl. Indefinido<br>= comie**ron** | escrib**ir** *schreiben*<br>3. Pers. Pl. Indefinido<br>= escribie**ron** |
|---|---|---|---|
| (yo) | habla**ra** | comie**ra** | escribie**ra** |
| (tú) | habla**ras** | comie**ras** | escribie**ras** |
| (él/ella/usted) | habla**ra** | comie**ra** | escribie**ra** |
| (nosotros/-as) | hablá**ramos** | comié**ramos** | escribié**ramos** |
| (vosotros/-as) | habla**rais** | comie**rais** | escribie**rais** |
| (ellos/ellas/ustedes) | habla**ran** | comie**ran** | escribie**ran** |

Auch die unregelmäßigen Verben bilden das Imperfekt des Subjuntivo nach diesem Schema.
estar → estuvie**ron** → estuvie**ra**, estuvie**ras**, …
poner → pusie**ron** → pusie**ra**, pusie**ras**, …
venir → vinie**ron** → vinie**ra**, vinie**ras**, …
Die Formen des Imperfekts des Subjuntivo von ir *(gehen, fahren)* und ser *(sein)* sind gleich:
ir/ser → fue**ron** → fue**ra**, fue**ras**, …

Für das Imperfekt des Subjuntivo gibt es eine zweite Form auf -se. Ein Bedeutungsunterschied zwischen diesen beiden Formen besteht nicht.

| | | | |
|---|---|---|---|
| (yo) | habla**se** | comie**se** | escribie**se** |
| (tú) | habla**ses** | comie**ses** | escribie**ses** |
| (él/ella/usted) | habla**se** | comie**se** | escribie**se** |
| (nosotros/-as) | hablá**semos** | comié**semos** | escribié**semos** |
| (vosotros/-as) | habla**seis** | comie**seis** | escribie**seis** |
| (ellos/ellas/ustedes) | habla**sen** | comie**sen** | escribie**sen** |

Das Imperfekt des Subjuntivo des Hilfsverbs haber lautet hubiera, hubieras usw. Es wird verwendet, um das Plusquamperfekt des Subjuntivo zu bilden.
Temimos que hubiera tenido un accidente. *Wir befürchteten, dass er einen Unfall gehabt hatte.*

**1. Ergänzen Sie die fehlenden Verbformen des Imperfekts des Subjuntivo.**

| | Infinitiv | yo | tú | él/ella/ usted | nosotros/ -as | vosotros/ -as | ellos/ellas/ ustedes |
|---|---|---|---|---|---|---|---|
| a. | beber | | bebieras | | bebiéramos | bebierais | |
| b. | tener | tuviera | tuvieras | | | | tuvieran |
| c. | | | dijeras | dijera | | dijerais | |
| d. | llamar | llamara | | | llamáramos | | llamaran |
| e. | | | volvieras | | volviéramos | volvierais | |
| f. | ser | fuera | | fuera | | | fueran |
| g. | | viviera | vivieras | | | vivierais | |

**2. Wie lauten die Verbformen?**

| Infinitiv | 3. Pers. Pl. Indefinido | 1. Pers. Sg. Imperfekt des Subjuntivo |
|---|---|---|
| a. conocer | ______ | ______ |
| b. saber | ______ | ______ |
| c. vender | ______ | ______ |
| d. comprar | ______ | ______ |
| e. ir | ______ | ______ |
| f. pedir | ______ | ______ |
| g. decir | ______ | ______ |

**3. Setzen Sie das Verb in der Klammer in das Imperfekt des Subjuntivo.**

a. Las chicas temían que su padre no las *(dejar)* ______ salir.
b. Sería mejor que no *(tú-decir)* ______ nada a nadie.
c. Os pedí que me *(ayudar)* ______ con mi trabajo.
d. Estaba prohibido que los niños *(jugar)* ______ en el patio.
e. Sentimos mucho que usted no *(poder)* ______ venir aquella noche.
f. No le gustaba que *(tú-conducir)* ______ tan rápido.

**4. Geben Sie mit dem Imperfekt des Subjuntivo an, worüber sich María freuen würde.**

A María le alegraría que … *(wenn ich sie anrufen würde)* → la llamara/llamase.
a. *(wenn du gut kochen könntest)* → ______
b. *(wenn wir ins Kino gingen)* → ______
c. *(wenn ihr Mann eine andere Arbeit hätte)* → ______
d. *(wenn Paco ihr Blumen schenkte)* → ______
e. *(wenn wir heute Abend ausgingen)* → ______

# Preferiría que jugáramos a algo menos arriesgado.

*Mir wäre es lieber, wenn wir etwas weniger Riskantes spielen würden.*

## Preferiría que jugáramos

Das Verb im Hauptsatz steht im Konditional – preferiría *(mir wäre es lieber)*, jugáramos ist das Imperfekt des Subjuntivo von jugar *(spielen)*.

REGEL Das Imperfekt des Subjuntivo wird nach allen Verben und Ausdrücken verwendet, nach denen auch das Präsens des Subjuntivo stehen muss (→ Kapitel 49 und 50). Steht das Verb im Hauptsatz im Präsens, im Perfekt oder im Futur I, ist für den Nebensatz das Präsens oder Perfekt des Subjuntivo erforderlich.
Quiero que me ayudes. *Ich will, dass du mir hilfst.*
Me has rogado que te llame. *Du hast mich gebeten, dass ich dich anrufe.*

Erscheint das Verb im Hauptsatz in einer Zeitform der Vergangenheit – Imperfekt, Indefinido, Plusquamperfekt – oder im Konditional, steht das Verb im Nebensatz im Imperfekt oder Plusquamperfekt des Subjuntivo.
Quería que me ayudaras. *Ich wollte, dass du mir halfst/hilfst.*
Me rogaste que te llamara. *Du hast mich gebeten, dass ich dich anriefe/anrufe.*

Im Deutschen klingt eine Vergangenheitsform oder ein Konjunktiv im Nebensatz etwas schwerfällig. Deshalb wird das Imperfekt des Subjuntivo häufig mit dem Präsens übersetzt, ohne dass sich an der spanischen Zeitenfolge etwas ändert.

Das Imperfekt des Subjuntivo wird **häufig auch nach ¡ojalá!** verwendet, wenn die Erfüllung des Wunsches eher unwahrscheinlich ist:
¡Ojalá viniera! *Hoffentlich kommt er!*

Wenn das Verb im Hauptsatz zwar im Präsens steht, der Nebensatz jedoch einen Bezug zur Vergangenheit hat (Vorzeitigkeit), wird ebenfalls das Imperfekt des Subjuntivo verwendet.
Perdona que no te llamara ayer. *Entschuldige, dass ich dich gestern nicht angerufen habe.*
! **Aber:** Perdona que te llame tan tarde. *Entschuldige, dass ich dich so spät anrufe.*

Das Imperfekt des Subjuntivo wird auch in irrealen Bedingungssätzen verwendet. (→ Kapitel 69)

**1. Ergänzen Sie mit dem Verb im Imperfekt des Subjuntivo.**

a. Nos alegró que usted *(venir)* ______________ a la fiesta.
b. Quiso que tú lo *(hacer)* ______________.
c. Nos pidieron que nosotros les *(ayudar)* ______________.
d. Sintió mucho que vosotros no *(tener)* ______________ tiempo.
e. La madre deseaba que su hija *(volver)* ______________ enseguida.
f. Te lo dije solo para que tú también lo *(saber)* ______________.
g. Me sorprendió que los niños no *(dormir)* ______________ más.

**2. Formen Sie den Satz wie im Beispiel um.**

Quiero que me llames. → Quería que me llamaras/llamases.

a. No creo que vuelva a comer caracoles. →
No creía que ______________________________.
b. Dudan que el tren llegue a tiempo.
Dudaban que ______________________________.
c. Te lo explico para que sepas hacerlo tú mismo.
Te lo expliqué para que ______________________________.
d. Temo que la película ya haya empezado.
Temí que ______________________________.
e. A los padres no les gusta que los niños coman tantas golosinas.
A los padres no les gustó que ______________________________.

**3. Geben Sie die Wünsche mit ¡Ojalá! im Imperfekt des Subjuntivo wieder.**

a. ¡Ojalá *(tocarme la lotería)* ______________________!
b. ¡Ojalá *(tú-acompañarme a la discoteca)* ______________________!
c. ¡Ojalá *(nosotros-ir a Patagonia)* ______________________!
d. ¡Ojalá *(él-aprender a esquiar)* ______________________!
e. ¡Ojalá *(funcionar el ordenador)* ______________________!

**4. Übersetzen Sie.**

a. Carmen wollte, dass wir ihre Mutter kennen lernten.
______________________________________________
b. Sie suchten eine Sekretärin, die Spanisch sprach.
______________________________________________
c. Es wäre besser, wenn du die Rechnung bezahlen würdest.
______________________________________________
d. Er war nicht sicher, ob sie ihn sehen wollte.
______________________________________________

# Wählen Sie die richtige Form.

## Reflexive Verben

1. Todos los días tengo que levantar___ a las seis.
   a) me
   b) se

2. ¿Cómo ___ llamas?
   a) te
   b) tú

3. ¡Niños, lava___ las manos! Vamos a comer.
   a) os
   d) se

4. ¿Dónde está Isabel? – Está ___.
   a) duchándose
   b) duchándole

5. No podemos acostumbrar___ a la vida en el campo.
   a) os
   b) nos

## Passiv

6. Esta paella ___ preparada por el mejor cocinero de toda España.
   a) fue
   b) fui

7. En esta región ___ fruta y verdura.
   a) se cultiva
   b) se cultivan

8. Ese apartamento ya ___ alquilado.
   a) es
   b) está

9. Estos cuadros ___ ___ por Dalí.
   a) fueron / pintado
   b) fueron / pintados

## Imperativ

10. ¿Tienes hambre? Pues, ¡___ otro bocadillo!
    a) tomas
    b) toma

11. Hay mucho tráfico. ¡___ con más cuidado! *(usted)*
    a) conduzca
    b) conduce

12. ¡Qué frío! ¡No ___ todas las ventanas!
    a) abras
    b) abres

13. Aquel abrigo es mío. ¡___, por favor!
    a) démelo
    b) démela

14. No tengo ganas de lavar los platos. ¡___ tú!
    a) hazlo
    b) hágalo

## Subjuntivo

15. Tengo mucho trabajo, y es posible que ___ muy tarde.
    a) vuelva
    b) vuelvo

16. Me alegro de que ya no ___ enfermo.
    a) esté
    b) estén

17. Creo que ___ la verdad.
    a) dice
    b) diga

18. No quieres que ___ la calle con el semáforo en rojo.
    a) crucen
    b) cruzan

19. Buscamos a una persona que ___ inglés e italiano.
   a) hablé
   b) hable

20. ¿No crees que Paco ___ venir?
   a) pueda
   b) podrá

21. Aunque no ___ mucho tiempo, te ayudo a limpiar la casa.
   a) tengo
   b) tenía

22. Cenamos cuando papá ___ de la oficina.
   a) vuelva
   b) ha vuelto

23. Esperaré hasta que ___.
   a) lleguen
   b) llegan

24. No conozco a nadie que ___ de mecánica.
   a) sabe
   b) sepa

25. ¿Dónde vamos a desayunar, en la terraza o en el comedor? – ___
   a) Donde tú quieras.
   b) Donde tú querrías.

26. Tenía un jefe que ___ muy simpático.
   a) fuera
   b) era

27. ¡Ojalá te ___ la lotería!
   a) tocara
   b) toque

28. No quería que la ___ en casa.
   a) llamen
   b) llamaran

29. Te pidieron que ___ puntual.
   a) fueras
   b) eras

30. Sentíamos mucho que vuestro abuelo ___ muerto.
   a) había
   b) hubiera

## Lust auf noch mehr Tests?

Dann ab ins Netz und weitermachen:
https://go.hueber.de/power-grammatik/spanisch

Vergleichen Sie nun Ihre Lösungen mit dem Schlüssel auf S. 181. Wenn Sie die Aufgaben nicht richtig gelöst haben, wiederholen Sie noch einmal das betreffende Kapitel. Diese Tabelle zeigt Ihnen, auf welches Kapitel sich die einzelnen Aufgaben beziehen.

| Aufgabe | Kapitel | Aufgabe | Kapitel | Aufgabe | Kapitel | Aufgabe | Kapitel | Aufgabe | Kapitel |
|---|---|---|---|---|---|---|---|---|---|
| 1 | 41 | 7 | 42 | 13 | 45 | 19 | 50 | 25 | 50 |
| 2 | 41 | 8 | 42 | 14 | 45 | 20 | 49 | 26 | 52 |
| 3 | 41 | 9 | 42 | 15 | 47 | 21 | 50 | 27 | 52 |
| 4 | 41 | 10 | 43 | 16 | 48 | 22 | 50 | 28 | 52 |
| 5 | 41 | 11 | 43 | 17 | 49 | 23 | 50 | 29 | 52 |
| 6 | 42 | 12 | 44 | 18 | 48 | 24 | 50 | 30 | 52 |

53

# Yo también quiero uno.

*Ich will auch eins.*

## Yo

Yo *(ich)* ist ein Subjektpronomen.

REGEL Die spanischen Subjektpronomen lauten:

| Singular | | Plural | |
|---|---|---|---|
| yo | *ich* | nosotros | *wir* (maskulin) |
| tú | *du* | nosotras | *wir* (feminin) |
| él | *er* | vosotros | *ihr* (maskulin) |
| ella | *sie* | vosotras | *ihr* (feminin) |
| usted | *Sie* (Höflichkeitsform) | ellos | *sie* (maskulin) |
| | | ellas | *sie* (feminin) |
| | | ustedes | *Sie* (Höflichkeitsform) |

Im Plural unterscheidet man in der 1. und 2. Person zwischen maskulinen (nosotros und vosotros) und femininen (nosotras und vosotras) Subjektpronomen. Handelt es sich um eine gemischte Gruppe maskuliner und femininer Personen, benutzt man die maskuline Form. Das gilt auch für ellos (für maskuline sowie für maskuline und feminine Substantive gemeinsam) und ellas (nur für feminine Substantive).

Die höfliche Anrede für eine Einzelperson ist usted – abgekürzt Ud. oder Vd. –, für mehrere Personen ustedes – abgekürzt Uds. oder Vds. In Lateinamerika werden mehrere Personen mit ustedes anstatt mit vosotros/-as angeredet, auch wenn man sich duzt.

In Verbindung mit einem Verb wird das Subjektpronomen in der Regel nicht gebraucht, da sich meistens schon an der Endung des Verbs erkennen lässt, um welche Person es sich handelt. Nur wenn man eine Person hervorheben oder Verwechslungen vermeiden will, benutzt man das Subjektpronomen.
Yo soy Juan, y ¿cómo te llamas tú? *Ich bin Juan und wie heißt du?*
Es periodista. Ohne Kontext weiß man nicht, wer periodista *(Journalist/-in)* ist – él *(er)*, ella *(sie)* oder Ud. *(Sie)*. Mit dem Subjektpronomen wird klar, wer gemeint ist: Él es periodista./Ella es periodista./Ud. es periodista.

**1. Verbinden Sie die deutschen und spanischen Subjektpronomen miteinander.**

| | |
|---|---|
| a. du | 1. yo |
| b. wir (Isabel, Laura und Miguel) | 2. él |
| c. ich | 3. ustedes |
| d. sie (María) | 4. nosotros |
| e. sie (Herr und Frau Martínez) | 5. nosotras |
| f. ihr (Teresa und Pedro) | 6. usted |
| g. Sie (Herr Moreno) | 7. vosotras |
| h. er | 8. ellas |
| i. wir (Luisa und María) | 9. tú |
| j. sie (Frau Martínez und Frau González) | 10. ella |
| l. ihr (María und Carmen) | 11. vosotros |
| m. Sie (Frau und Herr Sánchez) | 12. ellos |

**2. Ersetzen Sie die Substantive und Namen durch die Subjektpronomen.**

el profesor — *él*

a. la mujer ____________

b. el camarero ____________

c. Marta y yo ____________

d. el Sr. y la Sra. Romero ____________

e. mis tías ____________

f. tú y Paco ____________

g. Carmen y José ____________

h. los estudiantes ____________

**3. Geben Sie jeweils hinter dem Satz an, welches der unten stehenden Subjektpronomen dem Verb entspricht.**

a. La señora García vive en Barcelona. Trabaja en un banco. (________)

b. Carmen y Marta están en la ciudad. Compran un regalo para su madre. (________)

c. ¿Van a España en verano? (________)

d. Este es el Sr. García. Es ingeniero. (________)

e. Tocáis el piano muy bien. (________)

f. Pablo y yo somos estudiantes. Estudiamos Informática. (________)

g. Sra. Martínez, ¿tiene tiempo para escribir una carta? (________)

h. ¿Dónde vives? (________) – Vivo en Colonia desde hace tres años. (________)

tú — yo — vosotros — ellas — él — ustedes — usted — nosotros — ella

# 54 Lo hemos encontrado en el jardín.

*Wir haben ihn im Garten getroffen.*

## Lo hemos encontrado

Mit dem Pronomen lo *(ihn)* beziehen sich die Kinder auf ihren neuen Freund.

REGEL Um ein bereits genanntes direktes Objekt (= Akkusativobjekt auf die Frage „wen?" oder „was?") nicht noch einmal zu wiederholen, setzt man an seine Stelle das entsprechende direkte Objektpronomen. Für die 3. Person lauten die direkten Objektpronomen:

| | maskulin | feminin | |
|---|---|---|---|
| Singular | lo | la | Compro el libro. → Lo compro.<br>*Ich kaufe das Buch. → Ich kaufe es.*<br>Compro la revista. → La compro.<br>*Ich kaufe die Zeitschrift. → Ich kaufe sie.* |
| Plural | los | las | Compro los libros. → Los compro.<br>*Ich kaufe die Bücher. → Ich kaufe sie.*<br>Compro las revistas. → Las compro.<br>*Ich kaufe die Zeitschriften. → Ich kaufe sie.* |

Das direkte Objektpronomen steht **vor** dem konjugierten Verb. An einen Infinitiv oder ein Gerundium kann es angehängt werden. An den bejahten Imperativ wird es immer angehängt (→ Kapitel 45). Achten Sie beim Schreiben auf den Akzent.
Quiero comprar este libro. *Ich möchte dieses Buch kaufen.*
Lo quiero comprar. oder Quiero comprarlo. *Ich möchte es kaufen.*
Está buscando sus gafas. *Er sucht seine Brille.*
Las está buscando. oder Está buscándolas. *Er sucht sie.*
¡Abre la puerta! → ¡Ábrela! *Öffne die Tür! → Öffne sie!*

Für die 1. und 2. Person Singular und Plural lauten die direkten Objektpronomen me *(mich)*, te *(dich)*, nos *(uns)* und os *(euch)*.

Das direkte Objektpronomen lo kann sich auch auf einen ganzen Sachverhalt beziehen und wird dann im Deutschen mit „es" wiedergegeben.
Pedro va a casarse. ¿Ya **lo** sabes? *Pedro heiratet. Weißt du **es** schon?*

Beginnt der Satz zur Hervorhebung mit einem direkten Objekt, wird dieses mit dem direkten Objektpronomen noch einmal aufgenommen. Das gilt sowohl für Sachen als auch für den Akkusativ bei Personen, der mit der Präposition a angeschlossen wird.
Los libros los compro yo. *Die Bücher kaufe ich.*
A él lo hemos encontrado en el jardín. *Ihn haben wir im Garten getroffen.*

**1. Ersetzen Sie das direkte Objekt (im Satz unterstrichen) durch das Pronomen. Bei einigen Sätzen gibt es zwei Möglichkeiten.**

Queremos comprar el coche azul. → *Queremos comprarlo. / Lo queremos comprar.*

a. Alquilaron el piso. → ______
b. Vamos a pasar las vacaciones en Italia. → ______
c. He comprado la revista para mi madre. → ______
d. No podemos comprar la casa en el campo. → ______
e. ¿Ya has devuelto los libros? → ______
f. ¿Por qué no tomáis la paella? → ______

**2. Verbinden Sie die beiden Sätze, die zueinander passen.**

a. ¿Te gusta mi jersey?
b. ¿Quién ha visto mis gafas?
c. Esta novela es muy interesante.
d. ¿Fue caro tu ordenador nuevo?
e. ¡Que pastel más rico!
f. No entiendo estos ejercicios.

1. ¿Te gusta? Lo hice yo.
2. ¿Quieres que te los explique?
3. No, solo me costó 500 euros.
4. Sí, mucho. ¿Dónde lo compraste?
5. ¿No las encuentras?
6. ¿Sí? Yo no la he leído todavía.

**3. ¿Quién trae qué? – Wer bringt was mit? Juan liest Ana die Liste vor, die er für seine Party zusammengestellt hat. Bilden Sie Sätze wie im Beispiel.**

vino – Miguel → *El vino lo trae Miguel.*

a. aperitivos – José y Teresa → ______
b. cerveza – Manuel → ______
c. agua mineral – Luis → ______
d. servilletas – Laura → ______
e. pan y queso – Isabel y Sandra → ______
f. tortilla y fruta – Paco y Carmen → ______

**4. Übersetzen Sie.**

a. Gefallen Ihnen diese Blumen? Ich habe sie gestern auf dem Markt gekauft.
______

b. Antonio hat viel für die Prüfung *(examen)* gelernt. Ich bin sicher, dass er sie bestehen *(aprobar)* wird. ______

c. Weißt du, wo meine Handschuhe *(guantes)* sind? – Nein. Vielleicht *(a lo mejor)* hast du sie verloren. ______

d. Dieser Film gefällt mir überhaupt nicht *(nada)*. Hast du ihn gesehen?
______

e. Du hast meinen Brief noch nicht bekommen? Ich habe ihn vor fünf Tagen *(hace cinco días)* abgeschickt *(enviar)*.
______

# 55 ¿Te traigo una bebida?

*Soll ich dir etwas zum Trinken mitbringen?*

## Te traigo

Te *(dir)* ist das unbetonte indirekte Objektpronomen (= Dativobjekt auf die Frage „wem?“).

REGEL Im Spanischen unterscheidet man zwischen betonten und unbetonten indirekten Objektpronomen. Sie lauten:

| betont | unbetont | |
|---|---|---|
| a mí | me | *mir* |
| a ti | te | *dir* |
| a él | le | *ihm* |
| a ella | le | *ihr* |
| a usted | le | *Ihnen (Sg.)* |
| a nosotros/-as | nos | *uns* |
| a vosotros/-as | os | *euch* |
| a ellos | les | *ihnen (m.)* |
| a ellas | les | *ihnen (f.)* |
| a ustedes | les | *Ihnen (Pl.)* |

Das unbetonte indirekte Objektpronomen steht ebenfalls **vor** dem konjugierten Verb. An einen Infinitiv oder ein Gerundium kann es angehängt werden. An einen bejahten Imperativ wird es immer angehängt.

Les podríamos regalar un viaje. *Wir könnten ihnen eine Reise schenken.*
oder: Podríamos regalarles un viaje.
Te estoy escribiendo una carta. *Ich schreibe dir gerade einen Brief.*
oder: Estoy escribiéndote una carta.
¡Dame tu diccionario, por favor! *Gib mir bitte dein Wörterbuch!*

Das betonte indirekte Objektpronomen dient der Hervorhebung und wird stets mit der Präposition a verwendet (siehe auch → Kapitel 57). Steht es am Satzanfang, muss immer das entsprechende unbetonte Objektpronomen folgen.
**A mí me** gustan mucho los perros. *Ich mag Hunde sehr gern.*

! Diese Regel gilt auch bei einem Namen oder dem Fragewort quién am Satzanfang.
**A Ana le** gusta nadar. *Ana schwimmt gern.*
**¿A quién le** toca? *Wer ist der Nächste?*

! Eine Eigenart der spanischen Sprache ist, dass das unbetonte indirekte Objektpronomen oft auch dann zusätzlich verwendet wird, wenn das indirekte Objekt nicht betont ist, d. h. am Ende des Satzes steht. Im Deutschen wird in einem solchen Satz kein Pronomen verwendet.
**Le** devolvió el libro **a Paco**. *Er gab Paco das Buch zurück.*

Im Unterschied zu einem unbetonten Pronomen kann ein betontes aber auch alleine stehen.
A mí me encanta el flamenco. ¿Y **a ti**? *Mir gefällt Flamenco sehr. Und dir?*

**1. Ergänzen Sie das unbetonte indirekte Objektpronomen.**

Voy a regalarle flores a mi abuela.

a. Miguel va a enviar___ un paquete a su novia.
b. ¿Cuándo vas a devolver___ el dinero a Carmen?
c. Quiere vender___ su coche viejo a su hermano.
d. El niño ___ ha mostrado el dibujo a su madre.
e. El profesor ___ está explicando la lección a las alumnas.
f. Tienes que decir ___ la verdad a los amigos.

**2. Setzen Sie das unbetonte indirekte Objektpronomen ein.**

a. A Juan ________ regalamos un libro de informática.
b. A nosotros ________ gusta mucho bailar.
c. A mí no ________ gusta nada ir a los toros.
d. A Isabel y Teresa ________ interesa la literatura moderna.
e. A vosotros ________ dejamos nuestras bicicletas para la excursión.
f. ¿A usted ________ encanta tocar la guitarra?

**3. Ordnen Sie die Wörter.**

a. Le Paco devolvió a el libro. → ____________________
b. dice A la verdad ellas les siempre. → ____________________
c. A mí CD me un regalaron. → ____________________
d. ¿? Por nos no qué nada quieres decir. → ____________________
e. amigos sus Les a siempre e-mails escriben. → ____________________

**4. Übersetzen Sie.**

a. Wir können euch den Weg nicht erklären.

____________________

b. Gib mir bitte die Zeitung!

____________________

c. Warum gefällt euch diese Musik nicht?

____________________

d. Hast du ihm die Bücher schon zurückgegeben?

____________________

e. Morgen wird sie mir ihre Wohnung zeigen.

____________________

# 56 Me encantaría prestártelos.

*Ich würde sie dir gern leihen.*

## Te los

Te *(dir)* ist das indirekte unbetonte Objektpronomen (Dativ, auf die Frage „wem?"), los (*sie* = die 1000 Euro) das direkte unbetonte Objektpronomen (Akkusativ, auf die Frage „wen?" oder „was?").

REGEL Gibt es in einem Satz zwei unbetonte Objektpronomen, so steht das indirekte vor dem direkten. Das indirekte Objektpronomen der 3. Person Singular und Plural – le und les – wird vor den direkten Objektpronomen der 3. Person – lo, la, los, las – zu se.
Te presto 1000 euros. → **Te los** presto. *Ich leihe dir 1000 Euro. → Ich leihe sie dir.*
Le doy las flores a mi novia. → **Se las** doy. *Ich gebe meiner Freundin die Blumen. → Ich gebe sie ihr.*

An einen Infinitiv, ein Gerundium und an den bejahten Imperativ werden die indirekten und direkten Objektpronomen ebenfalls in dieser Reihenfolge angehängt.
No quiere prestar(les) el coche a sus amigos. → No **se lo** quiere prestar. / No quiere prestár**selo**.
*Er will seinen Freunden das Auto nicht leihen. → Er will es ihnen nicht leihen.*

Te estoy escribiendo una carta. → **Te la** estoy escribiendo. / Estoy escribiéndo**tela**.
*Ich schreibe dir gerade einen Brief. → Ich schreibe ihn dir gerade.*

¡Dá**melo**! *Gib es mir!*
¡Díga**selo**! *Sagen Sie es ihm/ihr/ihnen!*

**1. Ergänzen Sie mit den unten stehenden Pronomen.**

a. Esta blusa me gusta. ¿_______ puedo probar?
b. Compramos un CD para Pepe. ¿Cuándo vamos a regalár_______?
c. ¿Sabes qué me pasó el otro día? – No. ¡Cuénta_______!
d. Estos zapatos me quedan grandes. ¿_______ puede cambiar por un número más pequeño?
e. ¿Ya compraste una postal para tu tía? – Sí, pero no _______ he escrito todavía.
f. ¿Me compras un helado? – Claro, _______ compro.

me los | selo | se la | te lo | melo | me la

**2. Geben Sie die Antwort auf Spanisch.**

a. ¿Puedo probarme esta blusa?
Ja, probieren Sie sie an! _______________
b. ¿Ya te he devuelto el dinero?
Nein, aber gib es mir sofort zurück! _______________
c. ¿Queréis que os contemos un secreto?
Ja, erzählt es uns! _______________
d. ¿Puedo comprarme esta falda?
Ja, kauf ihn dir! _______________

**3. Verbinden Sie die Frage mit der passenden Antwort.**

a. ¿Esta falda le queda bien?
b. ¿Sabes dónde está mi paraguas?
c. ¿Me muestra Ud. su ordenador?
d. ¿Ya han recibido la carta?
e. ¿Podría traerme otra cerveza?
f. ¿Has encontrado tus gafas?
g. ¿Cuándo me devuelves el libro?

1. Sí, claro, voy a mostrárselo.
2. Sí, enseguida se la traigo.
3. Sí, me la llevo.
4. No, todavía estoy buscándolas.
5. Mañana te lo daré.
6. No. Tal vez lo has olvidado en el metro.
7. No, todavía no se la he escrito.

**4. Ordnen Sie die Wörter zu ganzen Sätzen und ersetzen Sie anschließend das Dativ- und Akkusativobjekt durch die jeweiligen Pronomen.**

a. mañana nos Esta un comprado coche hemos nuevo. →
_______________
b. ¿? esta probarme chaqueta Puedo →
_______________
c. sus les Ayer un regalo envió a padres. →
_______________
d. ¿? verdad Me dijiste la →
_______________
e. vecinos Les la vendieron a sus casa. →
_______________

# 57 Estas flores son para ti.

*Diese Blumen sind für dich.*

### Para ti

Ti *(dich, dir)* ist ein betontes Objektpronomen. Es wird in Verbindung mit Präpositionen verwendet, hier mit para *(für)*.

REGEL In Verbindung mit einer Präposition werden die betonten Objektpronomen verwendet. Sie lauten:

| | | | |
|---|---|---|---|
| (yo) | mí | z. B.: | para mí |
| (tú) | ti | | para ti |
| (él) | él | | para él |
| (ella) | ella | | para ella |
| (usted) | usted | | para usted |
| (nosotros/-as) | nosotros/-as | | para nosotros/-as |
| (vosotros/-as) | vosotros/-as | | para vosotros/-as |
| (ellos) | ellos | | para ellos |
| (ellas) | ellas | | para ellas |
| (ustedes) | ustedes | | para ustedes |

Mit Ausnahme der 1. und 2. Person Singular stimmen die betonten Objektpronomen mit den Subjektpronomen überein.

! In Verbindung mit der Präposition con sagt man conmigo *(mit mir)*, contigo *(mit dir)*.

! Nach según *(gemäß, nach)* und entre *(zwischen)* steht auch in der 1. und 2. Person Singular das Subjektpronomen.
Según tú, esta película es aburrida. *Deiner Meinung nach ist dieser Film langweilig.*
Entre tú y yo no hay ningún problema. *Zwischen dir und mir gibt es kein Problem.*

**1. Ersetzen Sie die unterstrichenen Wörter durch das entsprechende Objektpronomen.**

Estas flores son para mi hermana mayor. → *Estas flores son para ella.*

a. Recibió un regalo de sus padres. → ______

b. Vivimos al lado de Teresa. → ______

c. Haremos el viaje sin Paco y María. → ______

d. ¿Por qué no vas a la playa con tus amigos? → ______

e. Anoche hablaron mucho sobre sus hijas. → ______

f. El perro siempre corre delante de su dueño. → ______

**2. Verbinden Sie die Sätze.**

a. ¿De quién estáis hablando?
b. ¿Vas a bailar con Ana o conmigo?
c. ¿Por qué llegas tan tarde a casa?
d. ¿Conoces a Juan?
e. ¿Cuándo hiciste esta tarta tan rica?
f. ¿Ya sabes con quién vas a salir?

1. Con ella, es una gran bailarina.
2. Sí, claro, siempre juego al tenis con él.
3. No. ¿Podría salir contigo?
4. Mi colega está enferma y tengo que trabajar por ella.
5. Anoche, entre mi madre y yo.
6. De ti.

**3. Ordnen Sie die Wörter.**

a. de Hablamos mucho usted. → ______

b. Ha para los comprado juguetes ella. → ______

c. mucho películas A mí gustan las románticas me. → ______

d. ¿? no conmigo Por hablado qué has → ______

e. sin Nunca a la van montaña ti. → ______

**4. Übersetzen Sie.**

a. Mit wem fährst du in die Stadt, mit Luisa oder mit mir?

______

b. Es steht niemand hinter *(detrás de)* ihm.

______

c. Ist dieses Buch für Paco? – Ja, es ist für ihn.

______

d. Hat sie schon mit dir gesprochen?

______

e. Zwischen dir und mir gibt es viele Unterschiede.

______

58

# Mi mujer y mis hijos han ido a la costa.

*Meine Frau und meine Kinder sind ans Meer gefahren.*

## Mi, mis

Mi *(mein/e)* und mis *(meine)* sind Possessivbegleiter. Mit ihnen wird Besitz oder Zugehörigkeit ausgedrückt.

REGEL Die **Possessivbegleiter** richten sich wie Adjektive in Geschlecht und Zahl nach dem Bezugswort. Sie werden zusammen mit einem Substantiv benutzt. Man unterscheidet unbetonte Formen, die vor dem Substantiv stehen, und betonte, die ihm nachgestellt werden.

**Unbetonte Formen**

| Possessivbegleiter (ein Besitztum) | | Possessivbegleiter (mehrere Besitztümer) | |
|---|---|---|---|
| maskulin | feminin | maskulin | feminin |
| mi coche | mi casa | mis coches | mis casas |
| tu coche | tu casa | tus coches | tus casas |
| su coche | su casa | sus coches | sus casas |
| nuestro coche | nuestra casa | nuestros coches | nuestras casas |
| vuestro coche | vuestra casa | vuestros coches | vuestras casas |
| su coche | su casa | sus coches | sus casas |

**Betonte Formen**

| Possessivbegleiter (ein Besitztum) | | Possessivbegleiter (mehrere Besitztümer) | |
|---|---|---|---|
| maskulin | feminin | maskulin | feminin |
| un coche mío | una casa mía | coches míos | casas mías |
| un coche tuyo | una casa tuya | coches tuyos | casas tuyas |
| un coche suyo | una casa suya | coches suyos | casas suyas |
| un coche nuestro | una casa nuestra | coches nuestros | casas nuestras |
| un coche vuestro | una casa vuestra | coches vuestros | casas vuestras |
| un coche suyo | una casa suya | coches suyos | casas suyas |

**Ohne Artikel** gibt der betonte Possessivbegleiter den Besitzer an.
Esta moto es mía. *Dieses Motorrad gehört mir.*
**Mit dem unbestimmtem Artikel** wird er verwendet, wenn eines von vielen gemeint ist.
Teresa es una amiga mía. *Teresa ist eine Freundin von mir.* (= Ich habe mehrere.)

Die **Possessivpronomen** richten sich nach dem Bezugswort. Ihre Formen stimmen mit den betonten Possessivbegleitern überein. Sie stehen mit dem bestimmten Artikel, aber ohne Substantiv.
En vuestro jardín hay muchos árboles. *In eurem Garten gibt es viele Bäume.*
En **el nuestro** no. *In unserem nicht.*

**1. Wem gehören diese Gegenstände? Bilden Sie Sätze wie im Beispiel.**

yo / el abrigo gris → *El abrigo gris es mío.*

a. ella / la bolsa de cuero → ______
b. nosotros / las maletas → ______
c. tú / los CDs → ______
d. él / el paraguas → ______
e. ustedes / los guantes → ______
f. ellos / las fotos → ______
g. vosotros / las bicicletas → ______

**2. Verbinden Sie Frage und Antwort miteinander.**

a. ¿Estas llaves son de Teresa?
b. ¿Este bolígrafo es tuyo?
c. ¿Estos juguetes son de los niños?
d. ¿De quién es este pañuelo?
e. ¿De quién son estos guantes?
f. ¿Esta bolsa es suya?

1. Son míos.
2. Sí, son suyos.
3. Sí, son suyas.
4. No, no es mía. Creo que es de María.
5. Sí, es mío.
6. Es tuyo, te lo regalé.

**3. Bringen Sie die Wörter in die richtige Reihenfolge.**

a. de suyas Esas son ahí gafas. → ______
b. nuestra buena Carmen es una amiga. → ______
c. ¿? mi visto a gato Has → ______
d. allí Aquel de coche nuestro es. → ______
e. cara que la mía Su ha sido falda más. → ______
f. Tus mejores son fotos las mías que. → ______
g. son no sus guantes Estos. → ______

**4. Übersetzen Sie.**

a. Gehört die schwarze Tasche *(bolsa)* dir? – Nein, meine ist braun.
______

b. Juan und Paco sind gute Freunde von mir.
______

c. Ist dieses Wörterbuch deins oder meins?
______

d. Wem gehören diese Handschuhe *(guantes)*? – Sie gehören Ana.
______

e. Euer Haus ist moderner als unseres.
______

# 59 Me encanta este coche.

*Ich liebe dieses Auto.*

## Este, aquel

Este *(diese/-r/-s)* und aquel *(diese/-r/-s dort, jene/-r/-s)* sind Demonstrativa.

REGEL Demonstrativa weisen auf Personen oder Sachen hin. Man unterscheidet zwischen Demonstrativbegleitern und Demonstrativpronomen. Die Demonstrativbegleiter lauten:

| | maskulin | feminin | |
|---|---|---|---|
| Singular<br>Plural | este<br>estos | esta<br>estas | Este/-os/-a/-as weisen auf Personen oder Sachen hin, die sich in unmittelbarer Nähe des Sprechenden befinden; sie werden oft zusammen mit dem Ortsadverb aquí *(hier)* benutzt. |
| Singular<br>Plural | ese<br>esos | esa<br>esas | Ese/-os/-a/-as weisen auf Personen oder Sachen hin, die sich in der Nähe des Gesprächspartners befinden; sie werden oft zusammen mit dem Ortsadverb ahí *(da)* benutzt. |
| Singular<br>Plural | aquel<br>aquellos | aquella<br>aquellas | Aquel/aquellos/aquella/aquellas weisen auf Personen oder Sachen hin, die sich weder in der Nähe des Sprechenden noch des Gesprächspartners befinden; sie werden oft zusammen mit dem Ortsadverb allí *(dort)* benutzt. |

Die Demonstrativbegleiter richten sich wie Adjektive in Geschlecht und Zahl nach dem Substantiv, auf das sie sich beziehen, und sind diesem vorangestellt.
Esta mesa es de madera. *Dieser Tisch ist aus Holz.*

Die Demonstrativpronomen stimmen in ihrer Form mit den Demonstrativbegleitern überein.
¿Qué libro es más interesante, este o ese? *Welches Buch ist interessanter, dieses oder das da?*
Außerdem gibt es noch die „neutralen“ Formen esto *(dies, das)*, eso *(das)* und aquello *(das, jenes)*. Sie beziehen sich auf etwas, das nicht näher genannt wird:
¿Qué es esto? *Was ist das hier?*
Eso no me gusta. *Das gefällt mir nicht.*

Ausdrücke mit eso: Eso es. *(Genau!)*, por eso *(deshalb)*, a eso de las dos *(ungefähr um zwei Uhr)*.

**1. Ergänzen Sie die richtige Form von este, ese und aquel.**

**este:** ________ semana, ________ chicos, ________ parques, ________ plazas, ________ restaurante, ________ jerséis, ________ ciudad, ________ días, ________ mes, ________ vacaciones

**ese:** ________ vaso, ________ falda, ________ noticias, ________caminos, ________ artículo, ________ botella, ________ vestido, ________ flores, ________ coches, ________ botas

**aquel:** ________ fotos, ________ calle, ________ bares, ________ pantalón, ________ gafas de sol, ________ mesa, ________ hospitales, ________ mujer, ________ libro, ________ frutas

**2. Kreuzen Sie den Demonstrativbegleiter an, der dem deutschen Wort in der Klammer entspricht.**

a. *(Dieser)* película es muy aburrida.
esta esa

b. *(Die da)* blusa no me gusta.
aquella esa

c. *(Das dort)* casa es muy vieja.
aquella esa

d. ¿Vamos a *(das dort)* restaurante?
aquel aquello

e. *(Diese)* señora es mi vecina.
esa esta

f. *(Diese da)* flores son muy hermosas.
esas estas

**3. Setzen Sie in den Plural.**

a. Esta bolsa es de cuero. → ________________
b. Aquella ventana está muy sucia. → ________________
c. No conocemos a ese señor. → ________________
d. Aquel jersey es de lana. → ________________
e. Esa tienda cierra a las siete. → ________________
f. Este CD se vende muy bien. → ________________

**4. Setzen Sie die Demonstrativbegleiter oder -pronomen entsprechend den Angaben ein (→ = beim Sprechenden, →→ = beim Gesprächspartner, →→→ = weder beim Sprechenden noch beim Gesprächspartner).**

a. (→) ___________ falda no me gusta. (→→→) ___________ sí.
b. Vivimos en (→→→) ___________ edificio.
c. ¿Cuánto cuestan las blusas? – ¿Cuáles, (→→→)___________ o (→→) ___________?
d. ¿Puedo probarme (→) ___________ blusa? – ¿(→→) ___________?
e. (→→→) ___________ chicos que están jugando al fútbol son de mi clase.
f. ¿Me das un poco de (→→) ___________ queso, por favor?

# 60 ¿Necesita algo más?

*Brauchen Sie noch etwas?*

## Algo, nada, todo

Diese Wörter sind Indefinita (unbestimmte Fürwörter). Indefinita beziehen sich auf eine nicht näher beschriebene Person oder Sache.

REGEL Bei den Indefinita unterscheidet man zwischen indefiniten Begleitern, die wie ein Adjektiv zusammen mit einem Substantiv stehen und sich in Geschlecht und Zahl nach diesem richten, und indefiniten Pronomen, von denen sich einige zwar auch in Geschlecht und Zahl nach dem Bezugswort richten, die aber alleine stehen. Nachfolgend eine Auswahl der häufigsten Indefinita.

**Alguien** *(jemand)* und **nadie** *(niemand)* stehen für Personen und sind unveränderlich.
Anoche alguien me llamó. *Gestern Abend rief mich jemand an.*
No hay nadie. *Es ist niemand da.* (Doppelte Verneinung → Kapitel 68)

**Algo** *(etwas)* und **nada** *(nichts)* stehen für Sachen und sind unveränderlich.
¿Quieres algo? *Möchtest du etwas?*
No, no quiero nada. *Nein, ich möchte nichts.* (Doppelte Verneinung → Kapitel 68)

**Alguno/-a/-os/-as** *(irgendeiner)* und **ninguno/-a/-os/-as** *(keiner)* richten sich in Geschlecht und und Zahl nach ihrem Bezugswort. Vor einem maskulinen Substantiv werden alguno und ninguno zu algún bzw. ningún verkürzt. Ninguno + de + Substantiv/Pronomen entspricht nadie.
¿Tienes alguna idea? *Hast du irgendeine Idee?*
No, no tengo ninguna. *Nein, ich habe keine (einzige).*
Ninguno (de ellos) había hecho los deberes. *Keiner (von ihnen) hatte die Hausaufgaben gemacht.*

**Cada** *(jeder)* ist unveränderlich und wird nur im Singular gebraucht. **Cada uno/una** *(jeder)* steht ohne Substantiv.
Cada día se siente más sola. *Jeden Tag fühlt sie sich einsamer.*
Cada uno sabe lo que debe hacer. *Jeder weiß, was er zu tun hat.*

**Todo/-a/-os/-as** + bestimmter Artikel + Substantiv wird wie folgt verwendet:
todo el día y toda la noche *der ganze Tag und die ganze Nacht*
todos los días y todas las noches *alle Tage und alle Nächte / jeder Tag und jede Nacht*

**Demasiado** *(zu viel)*, **mucho** *(viel)* und **poco** *(wenig)* richten sich in Geschlecht und Zahl nach ihrem Bezugswort. Sie werden mit und ohne Substantiv verwendet.
Hay demasiada gente aquí. *Es sind zu viele Leute hier.*
Hoy día demasiados tienen coche. *Heutzutage haben zu viele ein Auto.*

**1. Setzen Sie in die Lücken eines der Indefinita ein.**

a. ¿Por qué no me ayuda ____________?
b. No puedo contar con ____________ de mis compañeros de trabajo.
c. ____________ día te lo diré.
d. Se levanta ____________ los días a las siete y media.
e. ¿Ha llamado ____________ ?

algún
ninguno
todos
alguien
nadie

**2. Verbinden Sie Frage und Antwort miteinander.**

a. ¿Quieres algo de comer?
b. ¿Todavía no hay nadie?
c. ¿Se fueron todos?
d. ¿Tienes alguna idea para este proyecto?
e. ¿Quién estaba invitado a esa fiesta?

1. Sí, todos menos mi hermana y yo.
2. No, ninguna.
3. Sí, he desayunado poco hoy.
4. Muchísima gente.
5. Sí, algunos ya han llegado.

**3. Setzen Sie die richtige Form von todo ein.**

a. Va al gimnasio ____________ los viernes.
b. No he comido nada en ____________ el día.
c. ____________ las casas fueron destruidas por el terremoto.
d. ¿Le crees ____________ lo que dice?
e. Leyó ____________ la noche.

**4. Ordnen Sie die Wörter zu einem sinnvollen Satz.**

a. la Por casa mañana nadie no hay en. → ____________
b. ¿? Ya de Teresa algo cumpleaños has para el comprado → ____________
c. muy bien español hablan Algunos. → ____________
d. nadie apetece le esta ver A película. → ____________
e. ¿? la ciudad alguien con Te en has encontrado → ____________

**5. Übersetzen Sie.**

a. Einige Romane *(novela)* von Isabel Allende gefallen mir, andere nicht.

____________

b. Jemand hat mir einen Blumenstrauß *(un ramo de flores)* geschickt.

____________

c. Keiner von euch kann mir bei dieser Arbeit helfen.

____________

# 61 ¿Por qué no te tomas un día libre?

*Warum nimmst du dir nicht einen Tag frei?*

## ¿Por qué?

Por qué *(warum)* ist ein Fragewort; es leitet eine Frage ein. Nachfolgend eine Liste der gebräuchlichsten spanischen Fragewörter.

REGEL

| | |
|---|---|
| ¿Cómo? | *Wie?* |
| ¿Cuál?/¿Cuáles? | *Welche/-r/-s?* |
| ¿Cuándo? | *Wann?* |
| ¿Cuánto/-a/-os/-as? | *Wie viel/-e?* |
| ¿Dónde? | *Wo?* |
| ¿Adónde?/¿A dónde? | *Wohin?* |
| ¿De dónde? | *Woher?* |
| ¿Por qué?/¿Para qué? | *Warum?/Wozu?* |
| ¿Qué? | *Was?/Was für ein?* |
| ¿Quién?/¿Quiénes? | *Wer?* |

Spanische Fragewörter tragen immer einen Akzent auf der betonten Silbe.

Am Anfang einer spanischen Frage steht ein umgekehrtes Fragezeichen. Wenn die eigentliche Frage innerhalb eines Satzes beginnt, kann dieses umgekehrte Fragezeichen auch mitten im Satz stehen.
Y tú, ¿cómo estás? *Und wie geht es dir?*

**¿Cuál?** und **¿Cuáles?** wird anstelle eines Substantivs verwendet, wenn man aus einer Menge gleicher Dinge eine Auswahl trifft.
Tengo helado de fresa y de café, ¿cuál quieres? *Ich habe Erdbeer- und Mokkaeis, welches möchtest du?*

! **Aber:** Bei ungleichen Dingen sagt man ¿Qué?
¿Qué quieres, café o té? *Was möchtest du, Kaffee oder Tee?*

Mit **qué** + Substantiv wird der adjektivische Gebrauch von „welche/-r/-s" ausgedrückt.
¿Qué helado quieres? *Welches Eis möchtest du?*

Die Endung von **¿cuánto?** *(wie viel?)* richtet sich nach dem Substantiv, das folgt: ¿Cuánto dinero? *(Wie viel Geld?)*, ¿Cuánta gente? *(Wie viele Leute?)*, ¿Cuántos años? *(Wie viele Jahre?)*, ¿Cuántas semanas? *(Wie viele Wochen?)*.
Bei einem Verb steht ¿cuánto?: ¿Cuánto ganas? *Wie viel verdienst du?*

**¿Quién?** steht bei der Frage nach einer Person, mit **¿Quiénes?** fragt man nach mehreren Personen.
¿Quién fue Pablo Picasso? *Wer war Pablo Picasso?*
¿Quiénes son estas señoras? *Wer sind diese Frauen?*

Fragewörter können auch mit einer Präposition benutzt werden, z. B.:
¿De quién estáis hablando? *Über wen sprecht ihr gerade?*
¿Para qué sirve esto? *Wozu dient das?*

Fragewörter behalten in einer indirekten Frage den Akzent.
No sé cómo llegué aquí. *Ich weiß nicht, wie ich hierher gekommen bin.*

**1. Verbinden Sie Frage und Antwort.**

a. ¿Qué haces esta noche?
b. ¿Adónde vais?
c. ¿Qué van a tomar?
d. ¿Por qué no compras la chaqueta?
e. ¿Cómo va al trabajo?
f. ¿Para quién son estas flores?
g. ¿Cuántos días libres tienes?

1. En coche.
2. Diez.
3. Pollo asado con patatas fritas.
4. Son para mi novia.
5. Me quedo en casa.
6. Es demasiado cara.
7. Vamos al teatro.

**2. Setzen Sie das passende Fragewort ein.**

a. ¿__________ tenéis tiempo para ir al cine con nosotros?
b. ¿__________ sirve esta máquina?
c. ¿__________ está la estación del metro más cercana?
d. ¿__________ estás hablando?
e. ¿__________ eres?
f. ¿__________ siempre llegas tarde?
g. ¿__________ cuesta este ordenador?

¿de dónde? ¿por qué? ¿para qué? ¿dónde? ¿cuánto? ¿con quién? ¿cuándo?

**3. Wie lautet die Frage zu den folgenden Antworten? Die Gesprächspartner siezen sich.**

a. ¿________________________________________? Me llamo Miguel Santos.
b. ¿________________________________________? Soy de Valencia.
c. ¿________________________________________? Trabajo en un banco.
d. ¿________________________________________? Tengo 36 años.
e. ¿________________________________________? Sí, tengo tres hijos, dos hijos y una hija.
f. ¿________________________________________? Sí, van al colegio los tres.
g. ¿________________________________________? Mi mujer se llama Isabel.

**4. ¿Qué?, ¿Cuál? oder ¿Cuáles? Setzen Sie das richtige Fragewort ein.**

a. ¿________ toma Ud., vino o cerveza?
b. Tenemos helado de fresa y de chocolate. ¿________ quieres?
c. ¿________ de estas señoras es tu abuela?
d. ¿________ hacéis esta noche?
e. ¿________ de estos libros ya has leído?
f. ¿________ es la cerveza sin alcohol, esta o esa?
g. Hay tortilla y gazpacho. ¿________ quieres probar primero?

# 62 Es una receta que he encontrado en una revista.

*Es ist ein Rezept, das ich in einer Zeitschrift gefunden habe.*

## Que

Que ist ein Relativpronomen. Ein Relativpronomen leitet einen Relativsatz ein. Aufgabe eines Relativsatzes ist es, ein Wort im Hauptsatz näher zu erklären.

REGEL

**Que** *(der/die/das)* bezieht sich auf **Personen und Sachen im Singular und Plural**.
Los libros que están en la mesa son míos. *Die Bücher, die auf dem Tisch liegen, gehören mir.*

**Que** wird auch **nach kurzen Präpositionen** wie a, de, en, con gebraucht.
Los juguetes con que juegan son nuevos. *Die Spielsachen, mit denen sie spielen, sind neu.*
! **Aber:** Als Akkusativ einer Person steht que ohne die Präposition a.
La señora que ves allí es mi madre. *Die Frau, die du dort siehst, ist meine Mutter.*

**Quien** und **quienes** *(der/die)* werden nur für Personen verwendet, besonders nach Präpositionen. Quien kann mit der Präposition a für den Akkusativ stehen.
Los chicos a quienes ves allí son mis primos. *Die Jungen, die du dort siehst, sind meine Cousins.*

**El/la/los/las + que** *(der-/diejenige, welche/-r)* wird für Personen und Sachen, häufig nach Präpositionen und zur Unterscheidung verwendet. Der bestimmte Artikel richtet sich in Geschlecht und Zahl nach dem Bezugswort.
Aquella es la casa detrás de la que he aparcado mi coche. *Das ist das Haus, hinter dem ich mein Auto geparkt habe.*

**El/la cual** und **los/las cuales** *(der-/diejenige, welche/-r)* werden wie el que usw. verwendet. Es gibt jedoch eine Pluralform.
Las chicas con las cuales habló son sus nietas. *Die Mädchen, mit denen sie sprach, sind ihre Enkelinnen.*

**Lo que** und **lo cual** bezieht sich auf etwas Unbestimmtes oder einen ganzen Satz („das, was"):
No sé lo que me ha dicho. *Ich weiß nicht, was er mir gesagt hat.*

**Cuyo/-a/-os/-as** *(dessen/deren)* stimmen in Geschlecht und Zahl mit dem folgenden Substantiv überein.
La señora cuyos hijos son gemelos es mi profesora. *Die Frau, deren Söhne Zwillinge sind, ist meine Lehrerin.*

Auch **como** *(wie)*, **cuando** *(wann)* und **donde** *(wo)* können einen Relativsatz einleiten.
La casa donde vivimos es muy moderna. *Das Haus, in dem wir wohnen, ist sehr modern.*
¿Recuerdas aquel verano cuando fuimos a Suiza? *Erinnerst du dich an jenen Sommer, als wir in der Schweiz waren?*

(Zum Gebrauch des Subjuntivo in Relativsätzen → Kapitel 50)

**1. Ergänzen Sie cuyo/-a/-os/-as.**

a. La chica ______________ madre es cantante de ópera va a mi clase.
b. En nuestro pueblo vive un señor ______________ hija es ministra.
c. ¿Te acuerdas de la pareja inglesa en ______________ casa pasamos las vacaciones?
d. La señora ______________ hijas estudian en Nueva York es vecina nuestra.
e. Tiene un móvil nuevo ______________ número ha olvidado.
f. Cerraron la fábrica ______________ productos tanto te gustaban.

**2. Verbinden Sie zu vollständigen Sätzen.**

| | |
|---|---|
| a. Vive en Madrid, | 1. sobre el que siempre duerme el gato es muy cómodo. |
| b. El bosque | 2. con quienes hablaste son de Bogotá. |
| c. La chica | 3. donde vivimos está cerca de Bilbao. |
| d. El sofá | 4. en el que suelen correr está lejos de su casa. |
| e. El pueblo | 5. lo cual significa que conoce bien la ciudad. |
| f. Las chicas | 6. que está hablando con el profesor es María. |

**3. Wählen Sie aus den unten stehenden Relativpronomen das passende aus.**

a. El perro ______________ siempre saco a pasear es de nuestro vecino.
b. Los jóvenes ______________ juego al tenis estudian Informática.
c. Todos ______________ saben bailar flamenco no tienen que pagar por las bebidas.
d. Los niños ______________ compré los juguetes son mis sobrinos.
e. La ciudad ______________ vivimos está cerca de la frontera.
f. El agua es un alimento ______________ no podemos vivir.

los que | que | sin el cual | con quienes | donde | para los que

**4. Übersetzen Sie. Manchmal sind verschiedene Relativpronomen möglich.**

a. Das italienische Restaurant, in dem wir jeden Sonntag zu Mittag essen, heißt „La Pizza".

______________________________________________

b. Er glaubt alles, was sie sagt.

______________________________________________

c. Das Auto, das er letzte Woche gekauft hat, ist ein Seat.

______________________________________________

d. 1990 ist das Jahr, in dem meine Eltern geheiratet haben.

______________________________________________

e. Die beiden Herren, die ich immer an der Bushaltestelle treffe, arbeiten in einer Bank.

______________________________________________

f. Das Unternehmen, für das er arbeitet, sucht eine Sekretärin.

______________________________________________

# 63 ¿Crees que ha sido una buena idea ir en coche?

*Glaubst du, es war eine gute Idee mit dem Auto zu fahren?*

## En coche

In diesem und in den folgenden Kapiteln geht es um Präpositionen (= Verhältniswörter).

REGEL

Die Präposition **a** wird verwendet

- **zur Angabe des indirekten Objekts (Dativ) bei Personen und Dingen:**
  Teresa escribió a su amiga Isabel.
  *Teresa hat ihrer Freundin Isabel geschrieben.*
  Todavía no le he añadido sal al arroz. *Ich habe noch kein Salz in den Reis getan.*
- **zur Angabe des direkten Objekts (Akkusativ) bei Personen:**
  Vi a mi profesor en el metro. *Ich sah meinen Lehrer in der U-Bahn.*
- **zur Angabe der Richtung** (auf die Frage „wohin?“)**:**
  Van a Bilbao. *Sie fahren nach Bilbao.*
- **zur Angabe der Uhrzeit:**
  El teatro empieza a las ocho. *Das Theater beginnt um acht Uhr.*
- **zur Angabe der Art und Weise:**
  paella a la valenciana *Paella nach Valencia-Art*
  escribir a mano *mit der Hand schreiben*
- **nach Verben und in Wendungen wie:**
  empezar a hacer algo *(anfangen, etwas zu tun)*, llegar a *(ankommen in)*, jugar al tenis *(Tennis spielen)*, a casa *(nach Hause)*, a casa de Paco *(zu Paco)*

**!** A + el wird zu al zusammengezogen: Voy **al** cine. *Ich gehe ins Kino.*

Die Präposition **en** wird verwendet

- **zur Angabe des Ortes** (auf die Frage „wo?“)**:**
  Estamos en la ciudad. *Wir sind in der Stadt.*
- **bei Verkehrsmitteln:**
  en coche o en tren *mit dem Auto oder mit dem Zug*
  **!** **Aber:** a pie zu Fuß
- **bei Zeitangaben:**
  en 2004 *(im Jahr 2004)*, en primavera *(im Frühling)*, en mayo *(im Mai)*, en las vacaciones *(in den Ferien)*, en este momento *(in diesem Augenblick)*
- **zur Angabe der Sprache:**
  en alemán *auf Deutsch*
- **nach Verben und in Wendungen wie:**
  entrar en *(eintreten in)*, pensar en *(denken an)*, en casa *(zu Hause)*, en casa de Paco *(bei Paco)*

**1. A oder en? Tragen Sie die richtige Präposition ein.**

a. El año pasado estuvieron ______ Barcelona.
b. ______ Teresa le gustan mucho los calamares ______ la plancha.
c. Cuando están ______ Ibiza, nunca van ______ la playa.
d. Todavía no he llamado ______ Enrique.
e. ______ verano vamos ______ pasar las vacaciones ______ Portugal.
f. ¿Cómo vas ______ la oficina, ______ pie o ______ bicicleta?
g. ______ verano las piscinas ya abren ______ las ocho de la mañana.

**2. Welches ist die passende Antwort? Verbinden Sie.**

a. ¿Adónde vais esta noche?
b. ¿Dónde están los niños?
c. ¿Cómo vamos a la ciudad?
d. ¿Cuándo viajan Uds. a España?
e. ¿Qué vas a hacer el sábado?
f. ¿A quién le has escrito ya postales?
g. ¿Dónde está el Museo del Prado?

1. En coche.
2. En Madrid.
3. En junio.
4. A mis padres y a mi hermano.
5. Voy a jugar al tenis.
6. En el jardín.
7. Vamos a la discoteca.

**3. Ergänzen Sie mit a oder en und antworten Sie auf Spanisch.**

a. ¿Cómo fue usted ______ Toledo? – *(Zuerst mit dem Flugzeug, dann mit dem Bus.)*

______________________________

b. ¿______ qué hora sale el tren? – *(Um Punkt zehn Uhr.)*

______________________________

c. ¿Todavía vivís ______ el centro? – *(Nein, jetzt haben wir ein Haus auf dem Land.)*

______________________________

d. ¿Los niños están ______ casa? – *(Nein, sie spielen gerade im Park Fußball.)*

______________________________

**4. Übersetzen Sie.**

a. Warum gehst du nicht zu Fuß?

______________________________

b. Mitten auf dem Platz gibt es einen wunderschönen Brunnen *(una fuente)*.

______________________________

c. Wir fahren lieber mit dem Auto.

______________________________

d. Früher besuchte María ihre Großmutter jeden Tag.

______________________________

e. Um 8 Uhr morgens gehen die Kinder in die Schule.

______________________________

## El rumor de las olas

Mit der Präposition de wird u. a. Zugehörigkeit ausgedrückt. Hier der weitere Gebrauch.

Die Präposition **de** wird verwendet

- **zur Angabe von Besitz und Zugehörigkeit:**
  El perro de Miguel se llama Barry.
  *Miguels Hund heißt Barry.*
- **zur Angabe von Ursprung und Herkunft:**
  Estas naranjas son de Valencia.
  *Diese Orangen sind aus Valencia.*
- **zur Angabe des Materials:**
  La blusa es de seda. *Die Bluse ist aus Seide.*
- **bei Mengenangaben:**
  un litro de vino tinto *ein Liter Rotwein*, una caja de galletas *eine Schachtel Kekse*
- **zur Angabe einer Eigenschaft:**
  artículos de buena calidad *Artikel von guter Qualität*
- **in Verbindung mit der Uhrzeit und zur Angabe der Tageszeit:**
  a las ocho de la mañana *um acht Uhr morgens*
  de día/de noche *tagsüber/nachts*
- **in Verbindung mit anderen Präpositionen:**
  delante de la casa *vor dem Haus*
- **zur Identifikation von Personen:**
  la señora de la falda negra *die Frau mit dem schwarzen Rock*
- **bei Vergleichen mit Zahlen:**
  más de 100 euros *mehr als 100 Euro*
- **zur Wiedergabe deutscher zusammengesetzter Substantive:**
  una fábrica de coches *eine Autofabrik*, un bocadillo de jamón *ein Schinkenbrötchen*
- **zur Angabe der Art und Weise:**
  de una vez *auf einmal*, de repente *plötzlich*
- **nach Verben und in Wendungen wie:**
  terminar de hacer algo *aufhören, etwas zu tun*, dejar de hacer algo *es lassen, etwas zu tun*, ir de vacaciones *in Urlaub fahren*, ir de compras *einkaufen gehen*

! De + el wird zu del zusammengezogen: Esta es la oficina **del** jefe. *Das ist das Büro des Chefs.*

**1. Aus welchem Material sind die folgenden Gegenstände? Ordnen Sie zu.**

| | |
|---|---|
| a. una mesa *(aus Holz)* | 1. de oro |
| b. un jersey *(aus Wolle)* | 2. de papel |
| c. un vaso *(aus Kristallglas)* | 3. de algodón |
| d. una caja *(aus Plastik)* | 4. de plata |
| e. un anillo *(aus Gold)* | 5. de madera |
| f. una camiseta *(aus Baumwolle)* | 6. de cristal |
| g. un collar *(aus Silber)* | 7. de lana |
| h. una hoja *(aus Papier)* | 8. de plástico |

**2. Sie zeigen Freunden ein Foto Ihrer Familie und erklären, wer die einzelnen Personen sind. Formen Sie die Sätze wie im Beispiel um.**

El señor que lleva barba es mi tío. → *El señor de la barba . . .*

a. La señora que lleva una blusa blanca es mi madre. → ______________________

b. El chico que lleva bigote es mi primo Luis. → ______________________

c. La chica que tiene el pelo largo y rizado es mi hermana. → ______________________

d. La mujer que está a la derecha es mi suegra. → ______________________

e. La chica que lleva gafas de sol es mi prima. → ______________________

f. La mujer que tiene un bebé en los brazos es mi tía Carmen. → ______________________

g. El señor que fuma pipa es mi tío Alberto. → ______________________

h. La niña que tiene una muñeca es mi sobrina Luisa. → ______________________

**3. Ordnen Sie die Wörter zu einem Satz.**

a. Carmen Ayer la nueve noche a las salió de. → ______________________

b. Granada de Molina señora La es. → ______________________

c. de van no año Este vacaciones. → ______________________

d. chaqueta la señora mi negra de es jefa La. → ______________________

e. El es coche del azul señor García. → ______________________

f. sobrino es niño El de pelota Manuel la mi. → ______________________

**4. Übersetzen Sie den Einkaufszettel. Schreiben Sie die Zahlen und Mengenangaben aus.**

a. 100 g Schinken ______________________

b. 3 Flaschen Rotwein ______________________

c. $^{1}/_{2}$ kg Tomaten ______________________

d. 1 Schachtel Schokoladenkekse ______________________

e. 1 Liter Milch ______________________

f. 2 Dosen Mais ______________________

g. 1 Paket Zucker ______________________

h. $^{1}/_{4}$ Liter Weißwein ______________________

# 65 Quedamos delante del cine.

*Wir haben uns vor dem Kino verabredet.*

## Delante de

Delante de ist eine zusammengesetzte Präposition.

REGEL

Die spanische und deutsche Bedeutung der folgenden Präpositionen stimmen weitgehend überein:

- con *mit*
  Tomo siempre té con limón. *Ich trinke immer Tee mit Zitrone.*
  „mit mir" = conmigo, „mit dir" = contigo, „mit sich" = consigo
- sin *ohne*
  Muchas personas están sin trabajo. *Viele Leute sind ohne Arbeit.*
- desde *seit* (Zeitpunkt) / desde hace *seit* (Zeitspanne)
  Estamos casados desde enero. *Wir sind seit Januar verheiratet.*
  Estamos casados desde hace dos años. *Wir sind seit zwei Jahren verheiratet.*
- hasta *bis* (örtlich und zeitlich)
  hasta mañana *bis morgen*
  hasta el semáforo *bis zur Ampel*
- desde/de … hasta/a … *von … bis …* (örtlich und zeitlich)
  desde/de Madrid hasta/a Toledo *von Madrid bis Toledo*
  Trabajo desde/de las 8 hasta/a las 5. *Ich arbeite von 8 bis 5 Uhr.*
- hacia *gegen* (örtlich und zeitlich)
  hacia las cinco *gegen 5 Uhr*
  hacia el norte *gegen/Richtung Norden*
- sobre *über, auf*
  hablar sobre un tema *über ein Thema sprechen*
  sobre la mesa *auf dem Tisch*

Die folgenden Präpositionen geben an, wo sich eine Person oder Sache befindet. Der Ort selbst wird meistens mit de oder a + Artikel angeschlossen.

- mit de: debajo de *(unter)*, encima de *(über, auf)*, en el centro de *(in der Mitte von)*, delante de *(vor)*, detrás de *(hinter)*, enfrente de *(gegenüber)*, dentro de *(in, innerhalb von)*, fuera de *(außerhalb von)*, al lado de *(neben)*, a la derecha de *(rechts von/rechts neben)*, a la izquierda de *(links von/links neben)*, cerca de *(nahe bei/in der Nähe von)*, lejos de *(weit weg/entfernt von)*
- mit a: junto a *(neben)*
- ohne weitere Präposition: en *(in, auf)*, sobre *(auf)*, entre *(zwischen)*

- Mit den Präpositionen antes *(vor)* und después *(nach)* geben Sie eine Zeit an.
  antes de cenar / antes de la cena *vor dem Abendessen*
  después de desayunar / después del desayuno *nach dem Frühstück*

**1. In Felipes Zimmer herrscht ein großes Durcheinander. Wo befinden sich die Gegenstände? Verbinden Sie.**

a. las gafas *(unter dem Sofa)*
b. un zapato *(auf dem Computer)*
c. una revista *(hinter dem Schrank)*
d. un jersey *(unter der Lampe)*
e. un vaso de leche *(auf dem Fußboden)*
f. un peine *(neben der Butter)*
g. un CD *(in der Keksschachtel)*

1. detrás del armario
2. en el suelo
3. en la caja de galletas
4. al lado de la mantequilla
5. debajo del sofá
6. en el ordenador
7. debajo de la lámpara

**2. Tragen Sie von den unten stehenden Präpositionen die passende ein.**

a. ¿Dónde está el gato? – Está durmiendo ___________ el sofá.
b. ¿Cuántos kilómetros hay ___________ Córdoba ___________ Sevilla?
c. ¡Vamos a tomar un café! ___________ de la discoteca hay una cafetería nueva.
d. ___________ cinco meses vivimos ___________ de Madrid.
e. La casa de Enrique está ___________ a la oficina donde trabaja.

cerca | a la izquierda | desde/de | sobre | junto | desde hace | hasta/a

**3. Verbinden Sie.**

a. ¿Dónde están mis gafas?
b. ¿Quieres ir conmigo a la ciudad?
c. ¿Cuándo vamos a casa de Laura?
d. ¿Te has levantado temprano hoy?
e. La clase de Geografía fue muy interesante.
f. ¿Cómo vas al centro?

1. Después de cenar.
2. En tren. Vivimos cerca de la estación.
3. Hablamos sobre la Patagonia.
4. Sí, me encanta ir de compras.
5. Las has puesto encima de la mesa.
6. Sí, antes de las cinco.

**4. Übersetzen Sie.**

a. Frau Sánchez, trinken Sie den Kaffee mit oder ohne Zucker?

_______________________________________________

b. Carmen und Manuel treffen sich um 8 Uhr vor dem Theater.

_______________________________________________

c. Seit wann gehst du ins Fitness-Studio *(gimnasio)*? – Seit August letzten Jahres.

_______________________________________________

d. Nach dem Spanischkurs sind wir in die Bar gegenüber gegangen.

_______________________________________________

e. Früher spielten die Kinder immer hinter dem Haus.

_______________________________________________

f. Rechts neben dem Museum befindet sich ein großer Park.

_______________________________________________

# 66 Es perfecta para salir por la noche.

*Sie ist ideal zum (abends) Ausgehen.*

## Para, por

Die beiden Präpositionen por und para machen uns oft Schwierigkeiten, zumal sie häufig beide mit „für" wiedergegeben werden. Hier einige Hinweise zum korrekten Gebrauch.

REGEL Die Präposition **para** wird verwendet

- **zur Angabe des Zwecks und der Absicht:**
  Estudio español para trabajar en España. *Ich lerne Spanisch, um in Spanien zu arbeiten.*
- **zur Angabe der Richtung und des Ziels:**
  El tren para Madrid sale a las 10. *Der Zug nach Madrid fährt um 10 Uhr ab.*
- **zur Angabe des Empfängers:**
  Estas flores son para mi madre. *Diese Blumen sind für meine Mutter.*
- **zur Angabe der Menge:**
  Alquilan una casa para 4 personas. *Sie mieten ein Haus für 4 Personen.*
- **zur Angabe der Zeit:**
  Han reservado la mesa para las 8. *Sie haben den Tisch für 8 Uhr reserviert.*
- **zur Angabe einer Meinung:**
  Para mí es importante hacer mucho deporte. *Für mich ist es wichtig viel Sport zu treiben.*

REGEL Die Präposition **por** wird verwendet

- **zur Angabe der Ursache und des Grundes:**
  Llegó tarde por el tráfico. *Er kam wegen des Verkehrs zu spät.*
- **zur ungefähren Ortsangabe oder zur Angabe eines Durchgangsortes:**
  Doy un paseo por el bosque. *Ich mache einen Spaziergang durch den Wald.*
  El tren pasa por Aranjuez. *Der Zug fährt über Aranjuez.*
- **zur Angabe des Mittels und der Art und Weise:**
  Te lo diré por teléfono. *Ich werde es dir am Telefon sagen.*
- **zur Angabe des Urhebers beim Passiv:**
  La Casa Millá fue construida por Gaudí. *Die Casa Millá wurde von Gaudí erbaut.*
- **für Zeitangaben:**
  ¿Cuándo vienes, por la tarde o por la noche? *Wann kommst du, am Nachmittag oder am Abend?*
- **zur Angabe des Preises:**
  ¿Cuánto pagaste por esta blusa? *Wie viel hast du für diese Bluse gezahlt?*
- **in der Bedeutung „zugunsten von" oder „anstelle von":**
  Hago el trabajo por ti. *Ich erledige die Arbeit für dich.*
- **in Wendungen wie:**
  por ejemplo *(zum Beispiel)*, por eso *(deshalb)*, por favor *(bitte)*, por fin *(schließlich)*, por lo menos *(zumindest)*, por supuesto *(selbstverständlich)*, por primera vez *(zum ersten Mal)*

**1. Setzen Sie para oder por ein.**

a. Estudio español ___________ trabajar en Argentina.
b. Si tienes tiempo, pasa ___________ mi casa.
c. Esta carta no es ___________ mí, es ___________ mi vecino.
d. La Rioja es famosa ___________ su vino tinto.
e. Fueron al campo ___________ el fin de semana.
f. Pagamos diez mil euros ___________ el coche.
g. Los lunes ___________ la tarde no tiene que trabajar.
h. No salimos de casa ___________ el frío.

**2. Beenden Sie die Sätze mit einem der Elemente.**

a. Compró el reproductor de DVD ____________________.
b. Necesitamos una alfombra ____________________.
c. Voy a enviarte la carta ____________________.
d. Alquilaron el apartamento ____________________.
e. Este cuadro fue pintado ____________________.
f. No sé cuándo sale el avión ____________________.

para el salón | por Miró | por 100 euros | para el fin de semana | para Caracas | por e-mail

**3. Wie lautet die Antwort? Verbinden Sie.**

a. ¿Este regalo es para mí?
b. ¿Cuándo vais a cenar esta noche?
c. ¿Quién construyó esta pirámide?
d. ¿Puede Ud. confirmarlo por escrito?
e. ¿Por qué has comprado este sacacorchos?
f. ¿Hacéis deporte?
g. ¿Qué autobús va al aeropuerto?

1. Fue construida por los mayas.
2. Lo necesito para abrir la botella de vino.
3. Sí, es para tu cumpleaños.
4. Sí, mucho. Es bueno para la salud.
5. He reservado una mesa para las nueve.
6. Para ir al aeropuerto, tome el número cinco.
7. Por supuesto. Voy a enviarle un e-mail.

**4. Übersetzen Sie.**

a. Wir sind gekommen, um dir zu helfen.

_______________________________________________

b. Auf unserer Reise durch Spanien sind wir auch durch Gerona gefahren.

_______________________________________________

c. Ich habe diese Uhr für 30 Euro gekauft.

_______________________________________________

d. Für wen sind diese Blumen? – Sie sind für meine Tante.

_______________________________________________

e. Um wie viel Uhr fährt der Zug nach Salamanca ab?

_______________________________________________

# 67 Aunque como menos, no adelgazo.

*Obwohl ich weniger esse, nehme ich nicht ab.*

## Aunque

Aunque *(obwohl)* ist eine Konjunktion (= Bindewort). Konjunktionen verbinden Sätze oder Satzteile miteinander.

REGEL Konjunktionen, nach denen der **Indikativ** steht:

| | |
|---|---|
| y *(und)*, e vor i- und hi- | Me gustan los gatos **y** los perros. *Ich mag Katzen und Hunde.* Hablo español **e** inglés. *Ich spreche Spanisch und Englisch.* |
| o *(oder)*, u vor o- oder ho- | ¿Tomamos vino **o** cerveza? *Trinken wir Wein oder Bier?* ¿Quieres siete **u** ocho? *Willst du sieben oder acht?* |
| pero *(aber)* | Me gustaría ir al cine, **pero** no tengo tiempo. *Ich würde gerne ins Kino gehen, aber ich habe keine Zeit.* |
| sino *(sondern)* | No van a Tenerife **sino** a La Gomera. *Sie fahren nicht nach Teneriffa, sondern nach La Gomera.* |
| porque *(da, weil)* | No fui **porque** hacía mucho frío. *Ich ging nicht hin, weil es sehr kalt war.* |
| como *(da, weil)* | **Como** llovía, no vino. *Da es regnete, kam er nicht.* |

REGEL Konjunktionen, nach denen der **Subjuntivo** steht:

| | |
|---|---|
| para que *(um zu)* | Peter estudia español **para que** su novia peruana le entienda. *Peter lernt Spanisch, damit seine peruanische Freundin ihn versteht.* |
| sin que *(ohne dass)* | Abandonamos la fiesta **sin que** nadie se diera cuenta. *Wir verließen die Party, ohne dass es jemand merkte.* |

Nach einigen Konjunktionen steht der **Indikativ oder** der **Subjuntivo**. Mit dem **Indikativ** wird ein gegenwärtiger Sachverhalt oder ein Ereignis, das in der Gegenwart oder Vergangenheit tatsächlich geschieht bzw. geschehen ist, wiedergegeben. Ist der Zeitpunkt ungewiss und bezieht sich auf die Zukunft, verwendet man den **Subjuntivo**. Zu diesen Konjunktionen gehören: aunque (mit Indikativ: *obwohl*; mit Subjuntivo: *wenn auch)*, cuando (mit Indikativ: *[immer] wenn, als*; mit Subjuntivo: *sobald)*, mientras (mit Indikativ: *während*; mit Subjuntivo: *solange)*.
Aunque llueve, vamos a la playa. *Obwohl es regnet, fahren wir zum Strand.* (= Tatsache ist, dass es regnet und wir trotzdem zum Strand fahren.)
Aunque llueva, vamos a la playa. *Auch wenn es regnet, fahren wir zum Strand.* (= Es ist nicht sicher, ob es überhaupt regnen wird.)

**1. Übersetzen Sie die Konjunktion in der Klammer.**

a. Este artículo es interesante *(und)* __________ informativo.
b. Luis no juega al tenis *(sondern)* __________ al squash.
c. *(Sobald)* __________ mi ordenador funcione, te envío un e-mail.
d. El profesor les explicó la gramática *(damit)* __________ pudieran hacer los ejercicios.
e. Te ayudo *(obwohl)* __________ no tengo tiempo.
f. ¿Quieres otro bocadillo *(oder)* __________ otro pastel?

**2. Indikativ oder Subjuntivo? Kreuzen Sie die richtige Verbform an.**

a. No voy a la montaña en invierno, porque no __________ esquiar.
- sé
- sepa

b. Aunque mañana __________ mucho calor, no irán al lago.
- haga
- hace

c. Cuando Teresa __________ niña, siempre jugaba al fútbol con su hermano.
- era
- fuera

d. Compro muchas verduras para que __________ preparar una ensalada muy rica.
- podemos
- podamos

e. Hasta que no __________, no empezamos.
- vuelva
- vuelve

**3. Übersetzen Sie.**

a. Da es schon sehr spät war, gingen wir nach Hause.

______________________________

b. Auch wenn ich Zeit hätte, würde ich nicht kommen.

______________________________

c. Die Väter gingen mit ihren Söhnen und Töchtern in den Zoo.

______________________________

d. Ich werde es dir sagen, sobald ich es weiß.

______________________________

e. Möchtest du lieber das Essen machen oder dich um die Kinder kümmern?

______________________________

# No se siente absolutamente nada.
*Man spürt überhaupt nichts.*

## No ... nada

Mit der Konstruktion no ... nada *(nichts)* wird im Spanischen eine Verneinung ausgedrückt.

REGEL Die Verneinung wird im Spanischen gewöhnlich mit no ausgedrückt. No bedeutet sowohl „nein" als auch „nicht". In der Regel steht no vor dem konjugierten Verb.
No tengo tiempo. *Ich habe keine Zeit.*
No has abierto la puerta. *Du hast die Tür nicht geöffnet.*

Sind dem konjugierten Verb Pronomen vorangestellt, tritt no vor die Pronomen.
No te lo he dicho todavía. *Ich habe es dir noch nicht gesagt.*

Im Spanischen gibt es die doppelte Verneinung. Dazu wird no mit einem anderen Verneinungswort kombiniert.
No he visto a nadie. *Ich habe niemanden gesehen.*
No entfällt, wenn das andere Verneinungswort vor das konjugierte Verb oder die Pronomen gesetzt wird.
No te lo diré nunca. **Aber:** Nunca te lo diré. *Ich werde es dir nie sagen.*

Verneinungswörter sind z. B. nada *(nichts)*, nadie *(niemand)*, ninguno/-a/-os/-as *(kein/-e)*, ya no *(nicht mehr)*, todavía no/aún no *(noch nicht)*, ni siquiera *(nicht einmal)*, jamás *(nie)*, no más que *(nur)*, no ... sino *(nicht ... sondern)*, tampoco *(auch nicht)*.

! Kombinierte Verneinungswörter werden im Deutschen häufig positiv übersetzt.
No he dicho nada a nadie. *Ich habe niemandem etwas gesagt.*
Se fue sin decir nada. *Er ging, ohne etwas zu sagen.*

No ... ni oder no ... ni ... ni bedeutet „weder ... noch".
No hablo inglés ni francés. oder: No hablo ni inglés ni francés. *Ich spreche weder Englisch noch Französisch.*
Ni kann auch am Satzanfang stehen, wobei dann no entfällt.
Ni tú ni yo hemos ganado el premio. *Weder du noch ich haben den Preis gewonnen.*

No kann auch vor andere Wörter treten und diese verneinen.
No todo lo que dices es correcto. *Nicht alles, was du sagst, ist richtig.*

**1. Antworten Sie auf Spanisch.**

a. ¿Has estado alguna vez en Ibiza? – *(Nein, noch nie.)*

________________________________________

b. ¿Ha llamado alguien? – *(Nein, niemand.)* ________________________________________

c. ¿Juan, sabes cómo funciona este ordenador? – *(Nein, ich verstehe nichts von Computern.)*

________________________________________

d. ¿Dónde desayunas, en casa o en un bar? – *(Ich frühstücke nie.)*

________________________________________

e. ¿Cómo tomas el café? – *(Ich trinke keinen Kaffee.)*

________________________________________

**2. Ordnen Sie die Wörter zu einem Satz.**

a. este En nunca país nieva no. → ________________________________________

b. visto a hemos No nadie. → ________________________________________

c. no compras hecho Todavía he las. → ________________________________________

d. barco América Nunca a iría en. → ________________________________________

e. nada no Hoy comido han. → ________________________________________

f. al gimnasio voy no Ya. → ________________________________________

**3. Tragen Sie jeweils das passende Verneinungswort in die Satzlücken ein.**

a. ________ han estado en Ecuador.

b. ________ hay ________ en casa.

c. Mi padre tiene 66 años y ________ trabaja.

d. ________ queda ________ botella de agua mineral.

e. ¿Cuántos chicos hay en tu curso? – ________.
Somos solamente chicas.

f. ________ nos trajeron ________, ________ flores ________ vino.

**4. Übersetzen Sie.**

a. Warum hast du mich nie angerufen?

________________________________________

b. Wir sind nicht mit dem Auto, sondern mit der U-Bahn in die Stadt gefahren.

________________________________________

c. Warum hat er dir nie etwas geschenkt?

________________________________________

d. Er mag weder Hunde noch Katzen.

________________________________________

e. Sie hat den Brief noch nicht geschrieben und wird ihn auch nie schreiben.

________________________________________

# 69 Si fuera rico, estudiaría Enología.

*Wenn ich reich wäre, würde ich Weinkunde studieren.*

## Si fuera ..., estudiaría ...

Die Verben in diesem Bedingungssatz stehen im Imperfekt des Subjuntivo (Nebensatz: fuera) und im Konditional I (Hauptsatz: estudiaría).

REGEL Man unterscheidet reale, potenzielle und irreale Bedingungssätze.

**Ein Bedingungssatz ist real**, wenn die Bedingung in der Gegenwart oder Zukunft erfüllt werden kann. Die Bedingung wird mit si eingeleitet. Das Verb im si-Satz steht im Präsens Indikativ, das Verb im Hauptsatz im Präsens Indikativ (→ Kapitel 14–27), Futur I (→ Kapitel 37–38) oder Imperativ (→ Kapitel 43–45).
Si tengo tiempo, te ayudo. *Wenn ich Zeit habe, helfe ich dir.*
Si tengo tiempo, te ayudaré. *Wenn ich Zeit habe, werde ich dir helfen.*
Si tienes tiempo, ¡ayúdame! *Wenn du Zeit hast, hilf mir!*

**Ein Bedingungssatz gilt als potenziell**, wenn sich die Bedingung im Augenblick nicht verwirklichen lässt oder ihre Erfüllung eher unwahrscheinlich ist. Das Verb im si-Satz steht im Imperfekt des Subjuntivo (→ Kapitel 51), das Verb im Hauptsatz im Konditional I (→ Kapitel 39).
Si tuviera tiempo, te ayudaría. *Wenn ich Zeit hätte, würde ich dir helfen.*

**Irreal ist ein si-Satz**, der eine Bedingung enthält, die nicht mehr erfüllbar ist, weil die Möglichkeit dazu schon vergangen ist. In diesem Fall steht das Verb im si-Satz im Plusquamperfekt des Subjuntivo (→ Kapitel 51), das Verb im Hauptsatz im Konditional II (→ Kapitel 40).
Si hubiera tenido tiempo, te habría ayudado. *Wenn ich Zeit gehabt hätte, hätte ich dir geholfen.*

**1. Die folgenden Sätze enthalten reale Bedingungen. Setzen Sie das spanische Verb in der richtigen Form ein und übersetzen Sie den deutschen Ausdruck in der Klammer.**

a. Si me *(tú-dar)* ______________ tu número de teléfono,
*(rufe ich dich an)* ________________________________________.

b. Yo os *(ayudar)* ______________ en el jardín,
*(wenn ihr mir in der Küche helft)* ________________________________________.

c. Si *(nosotros-tomar)* ______________ el avión,
*(kommen wir früher an)* ________________________________________.

d. Si no *(ella-tener)* ______________ que trabajar el sábado,
*(kommt sie)* ________________________________________.

e. Si usted *(preferir)* ______________ ir a la ópera,
*(gehe ich mit Ihnen)* ________________________________________.

**2. Es ist eher unwahrscheinlich, dass sich die Bedingungen der folgenden Sätze erfüllen. Setzen Sie die Verben in der Klammer ein und ergänzen Sie die Sätze mit einem der Verben in der richtigen Zeitform.**

comer · invitar · comprar · saber · llover · hacer

a. Si *(yo-tener)* ______________ dinero, *(yo)* ______________ el coche.

b. Si ella no te *(ayudar)* ______________, nosostros lo ______________.

c. *(ellos- ir)* ______________ a la playa, si no ______________.

d. Te lo *(yo-decir)* ______________, si lo *(yo)* ______________.

e. Si *(vosotros-tener)* ______________ hambre, *(vosotros)* ______________ más.

f. Si Ud. *(venir)* ______________ esta tarde, le *(yo)* ______________ a café y pastel.

**3. Die Bedingung der folgenden Sätze lässt sich in der Gegenwart nicht mehr realisieren. Tragen Sie die erforderlichen Verbformen ein.**

a. No *(nosotros-perder)* ________________ el tren, si *(nosotros-salir)* ________________ de casa a tiempo.

b. Si *(él-estudiar)* ________________ más, *(él-aprobar)* ________________ el examen.

c. Si esta tarea no *(ser)* ________________ tan difícil, la *(ella-hacer)* ________________.

d. *(ellos-ganar)* ________________ el partido de fútbol, si *(ellos-jugar)* ________________ mejor.

e. Yo lo *(saber)* ________________, si tú me lo *(decir)* ________________.

f. Si *(nosotros-conocer)* ________________ el hotel, no te lo *(nosotros-recomendar)* ________________.

**4. Wandeln Sie den realen in einen potenziellen Bedingungssatz um.**

Si tengo tiempo, voy a verte. → *Si tuviera tiempo, iría a verte.*

a. Si llueve, no damos un paseo. → ________________________________________

b. Si me ayudas, termino el trabajo más pronto. → ________________________________

c. Si nos toca la lotería, hacemos un largo viaje. → ________________________________

d. Si tienes reproductor de DVD, podemos ver la película en casa. → ____________________

e. Si Ud. me llama, se lo cuento. → ________________________________________

# 70 Dijiste que conocías el camino.

*Du hast gesagt, dass du den Weg kennst.*

## Dijiste que conocías

Um eine Aussage, Frage oder Aufforderung wiederzugeben, verwendet man die indirekte Rede (estilo indirecto).
Dijiste que conocías el camino.
*(Du hast gesagt, dass du den Weg kennst.)*

REGEL Ein **Aussagesatz** wird in der indirekten Rede durch que eingeleitet. Eine direkte **Frage ohne Fragepronomen** beginnt mit si. **Fragepronomen** werden übernommen und behalten den Akzent. Subjekte und Objekte werden angepasst.

Juan: –¿Puedo ir contigo? → Juan pregunta si puede ir conmigo. *Juan: „Kann ich mit dir gehen?" → Juan fragt, ob er mit mir gehen könne/kann.*
Paco: –¿Quién ha llamado? → Paco pregunta quién ha llamado. *Paco: „Wer hat angerufen?" → Paco fragt, wer angerufen habe/hat.*

In indirekten **Aufforderungen** steht der Subjuntivo.
Teresa: –¡Juana, abre la ventana, por favor! → Teresa pide a Juana que abra la ventana.
*Teresa: „Juana, öffne bitte das Fenster!" → Teresa bittet Juana, sie solle das Fenster öffnen.*

Wird die indirekte Rede durch ein Verb im Präsens eingeleitet, weist das Verb in der indirekten Rede die gleiche Zeit auf wie in der direkten Rede (siehe Beispiele oben).

Wird die indirekte Rede hingegen mit einem Verb in einer Vergangenheitsform (Indefinido, Perfekt, Imperfekt, Plusquamperfekt) eingeleitet, verändert sich die Zeitform der direkten Rede nach dem folgenden Schema.

| direkte Rede | indirekte Rede | Beispiel |
|---|---|---|
| Präsens<br>Perfekt<br>Indefinido<br>Futur I<br>Präsens des Subjuntivo<br>Imperativ | Imperfekt<br>Plusquamperfekt<br>Plusquamperfekt<br>Konditional I<br>Imperfekt des Subjuntivo<br>Imperfekt des Subjuntivo | –El sábado vamos al concierto. *„Am Samstag gehen wir ins Konzert."*<br>→ Dijo que el sábado iban al concierto. *Er sagte, dass sie am Samstag ins Konzert gingen.* |

**!** Aber: Imperfekt, Plusquamperfekt, Konditional II und Imperfekt des Subjuntivo bleiben in der indirekten Rede erhalten.
– Siempre cenaba a las ocho. *„Ich aß immer um 8 Uhr zu Abend."*
→ Dijo que siempre cenaba a las ocho. *Er sagte, dass er immer um 8 Uhr zu Abend aß.*

**1. Formen Sie um.**

a. Teresa: –No me gusta ir a la playa cuando hace frío. →
Teresa dice que ______________________________.

b. Ellos: –¿Cuándo volverás de vacaciones? →
Me preguntaron cuándo ______________________________.

c. Tú: –¡Cierra las ventanas, por favor! →
Me dices que ______________________________

d. Antonio a Miguel: –¿Me dejas tu coche para el fin de semana? →
Antonio preguntó a Miguel si ______________________________.

e. Yo: –¿Qué hizo Ud. en las vacaciones pasadas? →
Quería saber qué ______________________________.

**2. Ergänzen Sie mit der richtigen Verbform.**

a. Paco: –Isabel, ¿tienes ganas de ir al cine conmigo?
Paco le preguntó a Isabel si __________ ganas de ir al cine con él.
- tendría
- tenía

b. La madre: –¡Niños, no hagáis tanto ruido!
La madre les dice a los niños que no __________ tanto ruido.
- hicieran
- hagan

c. Miguel a su amigo Juan: –¿Por qué no viniste a la fiesta de Carmen?
Miguel le preguntó a su amigo Juan por qué no __________ a la fiesta de Carmen.
- vino
- había venido

d. Tú a mí: –En verano iré a Lanzarote.
Me dijiste que en verano __________ a Lanzarote.
- irías
- irás

**3. Verbinden Sie die beiden Spalten zu ganzen Sätzen und setzen Sie den Infinitiv in der richtigen Form ein.**

| | |
|---|---|
| a. En la tele dijeron … | 1. si ya *(conocer)* __________ a su madre. |
| b. Ya te hemos dicho … | 2. que le *(llamar)* __________ el lunes a las seis. |
| c. Teresa me preguntó … | 3. que la próxima semana *(llover)* __________ mucho. |
| d. Mi amiga propuso … | 4. que *(ir)* __________ al cine aquella noche. |
| e. José me dijo … | 5. que no *(comprender)* __________ nada. |

# Wählen Sie die richtige Form.

### Subjektpronomen

1. ¿Qué idiomas habláis?
   ___ hablo francés, y ___ habla español.
   a) yo / tú
   b) yo / ella

2. Y ___, ¿qué idioma hablas?
   a) tú
   b) vosotros

### Objektpronomen

3. Este piso nos gusta. ___ alquilamos.
   a) Lo
   b) La

4. ¿Puedo abrir la ventana? – ¡Ábre___!
   a) la
   b) ella

5. He perdido mis gafas, y ahora estoy buscándo___.
   a) las
   b) la

6. A mí ___ gusta mucho este perro. ¿Y a___?
   a) me / te
   b) me / ti

7. ¿Qué ___ regalo a mis padres para su boda de plata?
   a) los
   b) les

8. ¿Me das el plano, por favor? – Acabo de dár___.
   a) te lo
   b) telo

9. ¿Puedo ver el DVD? – Sí, pero ___ ___ quiero devolver a Jorge mañana.
   a) le / lo
   b) se / lo

### Possessivpronomen

10. Ana, ¿este pañuelo es ___? – Sí, es ___.
    a) tuya / mío
    b) tuyo / mío

11. La señora que ves allí es ___ tía.
    a) mía
    b) mi

### Demonstrativpronomen

12. ___ coche no me gusta, ___ sí.
    a) este / aquello
    b) este / aquel

13. ¿Qué CD vas a comprar, ___ o ___?
    a) esto / eso
    b) este / ese

### Indefinita

14. ¿Desea ___ más? – No gracias, no quiero ___ más.
    a) algo / nada
    b) algún / ningún

15. Ha invitado a ___ sus amigos y amigas.
    a) todas
    b) todos

16. ¿Ha llamado ___? – No, ___.
    a) alguien / nadie
    b) alguien / ningún

### Interrogativpronomen

17. Tengo tarta de fresa y de melocotón. ¿___ quieres?
    a) Qué
    b) Cuál

18. ¿De ___ es este coche? – Es de Pedro.
    a) quién
    b) cuál

19. ¿___ horas tienes que trabajar por semana?
    a) Cuántas
    b) Cuánta

20. ¿___ cuestan estos cuadros?
a) Cuántos
b) Cuánto

### Relativpronomen

21. Los niños ___ madre es italiana hablan alemán e italiano.
a) cuyos
b) cuya

22. El señor ___ está leyendo el periódico es mi padre.
a) que
b) lo cual

### Präpositionen

23. Compramos tres kilos ___ naranjas y dos ___ sandías.
a) de / de
b) de / ∅

24. Están jugando al tenis ___ cuatro horas.
a) desde
b) desde hace

25. ¿Este regalo es ___ mí? Sí, es ___ tu cumpleaños.
a) para / para
b) para / por

### Bedingungssätze

26. Si me ___ cuando llegarás, te ___ en la estación.
a) dirías / recogeré
b) dices / recogeré

27. Si me ___ dado tu dirección, te ___ enviado un e-mail.
a) hubieras / habría
b) habría / hubieras

### Indirekte Rede

28. –Puedes ayudarme a lavar los platos?
Me preguntas si te ___ ayudar a lavar los platos.
a) puedo
b) podría

29. –¿Ha llamado alguien?
Querías saber si alguien ___.
a) había llamado
b) ha llamado

30. –¡Llámame antes de las ocho!
Me dijo que le ___ antes de las ocho.
a) llamaría
b) llamara

## Lust auf noch mehr Tests?

Dann ab ins Netz und weitermachen:
https://go.hueber.de/power-grammatik/spanisch

Vergleichen Sie nun Ihre Lösungen mit dem Schlüssel auf S. 185. Wenn Sie die Aufgaben nicht richtig gelöst haben, wiederholen Sie noch einmal das betreffende Kapitel. Diese Tabelle zeigt Ihnen, auf welches Kapitel sich die einzelnen Aufgaben beziehen.

| Aufgabe | Kapitel | Aufgabe | Kapitel | Aufgabe | Kapitel | Aufgabe | Kapitel | Aufgabe | Kapitel |
|---|---|---|---|---|---|---|---|---|---|
| 1 | 53 | 7 | 55 | 13 | 59 | 19 | 61 | 25 | 66 |
| 2 | 53 | 8 | 56 | 14 | 60 | 20 | 61 | 26 | 69 |
| 3 | 54 | 9 | 56 | 15 | 60 | 21 | 62 | 27 | 69 |
| 4 | 54 | 10 | 58 | 16 | 60 | 22 | 62 | 28 | 70 |
| 5 | 54 | 11 | 58 | 17 | 61 | 23 | 64 | 29 | 70 |
| 6 | 55 | 12 | 59 | 18 | 61 | 24 | 65 | 30 | 70 |

| Infinitiv | Präsens Indikativ | Indefinido | Imperfekt | Futur I |
|---|---|---|---|---|
| **Regelmäßige Verben auf -ar** | | | | |
| tomar | tomo | tomé | tomaba | tomaré |
| *nehmen* | tomas | tomaste | tomabas | tomarás |
| | toma | tomó | tomaba | tomará |
| | tomamos | tomamos | tomábamos | tomaremos |
| | tomáis | tomasteis | tomabais | tomaréis |
| | toman | tomaron | tomaban | tomarán |
| **Regelmäßige Verben auf -er** | | | | |
| comer | como | comí | comía | comeré |
| *essen* | comes | comiste | comías | comerás |
| | come | comió | comía | comerá |
| | comemos | comimos | comíamos | comeremos |
| | coméis | comisteis | comíais | comeréis |
| | comen | comieron | comían | comerán |
| **Regelmäßige Verben auf -ir** | | | | |
| vivir | vivo | viví | vivía | viviré |
| *leben/* | vives | viviste | vivías | vivirás |
| *wohnen* | vive | vivió | vivía | vivirá |
| | vivimos | vivimos | vivíamos | viviremos |
| | vivís | vivisteis | vivíais | viviréis |
| | viven | vivieron | vivían | vivirán |
| **Diphthongverben der Gruppe e > ie auf -ar** | | | | |
| pensar | pienso | pensé | pensaba | pensaré |
| *denken* | piensas | pensaste | pensabas | pensarás |
| | piensa | pensó | pensaba | pensará |
| | pensamos | pensamos | pensábamos | pensaremos |
| | pensáis | pensasteis | pensabais | pensaréis |
| | piensan | pensaron | pensaban | pensarán |
| **Diphthongverben der Gruppe e > ie auf -er** | | | | |
| entender | entiendo | entendí | entendía | entenderé |
| *verstehen* | entiendes | entendiste | entendías | entenderás |
| | entiende | entendió | entendía | entenderá |
| | entendemos | entendimos | entendíamos | entenderemos |
| | entendéis | entendisteis | entendíais | entenderéis |
| | entienden | entendieron | entendían | entenderán |

| Konditional I | Präsens Subjuntivo | Imperfekt Subjuntivo | Imperativ | Gerundium/ Partizip |
|---|---|---|---|---|
| tomaría<br>tomarías<br>tomaría<br>tomaríamos<br>tomaríais<br>tomarían | tome<br>tomes<br>tome<br>tomemos<br>toméis<br>tomen | tomara/se<br>tomaras/ses<br>tomara/se<br>tomáramos/semos<br>tomarais/seis<br>tomaran/sen | toma *(tú)*<br>tomad *(vos.)*<br>tome *(Ud.)*<br>tomen *(Uds.)* | tomando/<br>tomado |
| comería<br>comerías<br>comería<br>comeríamos<br>comeríais<br>comerían | coma<br>comas<br>coma<br>comamos<br>comáis<br>coman | comiera/se<br>comieras/ses<br>comiera/se<br>comiéramos/semos<br>comierais/seis<br>comieran/sen | come *(tú)*<br>comed *(vos.)*<br>coma *(Ud.)*<br>coman *(Uds.)* | comiendo/<br>comido |
| viviría<br>vivirías<br>viviría<br>viviríamos<br>viviráis<br>vivirían | viva<br>vivas<br>viva<br>vivamos<br>viváis<br>vivan | viviera/se<br>vivieras/ses<br>viviera/se<br>viviéramos/semos<br>vivierais/seis<br>vivieran/sen | vive *(tú)*<br>vivid *(vos.)*<br>viva *(Ud.)*<br>vivan *(Uds.)* | viviendo/<br>vivido |
| pensaría<br>pensarías<br>pensaría<br>pensaríamos<br>pensaríais<br>pensarían | piense<br>pienses<br>piense<br>pensemos<br>penséis<br>piensen | pensara/se<br>pensaras/ses<br>pensara/se<br>pensáramos/semos<br>pensarais/seis<br>pensaran/sen | piensa *(tú)*<br>pensad *(vos.)*<br>piense *(Ud.)*<br>piensen *(Uds.)* | pensando/<br>pensado |
| entendería<br>entenderías<br>entendería<br>entenderíamos<br>entenderíais<br>entenderían | entienda<br>entiendas<br>entienda<br>entendamos<br>entendáis<br>entiendan | entendiera/se<br>entendieras/ses<br>entendiera/se<br>entendiéramos/semos<br>entendierais/seis<br>entendieran/sen | entiende *(tú)*<br>entended *(vos.)*<br>entienda *(Ud.)*<br>entiendan *(Uds.)* | entendiendo/<br>entendido |

| Infinitiv | Präsens Indikativ | Indefinido | Imperfekt | Futur I |
|---|---|---|---|---|
| **Diphthongverben der Gruppe e > ie auf -ir** | | | | |
| sentir | siento | sentí | sentía | sentiré |
| *fühlen* | sientes | sentiste | sentías | sentirás |
| | siente | sintió | sentía | sentirá |
| | sentimos | sentimos | sentíamos | sentiremos |
| | sentís | sentisteis | sentíais | sentiréis |
| | sienten | sintieron | sentían | sentirán |
| **Diphthongverben der Gruppe o > ue auf -ar** | | | | |
| contar | cuento | conté | contaba | contaré |
| *(er)zählen* | cuentas | contaste | contabas | contarás |
| | cuenta | contó | contaba | contará |
| | contamos | contamos | contábamos | contaremos |
| | contaís | contasteis | contabais | contaréis |
| | cuentan | contaron | contaban | contarán |
| **Diphthongverben der Gruppe o > ue auf -er** | | | | |
| volver | vuelvo | volví | volvía | volveré |
| *zurück-* | vuelves | volviste | volvías | volverás |
| *kehren* | vuelve | volvió | volvía | volverá |
| | volvemos | volvimos | volvíamos | volveremos |
| | volvéis | volvisteis | volvíais | volveréis |
| | vuelven | volvieron | volvían | volverán |
| **Diphthongverben der Gruppe o > ue auf -ir** | | | | |
| dormir | duermo | dormí | dormía | dormiré |
| *schlafen* | duermes | dormiste | dormías | dormirás |
| | duerme | durmió | dormía | dormirá |
| | dormimos | dormimos | dormíamos | dormiremos |
| | dormís | dormisteis | dormíais | dormiréis |
| | duermen | durmieron | dormían | dormirán |
| **Verben der Gruppe e > i** | | | | |
| pedir | pido | pedí | pedía | pediré |
| *bitten* | pides | pediste | pedías | pedirás |
| | pide | pidió | pedía | pedirá |
| | pedimos | pedimos | pedíamos | pediremos |
| | pedís | pedisteis | pedíais | pediréis |
| | piden | pidieron | pedían | pedirán |

| Konditional I | Präsens Subjuntivo | Imperfekt Subjuntivo | Imperativ | Gerundium/ Partizip |
|---|---|---|---|---|
| sentiría | sienta | sintiera/se | siente *(tú)* | sintiendo/ |
| sentirías | sientas | sintieras/ses | sentid *(vos.)* | sentido |
| sentiría | sienta | sintiera/se | sienta *(Ud.)* | |
| sentiríamos | sintamos | sintiéramos/semos | sientan *(Uds.)* | |
| sentiríais | sintáis | sintierais/seis | | |
| sentirían | sientan | sintieran/sen | | |
| contaría | cuente | contara/se | cuenta *(tú)* | contando/ |
| contarías | cuentes | contaras/ses | contad *(vos.)* | contado |
| contaría | cuente | contara/se | cuente *(Ud.)* | |
| contaríamos | contemos | contáramos/semos | cuenten *(Uds.)* | |
| contaríais | contéis | contarais/seis | | |
| contarían | cuenten | contaran/sen | | |
| volvería | vuelva | volviera/se | vuelve *(tú)* | volviendo/ |
| volverías | vuelvas | volvieras/ses | volved *(vos.)* | vuelto |
| volvería | vuelva | volviera/se | vuelva *(Ud.)* | |
| volveríamos | volvamos | volviéramos/semos | vuelvan *(Uds.)* | |
| volveríais | volváis | volvierais/seis | | |
| volverían | vuelvan | volvieran/sen | | |
| dormiría | duerma | durmiera/se | duerme *(tú)* | durmiendo/ |
| dormirías | duermas | durmieras/ses | dormid *(vos.)* | dormido |
| dormiría | duerma | durmiera/se | duerma *(Ud.)* | |
| dormiríamos | durmamos | durmiéramos/semos | duerman *(Uds.)* | |
| dormiríais | durmáis | durmierais/seis | | |
| dormirían | duerman | durmieran/sen | | |
| pediría | pida | pidiera/se | pide *(tú)* | pidiendo/ |
| pedirías | pidas | pidieras/ses | pedid *(vos.)* | pedido |
| pediría | pida | pidiera/se | pida *(Ud.)* | |
| pediríamos | pidamos | pidiéramos/semos | pidan *(Uds.)* | |
| pediríais | pidáis | pidierais/seis | | |
| pedirían | pidan | pidieran/sen | | |

| Infinitiv | Präsens Indikativ | Indefinido | Imperfekt | Futur I |
|---|---|---|---|---|
| **Verben auf -acer, -ecer, -ocer und -ucir** | | | | |
| conocer | conozco | conocí | conocía | conoceré |
| *kennen/* | conoces | conociste | conocías | conocerás |
| *kennen-* | conoce | conoció | conocía | conocerá |
| *lernen* | conocemos | conocimos | conocíamos | conoceremos |
| | conocéis | conocisteis | conocíais | conoceréis |
| | conocen | conocieron | conocían | conocerán |
| **Wichtige unregelmäßige Verben** | | | | |
| caber | quepo | cupe | cabía | cabré |
| *hinein-* | cabes | cupiste | cabías | cabrás |
| *passen* | cabe | cupo | cabía | cabrá |
| | cabemos | cupimos | cabíamos | cabremos |
| | cabéis | cupisteis | cabíais | cabréis |
| | caben | cupieron | cabían | cabrán |
| dar | doy | di | daba | daré |
| *geben* | das | diste | dabas | darás |
| | da | dio | daba | dará |
| | damos | dimos | dábamos | daremos |
| | dais | disteis | dabais | daréis |
| | dan | dieron | daban | darán |
| decir | digo | dije | decía | diré |
| *sagen* | dices | dijiste | decías | dirás |
| | dice | dijo | decía | dirá |
| | decimos | dijimos | decíamos | diremos |
| | decís | dijisteis | decíais | diréis |
| | dicen | dijeron | decían | dirán |
| estar | estoy | estuve | estaba | estaré |
| *sein/sich* | estás | estuviste | estabas | estarás |
| *befinden* | está | estuvo | estaba | estará |
| | estamos | estuvimos | estábamos | estaremos |
| | estáis | estuvisteis | estabais | estaréis |
| | están | estuvieron | estaban | estarán |
| hacer | hago | hice | hacía | haré |
| *machen/* | haces | hiciste | hacías | harás |
| *tun* | hace | hizo | hacía | hará |
| | hacemos | hicimos | hacíamos | haremos |
| | hacéis | hicisteis | hacíais | haréis |
| | hacen | hicieron | hacían | harán |

| Konditional I | Präsens Subjuntivo | Imperfekt Subjuntivo | Imperativ | Gerundium/ Partizip |
|---|---|---|---|---|
| conocería | conozca | conociera/se | conoce *(tú)* | conociendo/ |
| conocerías | conozcas | conocieras/ses | conoced *(vos.)* | conocido |
| conocería | conozca | conociera/se | conozca *(Ud.)* | |
| conoceríamos | conozcamos | conociéramos/semos | conozcan *(Uds.)* | |
| conoceríais | conozcáis | conocierais/seis | | |
| conocerían | conozcan | conocieran/sen | | |
| cabría | quepa | cupiera/se | cabe *(tú)* | cabiendo/ |
| cabrías | quepas | cupieras/ses | cabed *(vos.)* | cabido |
| cabría | quepa | cupiera/se | quepa *(Ud.)* | |
| cabríamos | quepamos | cupiéramos/semos | quepan *(Uds.)* | |
| cabríais | quepáis | cupierais/seis | | |
| cabrían | quepan | cupieran/sen | | |
| daría | dé | diera/se | da *(tú)* | dando/ |
| darías | des | dieras/ses | dad *(vos.)* | dado |
| daría | dé | diera/se | dé *(Ud.)* | |
| daríamos | demos | diéramos/semos | den *(Uds.)* | |
| daríais | deis | dierais/seis | | |
| darían | den | dieran/sen | | |
| diría | diga | dijera/se | di *(tú)* | diciendo/ |
| dirías | digas | dijeras/ses | decid *(vos.)* | dicho |
| diría | diga | dijera/se | diga *(Ud.)* | |
| diríamos | digamos | dijéramos/semos | digan *(Uds.)* | |
| dirías | digáis | dijerais/seis | | |
| diría | digan | dijeran/sen | | |
| estaría | esté | estuviera/se | está *(tú)* | estando/ |
| estarías | estés | estuvieras/ses | estad *(vos.)* | estado |
| estaría | esté | estuviera/se | esté *(Ud.)* | |
| estaríamos | estemos | estuviéramos/semos | estén *(Uds.)* | |
| estaríais | estéis | estuvierais/seis | | |
| estarían | estén | estuvieran/sen | | |
| haría | haga | hiciera/se | haz *(tú)* | haciendo/ |
| harías | hagas | hicieras/ses | haced *(vos.)* | hecho |
| haría | haga | hiciera/se | haga *(Ud.)* | |
| haríamos | hagamos | hiciéramos/semos | hagan *(Uds.)* | |
| haríais | hagáis | hicierais/seis | | |
| harían | hagan | hicieran/sen | | |

| Infinitiv | Präsens Indikativ | Indefinido | Imperfekt | Futur I |
|---|---|---|---|---|
| ir<br>*gehen/*<br>*fahren* | voy<br>vas<br>va<br>vamos<br>vais<br>van | fui<br>fuiste<br>fue<br>fuimos<br>fuisteis<br>fueron | iba<br>ibas<br>iba<br>íbamos<br>ibais<br>iban | iré<br>irás<br>irá<br>iremos<br>iréis<br>irán |
| oír<br>*hören* | oigo<br>oyes<br>oye<br>oímos<br>oís<br>oyen | oí<br>oíste<br>oyó<br>oímos<br>oísteis<br>oyeron | oía<br>oías<br>oía<br>oíamos<br>oíais<br>oían | oiré<br>oirás<br>oirá<br>oiremos<br>oiréis<br>oirán |
| poder<br>*können* | puedo<br>puedes<br>puede<br>podemos<br>podéis<br>pueden | pude<br>pudiste<br>pudo<br>pudimos<br>pudisteis<br>pudieron | podía<br>podías<br>podía<br>podíamos<br>podíais<br>podían | podré<br>podrás<br>podrá<br>podremos<br>podréis<br>podrán |
| poner<br>*setzen/*<br>*stellen/*<br>*legen* | pongo<br>pones<br>pone<br>ponemos<br>ponéis<br>ponen | puse<br>pusiste<br>puso<br>pusimos<br>pusisteis<br>pusieron | ponía<br>ponías<br>ponía<br>poníamos<br>poníais<br>ponían | pondré<br>pondrás<br>pondrá<br>pondremos<br>pondréis<br>pondrán |
| querer<br>*wollen* | quiero<br>quieres<br>quiere<br>queremos<br>queréis<br>quieren | quise<br>quisiste<br>quiso<br>quisimos<br>quisisteis<br>quisieron | quería<br>querías<br>quería<br>queríamos<br>queríais<br>querían | querré<br>querrás<br>querrá<br>querremos<br>querréis<br>querrán |
| saber<br>*wissen* | sé<br>sabes<br>sabe<br>sabemos<br>sabéis<br>saben | supe<br>supiste<br>supo<br>supimos<br>supisteis<br>supieron | sabía<br>sabías<br>sabía<br>sabíamos<br>sabíais<br>sabían | sabré<br>sabrás<br>sabrá<br>sabremos<br>sabréis<br>sabrán |

| Konditional I | Präsens Subjuntivo | Imperfekt Subjuntivo | Imperativ | Gerundium/ Partizip |
|---|---|---|---|---|
| iría<br>irías<br>iría<br>iríamos<br>iríais<br>irían | vaya<br>vayas<br>vaya<br>vayamos<br>vayáis<br>vayan | fuera/se<br>fueras/ses<br>fuera/se<br>fuéramos/semos<br>fuerais/seis<br>fueran/sen | ve/vete *(tú)*<br>id/idos *(vos.)*<br>vaya *(Ud.)*<br>vayan *(Uds.)*<br>vamos/vámonos *(nos.)* | yendo/<br>ido |
| oiría<br>oirías<br>oiría<br>oiríamos<br>oiríais<br>oirían | oiga<br>oigas<br>oiga<br>oigamos<br>oigáis<br>oigan | oyera/se<br>oyeras/ses<br>oyera/se<br>oyéramos/semos<br>oyerais/seis<br>oyeran/sen | oye *(tú)*<br>oid *(vos.)*<br>oiga *(Ud.)*<br>oigan *(Uds.)* | oyendo/<br>oído |
| podría<br>podrías<br>podría<br>podríamos<br>podríais<br>podrían | pueda<br>puedas<br>pueda<br>podamos<br>podáis<br>puedan | pudiera/se<br>pudieras/ses<br>pudiera/se<br>pudiéramos/semos<br>pudierais/seis<br>pudieran/sen | puede *(tú)*<br>poded *(vos.)*<br>pueda *(Ud.)*<br>puedan *(Uds.)* | pudiendo/<br>podido |
| pondría<br>pondrías<br>pondría<br>pondríamos<br>pondríais<br>pondrían | ponga<br>pongas<br>ponga<br>pongamos<br>pongáis<br>pongan | pusiera/se<br>pusieras/ses<br>pusiera/se<br>pusiéramos/semos<br>pusierais/seis<br>pusieran/sen | pon *(tú)*<br>poned *(vos.)*<br>ponga *(Ud.)*<br>pongan *(Uds.)* | poniendo/<br>puesto |
| querría<br>querrías<br>querría<br>querríamos<br>querríais<br>querrían | quiera<br>quieras<br>quiera<br>queramos<br>queráis<br>quieran | quisiera/se<br>quisieras/ses<br>quisiera/se<br>quisiéramos/semos<br>quisierais/seis<br>quisieran/sen | quiere *(tú)*<br>quered *(vos.)*<br>quiera *(Ud.)*<br>quieran *(Uds.)* | queriendo/<br>querido |
| sabría<br>sabrías<br>sabría<br>sabríamos<br>sabríais<br>sabrían | sepa<br>sepas<br>sepa<br>sepamos<br>sepáis<br>sepan | supiera/se<br>supieras/ses<br>supiera/se<br>supiéramos/semos<br>supierais/seis<br>supieran/sen | sabe *(tú)*<br>sabed *(vos.)*<br>sepa *(Ud.)*<br>sepan *(Uds.)* | sabiendo/<br>sabido |

| Infinitiv | Präsens Indikativ | Indefinido | Imperfekt | Futur I |
|---|---|---|---|---|
| salir<br>*weggehen/ ausgehen* | salgo<br>sales<br>sale<br>salimos<br>salís<br>salen | salí<br>saliste<br>salió<br>salimos<br>salisteis<br>salieron | salía<br>salías<br>salía<br>salíamos<br>salíais<br>salían | saldré<br>saldrás<br>saldrá<br>saldremos<br>saldréis<br>saldrán |
| ser<br>*sein* | soy<br>eres<br>es<br>somos<br>sois<br>son | fui<br>fuiste<br>fue<br>fuimos<br>fuisteis<br>fueron | era<br>eras<br>era<br>éramos<br>erais<br>eran | seré<br>serás<br>será<br>seremos<br>seréis<br>serán |
| tener<br>*haben* | tengo<br>tienes<br>tiene<br>tenemos<br>tenéis<br>tienen | tuve<br>tuviste<br>tuvo<br>tuvimos<br>tuvisteis<br>tuvieron | tenía<br>tenías<br>tenía<br>teníamos<br>teníais<br>tenían | tendré<br>tendrás<br>tendrá<br>tendremos<br>tendréis<br>tendrán |
| traer<br>*bringen* | traigo<br>traes<br>trae<br>traemos<br>traéis<br>traen | traje<br>trajiste<br>trajo<br>trajimos<br>trajisteis<br>trajeron | traía<br>traías<br>traía<br>traíamos<br>traíais<br>traían | traeré<br>traerás<br>traerá<br>traeremos<br>traeréis<br>traerán |
| venir<br>*kommen* | vengo<br>vienes<br>viene<br>venimos<br>venís<br>vienen | vine<br>viniste<br>vino<br>vinimos<br>vinisteis<br>vinieron | venía<br>venías<br>venía<br>veníamos<br>veníais<br>venían | vendré<br>vendrás<br>vendrá<br>vendremos<br>vendréis<br>vendrán |
| ver<br>*sehen* | veo<br>ves<br>ve<br>vemos<br>veis<br>ven | vi<br>viste<br>vio<br>vimos<br>visteis<br>vieron | veía<br>veías<br>veía<br>veíamos<br>veíais<br>veían | veré<br>verás<br>verá<br>veremos<br>veréis<br>verán |

| Konditional I | Präsens Subjuntivo | Imperfekt Subjuntivo | Imperativ | Gerundium/ Partizip |
|---|---|---|---|---|
| saldría<br>saldrías<br>saldría<br>saldríamos<br>saldríais<br>saldrían | salga<br>salgas<br>salga<br>salgamos<br>salgáis<br>salgan | saliera/se<br>salieras/ses<br>saliera/se<br>saliéramos/semos<br>salierais/seis<br>salieran/sen | sal *(tú)*<br>salid *(vos.)*<br>salga *(Ud.)*<br>salgan *(Uds.)* | saliendo/<br>salido |
| sería<br>serías<br>sería<br>seríamos<br>seríais<br>serían | sea<br>seas<br>sea<br>seamos<br>seáis<br>sean | fuera/se<br>fueras/ses<br>fuera/se<br>fuéramos/semos<br>fuerais/seis<br>fueran/sen | sé *(tú)*<br>sed *(vos.)*<br>sea *(Ud.)*<br>sean *(Uds.)* | siendo/<br>sido |
| tendría<br>tendrías<br>tendría<br>tendríamos<br>tendríais<br>tendrían | tenga<br>tengas<br>tenga<br>tengamos<br>tengáis<br>tengan | tuviera/se<br>tuvieras/ses<br>tuviera/se<br>tuviéramos/semos<br>tuvierais/seis<br>tuvieran/sen | ten *(tú)*<br>tened *(vos.)*<br>tenga *(Ud.)*<br>tengan *(Uds.)* | teniendo/<br>tenido |
| traería<br>traerías<br>traería<br>traeríamos<br>traeríais<br>traerían | traiga<br>traigas<br>traiga<br>traigamos<br>traigáis<br>traigan | trajera/se<br>trajeras/ses<br>trajera/se<br>trajéramos/semos<br>trajerais/seis<br>trajeran/sen | trae *(tú)*<br>traed *(vos.)*<br>traiga *(Ud.)*<br>traigan *(Uds.)* | trayendo/<br>traído |
| vendría<br>vendrías<br>vendría<br>vendríamos<br>vendríais<br>vendrían | venga<br>vengas<br>venga<br>vengamos<br>vengáis<br>vengan | viniera/se<br>vinieras/ses<br>viniera/se<br>viniéramos/semos<br>vinierais/seis<br>vinieran/sen | ven *(tú)*<br>venid *(vos.)*<br>venga *(Ud.)*<br>vengan *(Uds.)* | viniendo<br>venido |
| vería<br>verías<br>vería<br>veríamos<br>veríais<br>verían | vea<br>veas<br>vea<br>veamos<br>veáis<br>vean | viera/se<br>vieras/ses<br>viera/se<br>viéramos/semos<br>vierais/seis<br>vieran/sen | ve *(tú)*<br>ved *(vos.)*<br>vea *(Ud.)*<br>vean *(Uds.)* | viendo/<br>visto |

1

**1.** *maskulin*: barril, carnaval, color, día, disco, garaje, mapa, parasol;
*feminin*: calle, escuela, foto, mano, niñez, organización, princesa
**2.** a. casas; b. bancos; c. hospitales; d. coches; e. mujeres; f. ciudades; g. luces; h. habitaciones; i. tenedores; j. razones
**3.** a. mano; b. naranja; c. lápiz; d. calle; e. día; f. café; g. cantidad; h. número; i. canción; j. mes
**4.** dificultad – dificultades – feminin; diploma – diplomas – maskulin; dolor – dolores – maskulin; mensaje – mensajes – maskulin; ordenador – ordenadores – maskulin; puente – puentes – maskulin; radio – radios – feminin

2

**1.** a. la botella-las botellas; b. el agua-las aguas; c. el hospital-los hospitales; d. el arte-las artes; e. la mujer-las mujeres; f. lo útil; g. la foto-las fotos; h. el instituto-los institutos; i. lo bueno; j. la habitación-las habitaciones; k. la luz-las luces; l. el día-los días
**2.** *un*: agua mineral, ama de casa, garaje, hotel, paraguas, puente, vaso;
*una*: bebida, bicicleta, foto, fuente, manzana, radio
**3.** *el*: señor, coche, programa, alcohol, jardín, arte, norte;
*los*: hoteles, hombres, días, tenedores, cines, países;
*la*: gente, carne, música, ración, noche, iglesia;
*las*: casas, mujeres, estaciones, tardes, películas, manos
**4.** a. una oficina; b. Los libros; c. El teléfono; d. una cerveza, un agua mineral; e. Las fotos; f. una moto

3

**1.** a. el; b. la, la; c. la; d. –, –; e. –, el, el; f. –, –; g. la, –, la
**2.** a. –, un, un; b. la, una; c. el, los; d. –; e. los, –; f. un; g. –; h. el; i. los; j. los
**3.** a.-2.; b.-1.; c.-2.; d.-1.; e.-2.; f.-1.

4

**1.** a. las casas modernas; b. los ejercicios difíciles; c. los libros interesantes; d. los profesores trabajadores; e. las flores amarillas; f. las ciudades grandes; g. los hombres fuertes
**2.** a. el niño alegre; b. la fruta dulce; c. la estudiante joven; d. la casa vieja; e. la persona mayor; f. el profesor bueno; g. la madre feliz
**3.** a. dulces; b. encantadora; c. cómodas; d. fáciles; e. amables; f. industrial; g. asado, mixta, fritas; h. negro, gris
**4.** a. blanca; b. azul; c. negro; d. verdes; e. amarillos, marrones

5

**1.** a.-4.; b.-5.; c.-8.; d.-10.; e.-9.; f.-1.; g.-7.; h.-2.; i.-3.; j.-6.
**2.** a. italianos, italiana, italianas; b. brasileños, brasileña, brasileñas; c. belgas, belga, belgas; d. daneses, danesa, danesas; e. españoles, española, españolas; f. mexicanos, mexicana, mexicanas; g. franceses, francesa, francesas; h. austríacos, austríaca, austríacas; i. griegos, griega, griegas; j. suizos, suiza, suizas; k. irlandeses, irlandesa, irlandesas; l. polacos, polaca, polacas; m. estadounidenses, estadounidense, estadounidenses; n. portugueses, portuguesa, portuguesas; o. suecos, sueca, suecas
**3.** a. queso de Francia, queso francés; b. tomates de España, tomates españoles; c. whisky de Irlanda, whisky irlandés;

d. cerveza de Alemania, cerveza alemana; e. pescado de Dinamarca, pescado danés; f. aceitunas de Grecia, aceitunas griegas; g. café de Brasil, café brasileño

### 6

**1.** a. Ella siempre tiene poco tiempo. b. Vivimos en el primer piso. c. La rosa es una flor hermosa. d. Este es un libro interesante. e. El AVE es un tren rápido. f. No tengo ninguna idea. g. Es un buen amigo. h. Es la tercera vez que estoy en España. i. Medio kilo de naranjas, por favor. j. ¿Quieres otra cerveza?
**2.** a.-2.; b.-2.; c.-1.; d.-2.; e.-2.; f.-1.
**3.** a. Es un libro interesante. b. Paco y Jaime (Jaime y Paco) son buenos amigos. c. Vivimos en el tercer edificio a la derecha. d. Esta blusa es muy bonita. e. ¿Has estado alguna vez en Guatemala? f. Medio litro de vino blanco, por favor. g. ¿Quieres otra cerveza?
**4.** a. primer día; b. buenas amigas; c. ciudad interesante; d. tercera calle; e. medio litro; f. música moderna: g. lago peruano

### 7

**1.** a. menos dulce que; b. más habitantes que; c. más bajas que; d. menos habitaciones que; e. más turistas en la playa que; f. más sana que
**2.** a. El jardín de mi abuela es más grande que nuestro jardín/que el nuestro. / Nuestro jardín es más pequeño que el jardín de mi abuela/que el de mi abuela. b. Isabel estudia más que Paco. / Paco estudia menos que Isabel. c. La zona industrial es más ruidosa que la (zona) peatonal. / La zona peatonal es más tranquila que la (zona) industrial. d. El Everest es más alto que el Teide. / El Teide es más bajo que el Everest. f. La moto de Miguel es más nueva que la (moto) de Luis. / La moto de Luis es más vieja que la (moto) de Miguel.
**3.** a. En verano hace menos frío que en invierno. b. Nuestra vecina tiene más de diez gatos. c. ¿Quién trabaja más, tú o yo? d. Manuela es más alta que Pedro. e. Hoy está peor que ayer. f. Luisa es mayor que su hermana.
**4.** a. El libro es mejor que la película. b. Nosotros/Nosotras tenemos menos tiempo que vosotros/vosotras. c. Teresa tiene más de mil libros. d. Juan trabaja más que Felipe. e. Sevilla tiene menos habitantes que Barcelona.

### 8

**1.** a. tanto; b. tantos; c. tan; d. tantas; e. tanto; f. tanto; g. tantas
**2.** a.-2.; b.-2.; c.-1; d.-2.
**3.** a. Carlos no tiene tantos años como Teresa. b. Luisa es tan alta como su hermano Antonio. c. No tenemos tantas vacaciones como vosotros. d. Ir en tren no es tan rápido como ir en avión. e. El padre de Luis trabaja tanto como mi padre. f. Él no gasta tanto en ropa como ella. g. Tú no comes tanta fruta como yo.
**4.** a. tanto; b. tantos; c. tantas; d. tanto; e. tan; f. tanto

### 9

**1.** a. mejor; b. más alto; c. más dulce; d. más limpias; e. más fácil; f. más aburrida
**2.** a. carísima; b. dulcísimo; c. altísimas; d. riquísimos; e. facilísimas; f. larguísima
**3.** a. peor; b. más simpática; c. más perezosos; d. más antiguo
**4.** a. grandísimas; b. larguísima; c. rojísimo; d. feísima; e. viejísima

### 10

**1.** a. fácilmente; b. elegantemente; c. independientemente; d. lentamente;

e. frecuentemente; f. anteriormente; g. rápidamente/rápido; h. generalmente; i. lógicamente; j. finalmente
**2.** a. bien; b. mucho más; c. totalmente; d. despacio; e. regularmente; f. mal; g. mucho
**3.** a. muy; b. mucho; c. mucho; d. mucho; e. muy; f. muy, mucho; g. muy
**4.** a. Afortunadamente; b. mejor; c. perfectamente; d. mal; e. muy bien; f. fácilmente; g. mucho

## 11

**1.** a. 7 = siete; b. 12 = doce; c. 15 = quince; d. 28 = veintiocho; e. 54 = cincuenta y cuatro; f. 63 = sesenta y tres; g. 81 = ochenta y uno
**2.** a. 32; b. 11; c. 17; d. 97; e. 44; f. 76; g. 85
**3.** a. cuarenta-40; b. siete-7; c. quince-15; d. veinte-20; e. tres-3; f. veintiocho-28; g. sesenta-60
**4.** a.-3.; b.-7.; c.-1.; d.-6.; e.-4.; f.-5.; g.-2.

## 12

**1.** a. 572; b. 2.481; c. 767; d. 9.630; e. 15.505; f. 1.231.313; g. 894
**2.** a.-1.; b.-1.; c.-2.; d.-2.; e.-2.; f.-2.; g.-2.
**3.** a.-4.; b.-6.; c.-7.; d.-1.; e.-3.; f.-5.; g.-2.
**4.** a. doscientas setenta y cinco; b. tres mil seiscientas setenta y una; c. quinientos cuatro; d. trescientas; e. mil ciento treinta y un; f. dos mil seiscientos ochenta y dos; g. cien

## 13

**1.** a.-8.; b.-9.; c.-6.; d.-1.; e.-2.; f.-3.; g.-4.; h.-7.; i.-10.; j.-5.
**2.** a. primer; b. cuarta; c. segunda; d. quinto; e. tercer
**3.** a. primer; b. quinta; c. novena; d. segundos; e. primeros; f. décima; g. tercer
**4.** a.-1.; b.-2.; c.-2.; d.-2.; e.-2.; f.-2.

## Test 1

1a, 2b, 3b, 4a, 5a, 6b, 7a, 8b, 9b, 10b, 11a, 12b, 13a, 14a, 15a, 16b, 17b, 18b, 19a, 20b, 21a, 22a, 23a, 24b, 25b, 26b, 27b, 28b, 29a, 30a

## 14

**1.** a.-6.; b.-5.; c.-1.; d.-3.; e.-4.; f.-2.
**2.** a. habla, hablan; b. fumo; c. desayunan; d. toman; e. escucháis, escuchamos; f. viajas; g. trabaja
**3.** a. Baila flamenco. b. Ayudas a tu madre. c. Alquilan una casa junto al mar. d. Busco mis gafas. e. Pintáis un cuadro. f. Llegan muy tarde. g. Tocamos el piano.
**4.** a. Hoy tú pagas la cuenta. b. Nosotros tomamos té, ¿vosotros qué tomáis?/¿qué tomáis vosotros? c. Teresa baila hiphop muy bien. / Teresa baila muy bien hiphop. d. ¿Dónde trabajáis? e. ¿Viaja usted mucho? / ¿Viajan ustedes mucho? f. Los García cenan a las ocho.

## 15

**1.** a.-1.; b.-2.; c.-2.; d.-2.; e.-2.; f.-1.; g.-2.; h.-2.; i.-2.
**2.** a. corren; b. bebes; c. lee; d. vende; e. comprenden; f. bebo; g. corre
**3.** a. comemos; b. bebo; c. leen; d. aprendéis; e. comprendes; f. corre
**4.** a. Coméis-4.; b. vendes-6.; c. Leo-1.; d. Comprenden/Entienden-3.; e. Corres-2.; f. Bebe/Toma-5.

## 16

**1.** *Infinitiv*: abrir, permitir;
*yo*: subo, escribo, recibo;
*tú*: escribes, subes, decides, descubres;
*él/ella/usted*: decide, cubre;
*nosotros/-as*: vivimos, permitimos, decidimos;
*vosotros/-as*: cubrís, describís;

*ellos/ellas/ustedes*: reciben, escriben, suben, viven
**2.** a. Vivimos; b. escribe; c. Subo; d. recibe; e. permito; f. describe; g. viven
**3.** a. cumple; b. sufrimos; c. Recibes; d. interrumpe; e. abrís
**4.** a. Abro las ventanas. b. Describe el camino a la estación. c. Carmen recibe un regalo. d. Subís la escalera. e. Paco y Teresa ya no viven en Madrid. f. Tú escribes siempre muchas postales. / Tú siempre escribes muchas postales. g. ¿Por qué no abre la puerta?

## 17

**1.** a. empiezas, empezáis; b. perder, pierdo, perdemos, pierden; c. inviertes, invierte, invertís; d. entiendo, entiende, entendéis; e. pensar, piensas, pensamos, piensan
**2.** a. comienza; b. perdemos; c. prefieres; d. entiendes; e. preferís; f. confieso; g. queremos; h. piensa; i. nieva; j. defendéis; k. empezamos; l. enciendo
**3.** a. empieza; b. prefieres, Prefiero; c. entendemos; d. nieva; e. cerráis; f. quiere, quieren
**4.** a. ¿A qué hora empieza el teatro? b. ¿Qué prefieres, té o café? c. En invierno nieva mucho. d. Las tiendas cierran a las 8 de la tarde/a las 20 horas. e. En verano quiero ir/viajar a España. f. ¿Pensáis a veces en vuestro futuro?

## 18

**1.** a. llueve; b. dormís; c. muere; d. volvemos; e. podemos; f. juegan; g. cuestan; h. puedo; i. almuerzo; j. sueñas; k. duele; l. contáis
**2.** a. llover; b. almorzar; c. poder; d. volver; e. acostarse; f. encontrar; g. recordar
**3.** a. llueve, podemos; b. duele; c. encuentran, vuelven; d. juegan, duermen; e. jugar, puede, vuelve; f. encuentro, almorzar
**4.** a. Todos los domingos Paco y Luis juegan al fútbol. b. ¿Cuánto cuestan las naranjas? / ¿A cuánto están las naranjas? c. Teresa encuentra a su amiga en un restaurante. d. Luisa sueña con unas vacaciones junto al mar. e. Me duele la cabeza. ¿Puedes darme una aspirina? / ¿Me puedes dar una aspirina? f. Los niños no duermen mucho. g. ¿Recuerdas esta película? / ¿Te acuerdas de esta película?

## 19

**1.** a. pido, pide, pedimos; b. servir, sirves, servís, sirven; c. elige, eligen; d. seguir, sigo, sigues, seguimos, siguen; e. repetir, repites, repite, repetís; f. corrijo, corriges, corregimos, corrigen; g. conseguir, consigue, conseguís, consiguen; h. río, ríes, reímos, ríen
**2.** a. pedir; b. elegís; c. seguimos; d. corrige; e. reír; f. pides; g. servimos; h. ríes; i. sirvo; j. pide; k. consigue; l. sonríe; m. río; n. corrijo; o. conseguimos; p. sonreís; q. repites; r. elegir
**3.** a. corrige; b. pide; c. repetir; d. servir; e. sonríe; f. siguen
**4.** a. sonríes; b. sirve; c. elegimos; d. ríen; e. Repito; f. seguís; g. pido

## 20

**1.** a. limpia; b. negociamos; c. amplía; d. envío; e. desvían; f. guiáis; g. copia; h. anuncio; i. varías; j. confían; k. aprecio; l. estudian, m. cambias; n. limpian, o. ampliamos; p. continúo; q. efectuamos; r. evacua
**2.** a. limpio; b. Confías; c. estudia; d. enviamos; e. amplían; f. Negocian; g. continuáis; h. actúan
**3.** a. esquío; b. limpia; c. envía; d. Cambian; e. continúas

**4.** a. Limpio las ventanas. b. Teresa estudia inglés, Miguel y Angela estudian español. c. La policía evacua el hotel. d. Envía una postal a sus padres. e. Negocian la oferta. f. El jefe aprecia mucho el trabajo de Miguel.

## 21

**1.** a.-3., b.-6; c.-4.; d.-1; e.-2.; f.-5
**2.** a.-3.; b.-5.; c.-2.; d.-1.; e.-4.
**3.** a. somos, sois; b. es; c. es, Es; d. son; e. es; f. Eres, soy; g. son; h. es
**4.** a. Él es ingeniero, y ella es arquitecta. b. Este bolso es de cuero negro. c. Soy Susanne. Soy austríaca. d. ¿De quién es esta llave? e. Ya son las diez. f. ¿Eres de Madrid?

## 22

**1.** a.-1.; b.-2.; c.-1.; d.-2.; e.-2.; f.-1.; g.-2.; h.-2.; i.-2.
**2.** a. él/ella/usted; b. nosotros/-as; c. yo; d. vosotros/-as; e. ellos/ellas/ustedes; f. tú
**3.** a. está; b. está; c. estoy; d. están; e. estás; f. estamos
**4.** a. Hoy estamos en casa. b. Isabel y Paco están de vacaciones. c. ¿Está usted casado/casada? / ¿Están ustedes casados/casadas? d. ¿Por qué no estáis en la escuela? e. Estoy muy bien.

## 23

**1.** a. son; b. es (wenn man sich allgemein auf die Kaffeesorte bezieht)/está (wenn man sich auf einen bestimmten Kaffee bezieht, den man gerade trinkt); c. es, está; d. está; e. Es; f. estamos; g. está
**2.** a.-2.; b.-5.; c.-1.; d.-7.; e.-3.; f.-4.; g.-6.
**3.** a. Las ventanas están abiertas. b. La mesa está puesta. c. El trabajo está terminado. d. Los platos están lavados. e. El espejo está roto.
**4.** a. El coche de Paco es nuevo, pero ya está muy sucio. b. Las camas no están hechas todavía. / Las camas todavía no están hechas. c. Normalmente los tomates son baratos en verano. Pero hoy están a/cuestan 4 euros el kilo. d. ¿Está Carmen? / ¿Carmen está? – Sí, está en el jardín. Está leyendo una revista de moda. e. El piso es muy caro, pero ya está alquilado. f. ¡Qué gris está el cielo hoy! / ¡Qué gris está hoy el cielo!

## 24

**1.** a. hay; b. está; c. hay; d. está; e. hay; f. están, hay; g. hay; h. está, hay
**2.** *hay*: hoteles, dos museos, tiendas, muchas iglesias, un palacio, una zona peatonal, institutos, más de veinticinco bares, algunas discotecas;
*está/n*: el bar „La Paloma", la galería de arte moderno, el restaurante "Casa China", el Instituto Cervantes, la Universidad Técnica, el Corte Inglés, el zoo, la ópera
**3.** a. ¿Cuántas habitaciones hay en vuestra casa? b. Mi habitación está en la primera planta. c. En este zoo hay muchos animales raros. d. ¿En qué edificio está la galería de arte? e. Esta noche estamos en casa. Además hay cinco personas más. / Además hay otras cinco personas. f. Desafortunadamente ya no hay tortilla ni gazpacho/no hay ni tortilla ni gazpacho/ni hay tortilla ni gazpacho.

## 25

**1.** a. vamos; b. van; c. voy; d. va. e. vas; f. vamos; g. vais
**2.** a. a; b. a, en, a; c. a, en; d. a; e. en, a; f. a; g. a
**3.** a.-5.; b.-6.; c.-1.; d.-3.; e.-7.; f.-4.; g.-2.
**4.** a. ¿Vamos al bar a tomar algo? b. Es más rápido ir en avión. c. En abril vamos a un pueblo de la Costa Brava. d. ¿Por qué nunca

vas a pie? e. En invierno van a la montaña a esquiar./En invierno van a esquiar a la montaña. f. Es más cómodo ir en tren que en autobús. / Es más cómodo ir en autobús que en tren. g. Todos los días voy a la oficina en bicicleta. / Todos los días voy en bicicleta a la oficina.

## 26

**1.** *regelmäßig:* abrir, aprender, beber, comer, escribir, escuchar, hablar, subir, tomar, vivir; *unregelmäßig:* decir, hacer, poner, saber, salir, tener, traer, venir
**2.** a. salgo; b. digo; c. sé; d. Tengo; e. traigo; f. Oigo; g. pongo
**3.** a.-1.; b.-2.; c.-2.; d.-2.; e.-2.; f.-1.; g.-2.; h.-2.; i.-1.
**4.** a. ¿Vienes a la ciudad con nosotros/ nosotras? / ¿Vienes con nosotros/nosotras a la ciudad? – No, tengo que reparar la bicicleta. b. ¿Qué haces esta noche? – Salgo con amigos. c. Pongo mis gafas siempre encima de / en la mesa. d. ¿Sabes dónde está el museo? – No, no lo sé.

## 27

**1.** a. conozco, conocer; b. traduzco, traducir; c. agradezco, agradecer; d. produzco, producir; e. pertenezco, pertenecer; f. carezco, carecer; g. ofrezco, ofrecer; h. conduzco, conducir
**2.** a.-4.; b.-6.; c.-7.; d.-2.; e.-1.; f.-5.; g.-3.
**3.** a. conduzco; b. carece; c. conozco; d. ofrece; e. perteneces; f. agradezco
**4.** a. No conozco a nadie aquí. b. ¿Quién conduce, tú o yo? c. Te traduzco con mucho gusto esta carta. / Te traduzco esta carta con mucho gusto. d. Permanezco hasta el próximo sábado en el hotel. / Permanezco en el hotel hasta el próximo sábado. e. Estos árboles crecen muy despacio/lentamente.

## Test 2

1b, 2b, 3a, 4b, 5a, 6a, 7a, 8b, 9b, 10b, 11a, 12a, 13a, 14b, 15b, 16a, 17b, 18a, 19b, 20a, 21b, 22a, 23b, 24a, 25b, 26a, 27a, 28b, 29a, 30b

## 28

**1.** a. viviendo; b. sirviendo; c. pudiendo; d. cantando; e. bebiendo; f. leyendo; g. empezando; h. viniendo; i. durmiendo; j. yendo; k. subiendo; l. construyendo
**2.** a. Estoy pensando en ti. b. Isabel está leyendo una revista de moda. c. Estoy yendo al trabajo. d. Los chicos están jugando al fútbol. e. Estamos comiendo calamares a la plancha. f. Estás cogiendo flores en el jardín.
**3.** a. está hablando por teléfono/está telefoneando; b. está planchando; c. está leyendo; d. está tocando; e. están durmiendo; f. está haciendo; g. están estudiando; h. está corrigiendo
**4.** a. Miguel está haciendo los deberes. b. Estoy leyendo un libro interesante. c. Luisa está volviendo/viniendo de la ciudad. d. ¿Qué estáis escuchando en la radio? e. El camarero está sirviendo el pescado. f. Estamos esperando el autobús.

## 29

**1.** *regelmäßiges Partizip:* comer, comprar, conducir, pagar, perder, venir; *unregelmäßiges Partizip:* abrir, cubrir, decir, hacer, poner, romper, volver
**2.** a. he hecho; b. hemos comido; c. ha escrito; d. habéis puesto; e. han visto; f. has bailado; g. ha vuelto; h. han dicho; i. han dormido; j. he entendido; k. has venido; l. ha pedido
**3.** a. ha llegado; b. he olvidado; c. hemos ido; d. has dicho; e. ha jugado; f. han roto; g. habéis visto

**4.** a. han vuelto; b. hemos hecho; c. has tocado; d. habéis visto; e. han comprado; f. ha recibido

## 30

**1.** a. beber: bebí, bebiste, bebió, bebimos, bebisteis, bebieron; b. buscar: busqué, buscaste, buscó, buscamos, buscasteis, buscaron;
c. comprar: compré, compraste, compró, compramos, comprasteis, compraron;
d. llegar: llegué, llegaste, llegó, llegamos, llegasteis, llegaron; e. leer: leí, leiste, leyó, leímos, leisteis, leyeron; f. vivir: viví, viviste, vivió, vivimos, vivisteis, vivieron
**2.** a.-3.; b.-6.; c.-1.; d.-7.; e.-2.; f.-4.; g.-5.
**3.** a. cerraron; b. comisteis; c. leyó; d. aparcamos; e. saqué
**4.** a. llegué; b. vendió, compró; c. escribí; d. aprendieron; e. construyeron; f. tomaste; g. vivieron

## 31

**1.** a. fuiste; b. serví; c. hicimos; d. fuiste; e. durmió; f. sintieron; g. vi; h. dio; i. dormí; j. pediste; k. fue; l. fui; m. prefirió; n. murió; o. siguió
**2.** a. veis; b. vamos/somos; c. duermo; d. voy/soy; e. mueren; f. pide; g. prefiero; h. damos; i. haces; j. veo; k. dan; l. sienten; m. sirvo; n. van/son; o. sigue
**3.** *yo*: fui, dormí, serví;
*tú*: fuiste, seguiste, preferiste;
*él/ella/usted*: prefirió, fue, hizo, durmió;
*nosotros/-as*: vimos, fuimos;
*vosotros/-as*: hicisteis, dormisteis, fuisteis;
*ellos/ellas/ustedes*: siguieron, prefirieron, dieron, murieron
**4.** a. fuimos; b. hizo; c. pedisteis; d. vio; e. durmieron; f. fueron; g. di; h. prefirió

## 32

**1.** a. querer; b. poner; c. poder; d. conducir; e. estar; f. andar; g. traer; h. decir; i. tener; j. venir; k. saber; l. reducir
**2.** a. El camarero trajo el menú. b. Produjeron juguetes de madera. c. Condujiste muy bien. d. No tuve ganas de salir. e. Estuvimos toda la noche en casa. f. No pudimos ir a la fiesta. g. No dijeron la verdad.
**3.** a. estuvisteis; b. puso; c. viniste; d. pudimos; e. trajo; f. dijeron; g. condujo
**4.** a. Tuve que ir al dentista. b. No, no pudo. c. Sí, vino a verme ayer. / Sí, me vino a ver ayer. d. Sí, me trajeron un recuerdo. e. No, estuvo toda la tarde en casa de sus padres. / No, estuvo en casa de sus padres toda la tarde.

## 33

**1.** a. has ido; b. cumplió; c. llamasteis; d. he visto; e. esquiaron; f. habéis esquiado
**2.** a. Hoy; b. aún; c. Este verano; d. Anoche; e. nunca; f. en este curso; g. Todavía no
**3.** a.-3.; b.-1.; c.-5.; d.-2.; e.-4.
**4.** a. ¿Ya le has enviado el regalo a Ana? – No, pero compré un CD para ella ayer. / No, pero compré ayer un CD para ella. b. Esta semana ya he estado dos veces en el teatro. c. ¿Habéis estado alguna vez en las Islas Canarias? – Sí, el año pasado fuimos a Lanzarote. / Sí, fuimos a Lanzarote el año pasado. d. ¿Has visto a Pepe? – Sí, jugué al tenis con él ayer por la tarde. / Sí, ayer por la tarde jugué al tenis con él.

## 34

**1.** a. hablaba; b. íbamos; c. tenías; d. vivían; e. era; f. estudiabais; g. dormía; h. salíamos; i. aprendían; j. veías
**2.** a. jugaba; b. veía; c. iba; d. tenía; e. leía; f. construía

**3.** a. iba, voy; b. veíamos, vemos; c. pasaba, hago; d. vivíamos, tenemos; e. iba, salgo
**4.** a. Antes fumaba mucho. b. Antes desayunábamos en el Bar «La Paloma». c. Antes pasaba las vacaciones en casa de su abuela. d. Antes nunca tenía tiempo. / Antes no tenía nunca tiempo. e. Antes veía la televisión/tele por la noche.

## 35

**1.** a. era, visitaba; b. íbamos; c. hacías, llamé; d. pasaron; e. había, pudimos; f. hizo, fue; g. tenía
**2.** fuimos; Llegamos; Llovía; tomamos; estaba; tiene; es; tienen; llovía; salimos; Dimos; visitamos; fuimos; vimos; fuimos; tomamos; bebimos; volvimos; vamos
**3.** a. llamó su amiga; b. sonó el timbre de la puerta; c. volvieron los niños / los niños volvieron; d. alguien hizo ruido en la calle; e. el vecino comenzó/empezó a tocar el piano

## 36

**1.** a. había estudiado, había estudiado, habían estudiado; b. volver, habías vuelto, había vuelto, habíais vuelto; c. habíamos abierto, habían abierto; d. aprender, había aprendido, habías aprendido, habíais aprendido, habían aprendido
**2.** a. había comenzado; b. habían abandonado; c. habían terminado; d. había ido; e. había olvidado, había dejado; f. había levantado; g. habían huido
**3.** a. llegaron, había salido; b. había esperado, vino; c. habíamos puesto, llegaron; d. había regado, empezó; e. Llegaron, había comenzado

## 37

**1.** *regelmäßig*: conocer, dormir, escribir, oír, pensar, tomar, volver; *unregelmäßig*: decir, hacer, poder, poner, saber, salir, tener, venir
**2.** a. recibirás; b. pondrá; c. tendrán; d. encontrarán; e. dirá; f. iremos; g. saldréis; h. será; i. sabremos; j. comenzará; k. haré; l. vendrás
**3.** a. En agosto estamos de vacaciones. b. ¿A qué hora vienes? c. ¿Tomáis el tren de las cuatro para ir a la ciudad? d. ¿Me escribes una postal? e. Salgo todas las noches. f. No dice nada. g. Empieza sus estudios en Madrid.
**4.** a. Harán excursiones. b. Jugarán al tenis. c. Leerán mucho. d. Saldrán por la noche. e. Escribirán postales. f. Comprarán recuerdos. g. Bucearán en el mar. h. Dormirán la siesta en la playa.

## 38

**1.** a. vamos a ir; b. va a cumplir; c. Vais a tener; d. va a salir; e. vas a trabajar; f. van a estar; g. vas a dejar
**2.** a. habrá; b. lloverá; c. soplarán; d. Nevará; e. estará
**3.** a. conocerás; b. recibirás; c. tendrás; d. perderás; e. encontrarás; f. Estarás; g. viajarás; h. tendrás; i. cometerás; j. saldrás; k. Tendrás; l. podrás

## 39

**1.** a. invitaría; b. saldría; c. comería; d. sería; e. vendría; f. escribiría; g. podría; h. diría; i. escucharía; j. comenzaría; k. haría; l. tendría
**2.** a. Felipe no trabajaría más. b. Nosotros compraríamos una isla en el Caribe. c. Juan y Ana saldrían todas las noches. d. Raquel bebería solo champán. e. Darías una vuelta al mundo. f. Iríais a la luna. g. Usted alquilaría un castillo. h. Yo no haría nada y ahorraría el dinero.

**3.** a. harías; b. gustaría; c. Serían; d. podrías; e. diría; f. Podríais
**4.** a. Yo en tu lugar no fumaría tanto. b. ¿Me ayudarías con los deberes? c. ¿Me podría pasar la sal, por favor? / ¿Podría pasarme la sal, por favor? d. (A él) le gustaría mucho jugar al tenis con nosotros, pero no tiene tiempo. e. ¿Venderías el coche?

### 40

**1.** a. habrás bebido; b. habrá hecho; c. habrás escuchado; d. habréis venido; e. habré visto; f. habremos abierto; g. habrán ido; h. habré vuelto; i. habrá escrito; j. habrán subido
**2.** a. Se habrá quedado dormido. b. Habrá perdido el autobús. c.¿No habrá tenido un accidente? d. Habrá navegado en internet. e. Se le habrá parado el reloj.
**3.** a. habrían comido; b. habría dicho; c. habrías podido; d. habría estado; e. habría aprendido; f. habríamos puesto; g. habría decidido; h. habríais pagado; i. habrías roto; j. habrían cerrado
**4.** a. Habría visto una película en el cine. b. Habría ido a la ciudad contigo. / Habría ido contigo a la ciudad. c. Habría leído una novela policíaca. d. Habría jugado al fútbol. e. Habría escrito una carta a mi novia.

### Test 3

1b, 2a, 3a, 4a, 5b, 6b, 7b, 8a, 9a, 10a, 11b, 12a, 13b, 14b, 15a, 16a, 17b, 18a, 19a, 20a, 21b, 22b, 23b, 24a, 25b, 26b, 27b, 28b, 29a, 30a

### 41

**1.** a. me levanto; b. no os duchasteis; c. estás lavándote; d. se llama; e. ¡despiértate!; f. quieren quedarse; g. ¡acostémonos!; h. os acordáis; i. nos callamos; j. voy a marcharme; k. acostumbrarse; l. se acuestan
**2.** a. me levanté; b. no nos hemos acostumbrado; c. Lavaos d. se queda/se quedará/va a quedarse/se va a quedar; e. me perdí; f. acostarnos; g. No te marches
**3.** a. Nos levantamos muy temprano todos los días. / Nos levantamos todos los días muy temprano. b. Esta noche me quedo en casa. c. ¿Por qué no os podéis decidir? / ¿Por qué no podéis decidiros? d. Antes de viajar a México se había informado sobre el país. e. Los niños ya no se acuerdan de las vacaciones en Mallorca. f. ¿Ya te has cambiado de ropa? g. Tienes que acostumbrarte a la vida en este país.
**4.** a.-3. No, solo una vez a la semana. b.-5. Me encuentro con Isabel en la ciudad y vamos a un café. c.-1. No, nos quedamos en casa. d.-2. Sí, mucho. Me la llevo. e.-4. Normalmente me acuesto entre las once y las doce (de la noche). f.-6. Sí, es tarde y mañana tengo que levantarme temprano.

### 42

**1.** a. vista; b. pintados; c. organizada; d. hechos; e. compuesta; f. diseñados; g. envuelta
**2.** a. Rosas y claveles fueron plantados por mi abuela. b. La carta ya había sido escrita por Teresa. / La carta había sido escrita por Teresa ya. c. La novela será publicada por la editorial «Libros». d. El regalo ha sido envuelto por Luisa.
**3.** a. fue robado; b. fue detenido; c. fue elegido; d. fueron vendidos; e. fue votada; f. fue diseñado; g. fue descubierta
**4.** a. La casa aún/todavía no ha sido vendida. / La casa aún/todavía no se ha vendido. b. ¿Cuándo son entregados los Oscar? / ¿Cuándo se entregan los Oscar? c. El año que viene/El próximo año serán pintadas las

paredes. / El año que viene/El próximo año se pintarán las paredes. d. La bombilla fue inventada por Edison.

**43**

**1.** 1 = tú: b., d., f., h., m., p., s.; 2 = usted: a., i., k., l., n., r., t.; 3 = vosotros: c., g., q.; 4 = ustedes: e., j., o., u.
**2.** a. duerme/duerma; b. come/coma; c. toma/tome; d. haz/haga e. descansa/descanse; f. ve(te)/vaya; g. desayuna/desayune
**3.** a.-3. abre; b.-6. pon; c.-7. habla; d.-1. empieza; e.-2. toma; f.-4. conduce; g.-5. ven
**4.** a. ¡Cerrad la puerta! b. ¡Enciende las velas! c. ¡Tome otra naranja! d. ¡Juguemos al tenis! e. ¡Habla más despacio! f. ¡Ve(te) a casa! g. ¡Vengan con nosotros!

**44**

**1.** a. ¡No apagues la luz! b. ¡No limpiéis los zapatos! c. ¡No pongas la mesa! d. ¡No hagas lo que él te dice! e. ¡No paguéis la cuenta! f. ¡No empecéis! g. ¡No abra la puerta!
**2.** a. ¡No duermas tan poco! b. ¡No coman tanta carne! c. ¡No vuelvas tarde! d. ¡No vaya siempre en coche! e. ¡No salgáis esta noche! f. ¡No llame tan tarde!
**3.** a. ¡No lea sin gafas! b. ¡No lleve zapatos con tacón! c. ¡No trabaje tanto en el jardín! d. ¡No se acueste tan tarde! e. ¡No coma tantos dulces!
**4.** a. ¡No os acostéis después de medianoche! b. ¡No beba tanto alcohol! c. ¡No fumes tantos cigarrillos. d. ¡No vayáis a la discoteca todas las noches! / ¡No vayáis todas las noches a la discoteca! e. ¡No trabajen tanto!

**45**

**1.** a. ¡No les escribas una postal! b. ¡No te pongas la chaqueta! c. ¡No me llaméis! d. ¡No se lo digas! e. ¡No te pruebes el jersey! f. ¡No te acuestes antes de las diez! g. ¡No lo hagas! h. ¡No os levantéis!
**2.** a. ¡Llámame! b. ¡Abridla! c. ¡Sentaos allí! d. ¡Hacedlo! e. ¡Véndelos! f. ¡Muévanse! g. ¡Cómprelas! h. ¡Díselo!
**3.** a.-6.; b.-4.; c.-1.; d.-5.; e.-2.; f.-3.
**4.** a. ¡No lo invitéis! b. ¡Devuélveselo! c. ¡No la alquiléis! d. ¡Póntelo! e. ¡Laváoslas! f. ¡No la beban! g. ¡Regáleselas!

**46**

**1.** a. tomes; b. bebamos; c. habléis; d. vivas; e. escriba; f. busquen; g. lleguemos; h. venda; i. compre; j. subáis; k. reciban; l. leas
**2.** a. aprendes; b. cantan; c. pagamos; d. existen; e. corréis; f. escribo, escribe; g. llamo, llama; h. tocas; i. vendo, vende; j. cruzan; k. recoges; l. decidimos
**3.** a. Quiero que tú también leas este libro. b. Quiero que tú también adelgaces. c. Quiero que tú también comas menos chocolate. d. Quiero que tú también lleves una vida más sana. e. Quiero que tú también llegues puntual.
**4.** a. vendas; b. lleguemos; c. viva; d. aprendan; e. acompañes; f. cene; g. guste

**47**

**1.** a. vuelva, volvamos, vuelvan; b. empezar, empiece, empecéis, empiecen; c. sigas, siga, sigáis; d. duerma, duerma, durmamos; e. entender, entienda, entienda, entendáis, entiendan; f. cuentes, contemos, contéis; g. preferir, prefiera, prefiramos, prefiráis
**2.** *-ar*: almorcemos – almorzar; calientes – calentar; cerréis – cerrar; comiences – comenzar; recuerde – recordar; *-er*: duelan – doler; entiendas – entender; llueva – llover; muevas – mover; perdáis – perder; pueda – poder;

*-ir*: adquiera – adquirir; durmamos – dormir; siga – seguir; sintamos – sentir; sirva – servir
**3.** a.-3.; b.-5.; c.-6.; d.-1.; e.-2.; f.-4.
**4.** a. duerman; b. vuelva; c. podáis; d. cueste

## 48

**1.** *Indikativ:* caigo, conocen, pones, salís, sé, sois, tengo, venimos
*Subjuntivo:* conozca, haya, pongan, quepáis, salga, seas, sepan, tengáis, vayan, venga
**2.** a. venir; b. estar; c. construir; d. salir; e. ir; f. ser; g. oír; h. poner; i. conducir; j. tener; k. haber; l. traer
**3.** a. … Enrique no salga esta noche. b. … vosostros hagáis deporte. c. … tú vengas a la fiesta. d. … ellos vayan en tren. e. … el camarero traiga las bebidas. f. … Carmen ponga la mesa. g. … vosotros tengáis mucha paciencia.
**4.** a. tengas tiempo; b. no hagamos tanto ruido; c. vea tanto la televisión/tele; d. estés enfermo/enferma; e. conozcas a mi hermano; f. vengáis el sábado; g. vayamos a pie

## 49

**1.** a. sea, dé; b. esté; c. tenga; d. florezcan; e. haya; f. vivan; g. puedan
**2.** a.-6.; b.-2.; c.-5.; d.-1.; e.-3.; f.-4.
**3.** a. hemos cerrado; b. haya aprobado; c. salga; d. llegaré; e. llueva
**4.** a. Es posible que no tengamos tiempo. b. Quiere que lo llames esta noche. c. Ella está segura de que él conoce a su hermana. d. Sentimos mucho que estés enfermo/enferma hoy. / Sentimos mucho que hoy estés enfermo/enferma.

## 50

**1.** a. Lo que tú quieras. b. Como tú quieras. c. Cuando tú quieras. d. Donde tú quieras. e. La que tú quieras.
**2.** a.-3.; b.-1.; c.-2.; d.-5.; e.-4.
**3.** a. para que; b. aunque; c. Hasta que; d. después de que; e. Cuando
**4.** a. Cuando tengas ganas. b. No. (Yo) quiero vivir en una casa que tenga un jardín grande. c. Sí, claro. Pero limpia la casa antes de que volvamos. d. Sí. Después de que haya terminado esta llamada, vamos/iremos.

## 51

**1.** a. bebiera, bebiera, bebieran; b. tuviera, tuviéramos, tuvierais; c. decir, dijera, dijéramos, dijeran; d. llamaras, llamara, llamarais; e. volver, volviera, volviera, volvieran; f. fueras, fuéramos, fuerais; g. vivir, viviera, viviéramos, vivieran
**2.** a. conocieron, conociera/conociese; b. supieron, supiera/supiese; c. vendieron, vendiera/vendiese; d. compraron, comprara/comprase; e. fueron, fuera/fuese; f. pidieron, pidiera/pidiese; g. dijeron, dijera/dijese
**3.** a. dejara/dejase; b. dijeras/dijeses; c. ayudarais/ayudaseis; d. jugaran/jugasen; e. pudiera/pudiese; f. condujeras/condujeses
**4.** a. … supieras/supieses cocinar bien.
b. … fuéramos/fuésemos al cine.
c. … su marido tuviera/tuviese otro trabajo.
d. … Paco le regalara/regalase flores.
e. … saliéramos/saliésemos esta noche.

## 52

**1.** a. viniera/viniese; b. hicieras/hicieses; c. ayudáramos/ayudásemos; d. tuvierais/tuvieseis; e. volviera/volviese; f. supieras/supieses; g. durmaran/durmasen

**2.** a. … volviera/volviese a comer caracoles.
b. … el tren llegara/llegase a tiempo.
c. … supieras/supieses hacerlo tú mismo.
d. … la película ya hubiera/hubiese empezado.
e. … los niños comieran/comiesen tantas golosinas.
**3.** a. ¡Ojalá me tocara/tocase la lotería!
b. ¡Ojalá me acompañaras/acompañases a la discoteca! c. ¡Ojalá fuéramos/fuésemos a Patagonia! d. ¡Ojalá aprendiera/aprendiese a esquiar! e.¡Ojalá funcionara/funcionase el ordenador!
**4.** a. Carmen quería que conociéramos/conociésemos a su madre. b. Buscaron/Buscaban una secretaria que hablara/hablase español. c. Sería mejor que (tú) pagaras/pagases la cuenta. d. Él no estaba seguro de que ella lo quisiera/quisiese ver. / Él no estaba seguro de que ella quisiera/quisiese verlo.

## Test 4

1a, 2a, 3a, 4a, 5b, 6a, 7b, 8b, 9b, 10b, 11a, 12a, 13a, 14a, 15a, 16a, 17a, 18a, 19b, 20a, 21a, 22a, 23a, 24b, 25a, 26b, 27a, 28b, 29a, 30b

## 53

**1.** a.-9.; b.-4., c.-1; d.-10.; e.-12.; f.-11.; g.-6.; h.-2.; i.-5.; j.-8.; l.-7.; m.-3.
**2.** a. ella; b. él; c. nosotros (*yo* = maskulin)/ nosotras (*yo* = feminin); d. ellos;
e. ellas; f. vosotros; g. ellos; h. ellos
**3.** a. ella; b. ellas; c. ustedes; d. él e. vosotros; f. nosotros; g. usted; h. tú, yo

## 54

**1.** a. Lo alquilaron. b. Las vamos a pasar en Italia. / Vamos a pasarlas en Italia. c. La he comprado para mi madre. d. No la podemos comprar. / No podemos comprarla. e. ¿Ya los has devuelto? f. ¿Por qué no la tomáis?
**2.** a.-4.; b.-5.; c.-6.; d.-3.; e.-1.; f.-2.
**3.** a. Los aperitivos los traen José y Teresa.
b. La cerveza la trae Manuel. c. El agua mineral la trae Luis. d. Las servilletas las trae Laura. e. El pan y el queso los traen Isabel y Sandra. f. La tortilla y la fruta las traen Paco y Carmen.
**4.** a. ¿Le/Les gustan estas flores? – Las compré ayer en el mercado. / Las compré en el mercado ayer. b. Antonio ha estudiado mucho para el examen. Estoy seguro/segura de que lo aprueba/aprobará. c. ¿Sabes dónde están mis guantes? – No. A lo mejor los has perdido. d. Esta película no me gusta nada. ¿La has visto? e. ¿Aún/Todavía no has recibido mi carta? / ¿No has recibido aún/todavía mi carta? La envié hace cinco días.

## 55

**1.** a. Miguel va a enviarle un paquete…
b. ¿Cuándo vas a devolverle el dinero…
c. Quiere venderle su coche viejo… d. El niño le ha mostrado el dibujo… e. El profesor les está explicando la lección… f. Tienes que decirles la verdad…
**2.** a. le; b. nos; c. me; d. les; e. os; f. le
**3.** a. Le devolvió el libro a Paco. b. A ellas les dice siempre la verdad. c. A mí me regalaron un CD. d. ¿Por qué no nos quieres decir nada?
e. Les escriben siempre e-mails a sus amigos.
**4.** a. No os podemos explicar el camino. / No podemos explicaros el camino. b. ¡Dame el periódico, por favor! c. ¿Por qué (a vosotros/-as) no os gusta esta música? d. ¿Ya le has devuelto los libros? e. Mañana me va a enseñar su piso. / Mañana va a enseñarme su piso. / Mañana me enseñará su piso.

**56**

**1.** a. Me la; b. regalárselo; c. ¡Cuéntamelo! d. Me los; e. se la; f. te lo
**2.** a. Sí, ¡pruébesela! b. No, ¡pero devuélvemelo enseguida! c. Sí, ¡contádnoslo! d. Sí, ¡cómpratela!
**3.** a.-3.; b.-6.; c.-1.; d.-7.; e.-2.; f.-4.; g.-5.
**4.** a. Esta mañana nos hemos comprado un coche nuevo. Esta mañana nos lo hemos comprado. b. ¿Puedo probarme esta chaqueta? ¿Puedo probármela? c. Ayer les envió un regalo a sus padres. Ayer se lo envió. d. ¿Me dijiste la verdad? ¿Me la dijiste? e. Les vendieron la casa a sus vecinos. Se la vendieron.

**57**

**1.** a. ellos; b. ella; c. ellos; d. ellos; e. ellas; f. él
**2.** a.-6.; b.-1.; c.-4.; d.-2.; e.-5.; f.-3.
**3.** a. Hablamos mucho de usted. b. Ha comprado los juguetes para ella. c. A mí me gustan mucho las películas románticas. d. ¿ Por qué no has hablado conmigo? e. Nunca van a la montaña sin ti.
**4.** a. ¿Con quién vas a la ciudad, con Luisa o conmigo? b. No hay nadie detrás de él. c. ¿Este libro es para Paco? / ¿Es este libro para Paco? – Sí, es para él. d. ¿Ya ha hablado contigo? e. Entre tú y yo hay muchas diferencias.

**58**

**1.** a. La bolsa de cuero es suya. b. Las maletas son nuestras. c. Los CDs son tuyos. d. El paraguas es suyo. e. Los guantes son suyos. f. Las fotos son suyas. g. Las bicicletas son vuestras.
**2.** a.-3.; b.-5.; c.-2.; d.-6.; e.-1.; f.-4.
**3.** a. Esas gafas de ahí son suyas. b. Carmen es una buena amiga nuestra. c. ¿Has visto a mi gato? d. Aquel coche de allí es nuestro. e. Su falda ha sido más cara que la mía. f. Tus fotos son mejores que las mías. g. Estos no son sus guantes.
**4.** a. ¿La bolsa negra es tuya? / ¿Es tuya la bolsa negra? – No, la mía es marrón. b. Juan y Paco son buenos amigos míos. c. ¿Este diccionario es tuyo o mío? d. ¿De quién son estos guantes? – Son de Ana. e. Vuestra casa es más moderna que la nuestra.

**59**

**1.** *este*: esta semana, estos chicos, estos parques, estas plazas, este restaurante, estos jerséis, esta ciudad, estos días, este mes, estas vacaciones
*ese*: ese vaso, esa falda, esas noticias, esos caminos, ese artículo, esa botella, ese vestido, esas flores, esos coches, esas botas
*aquel*: aquellas fotos, aquella calle, aquellos bares, aquel pantalón, aquellas gafas de sol, aquella mesa, aquellos hospitales, aquella mujer, aquel libro, aquellas frutas
**2.** a. esta; b. esa; c. aquella; d. aquel; e. esta; f. esas
**3.** a. Estas bolsas son de cuero. b. Aquellas ventanas están muy sucias. c. No conocemos a esos señores. d. Aquellos jerséis son de lana. e. Esas tiendas cierran a las siete. f. Estos CDs se venden muy bien.
**4.** a. Esta, Aquella; b. aquel; c. aquellas, esas; d. esta, Esa; e. Aquellos; f. ese

**60**

**1.** a. nadie; b. ninguno; c. Algún; d. todos; e. alguien
**2.** a.-3.; b.-5.; c.-1.; d.-2.; e.-4.
**3.** a. todos; b. todo; c. Todas; d. todo; e. toda
**4.** a. Por la mañana no hay nadie en casa. b. ¿Ya has comprado algo para el cumpleaños

de Teresa? c. Algunos hablan español muy bien. d. A nadie le apetece ver esta película. e. ¿Te has encontrado con alguien en la ciudad?
**5.** a. Algunas novelas de Isabel Allende me gustan, otras no. b. Alguien me ha enviado un ramo de flores. c. Ninguno de vosotros/-as me puede ayudar con este trabajo.

### 61

**1.** a.-5.; b.-7.; c.-3.; d.-6.; e.-1.; f.-4.; g.-2.
**2.** a. Cuándo; b. Para qué; c. Dónde; d. Con quién; e. De dónde; f. Por qué; g. Cuánto
**3.** a. Cómo se llama (usted)? b. ¿De dónde es (usted)? c. ¿Dónde trabaja (usted)? d. ¿Cuántos años tiene (usted)? e. ¿Tiene (usted) hijos? f. ¿Van al colegio? g. ¿Cómo se llama su mujer?
**4.** a. Qué; b. Cuál; c. Cuál; d. Qué; e. Cuál/Cuáles; f. Cuál; g. Qué

### 62

**1.** a. cuya; b. cuya; c. cuya; d. cuyas; e. cuyo; f. cuyos.
**2.** a.-5.; b.-4.; c.-6.; d.-1.; e.-3.; f.-2.
**3.** a. que; b. con quienes; c. los que; d. para los que; e. donde; f. sin el cual
**4.** a. El restaurante italiano en el que/en el cual/donde almorzamos/comemos todos los domingos se llama «La Pizza». b. Él cree todo lo que ella dice. c. El coche que compró la semana pasada es un Seat. d. 1990 es el año en el que/en el cual/cuando mis padres se casaron. e. Los dos señores a los que/a quienes siempre encuentro en la parada de autobús trabajan en un banco. f. La empresa para la que/para la cual trabaja busca (una) secretaria.

### 63

**1.** a. en; b. A, a; c. en, a; d. a; e. En, a, en; f. a, a, en; g. En, a
**2.** a.-7.; b.-6.; c.-1.; d.-3.; e.-5.; f.-4.; g.-2.
**3.** a. a / Primero en avión, luego en autobús. b. A / A las diez en punto. c. en / No, ahora tenemos una casa en el campo. d. en / No, están jugando al fútbol en el parque.
**4.** a. ¿Por qué no vas a pie? b. En el centro de la plaza hay una fuente hermosa/hermosa fuente. c. Preferimos ir en coche. d. Antes María iba a ver/visitaba a su abuela todos los días. e. A las 8 de la mañana los niños van al colegio/a la escuela.

### 64

**1.** a.-5.; b.-7.; c.-6.; d.-8.; e.-1.; f.-3.; g.-4.; h.-2.
**2.** a. La señora de la blusa blanca es mi madre. b. El chico del bigote es mi primo Luis. c. La chica del pelo largo y rizado es mi hermana. d. La mujer de la derecha es mi suegra. e. La chica de las gafas de sol es mi prima. f. La mujer del bebé es mi tía Carmen. g. El señor de la pipa es mi tío Alberto. h. La niña de la muñeca es mi sobrina Luisa.
**3.** a. Ayer Carmen salió a las nueve de la noche. b. La señora Molina es de Granada. c. Este año no van de vacaciones. d. La señora de la chaqueta negra es mi jefa. e. El coche azul es del señor García. f. El niño de la pelota es mi sobrino Manuel.
**4.** a. cien gramos de jamón; b. tres botellas de vino tinto; c. medio kilo de tomates; d. una caja de galletas de chocolate; e. un litro de leche; f. dos latas de maíz; g. un paquete de azúcar; h. un cuarto de litro de vino blanco

### 65

**1.** a.-5.; b.-6.; c.-1.; d.-7.; e.-2.; f.-4.; g.-3.
**2.** a. sobre; b. desde/de, hasta/a; c. A la izquierda; d. Desde hace, cerca; e. junto
**3.** a.-5.; b.-4.; c.-1.; d.-6.; e.-3.; f.-2.

**4.** a. Señora Sánchez, ¿toma el café con o sin azúcar? b. Carmen y Manuel se encuentran a las ocho delante del teatro. c. ¿Desde cuándo vas al gimnasio? – Desde agosto del año pasado. d. Después del curso de español fuimos al bar de enfrente. e. Antes los niños jugaban siempre detrás de la casa. f. A la derecha del museo hay un parque grande.

## 66

**1.** a. para; b. por; c. para, para; d. por; e. para; f. por; g. por; h. por
**2.** a. por 100 euros; b. para el salón; c. por e-mail; d. para el fin de semana; e. por Miró; f. para Caracas
**3.** a.-3.; b.-5.; c.-1.; d.-7.; e.-2.; f.-4.; g.-6.
**4.** a. Hemos venido para ayudarte. b. En nuestro viaje por España también pasamos por Gerona. c. He comprado/Compré este reloj por 30 euros. d. ¿Para quién son estas flores? – Son para mi tía. e. ¿A qué hora sale el tren para Salamanca?

## 67

**1.** a. e; b. sino; c. Cuando; d. para que; e. aunque; f. u
**2.** a. sé; b. haga; c. era; d. podamos; e. vuelva
**3.** a. Como ya era muy tarde, nos fuimos a casa. b. Aunque tuviera tiempo, no iría. c. Los padres fueron con sus hijos e hijas al zoo. d. Te lo diré cuando/tan pronto como lo sepa. e. ¿Prefieres hacer la comida u ocuparte de los niños?

## 68

**1.** a. No, nunca. b. No, nadie. c. No, no sé/entiendo nada de ordenadores. d. No desayuno nunca. / Nunca desayuno. e. No bebo/tomo café.
**2.** a. En este país no nieva nunca. b. No hemos visto a nadie. c. Todavía no he hecho las compras. d. Nunca iría a América en barco. e. Hoy no han comido nada. f. Ya no voy al gimnasio.
**3.** a. Nunca; b. No, nadie; c. ya no; d. No, ninguna; e. Ninguno. f. No, nada, ni, ni;
**4.** a. ¿Por qué no me has llamado nunca? / ¿Por qué nunca me has llamado? b. No fuimos a la ciudad en coche sino en metro. c. ¿Por qué no te ha regalado nunca nada? / ¿Por qué nunca te ha regalado nada? d. No le gustan ni los perros ni los gatos. e. Todavía no ha escrito la carta y no va a escribirla nunca/y nunca va a escirbirla.

## 69

**1.** a. das – te llamo/te llamaré. b. ayudo/ayudaré – si vosotros me ayudáis en la cocina. c. tomamos – llegamos/llegaremos más pronto. d. tiene – viene/vendrá. e. prefiere – voy/iré con usted.
**2.** a. tuviera/tuviese, compraría; b. ayudara/ayudase, haríamos; c. Irían, lloviera/lloviese; d. diría, supiera/supiese; e. tuvierais/tuvieseis, comeríais; f. viniera/viniese, invitaría
**3.** a. habríamos perdido, hubiéramos/hubiésemos salido; b. hubiera/hubiese estudiado, habría aprobado; c. hubiera/hubiese sido, habría hecho; d. Habrían ganado, hubieran/hubiesen jugado; e. habría sabido, hubieras/hubieses dicho; f. hubiéramos/hubiésemos conocido, habríamos recomendado
4. a. Si lloviera/lloviese, no daríamos un paseo. b. Si me ayudaras/ayudases, terminaría el trabajo más pronto. c. Si nos tocara/tocase la lotería, haríamos un largo viaje. d. Si tuvieras/tuvieses reproductor de DVD, podríamos ver la película en casa. e. Si Ud. me llamara/llamase, se lo contaría.

**70**

**1.** a. Teresa dice que no le gusta ir a la playa cuando hace frío. b. Ellos me preguntaron cuándo volvería de vacaciones. c. Me dices que cierre las ventanas. d. Antonio preguntó a Miguel si le dejaba su coche para el fin de semana. e. Quería saber qué había hecho Ud. en las vacaciones pasadas.

**2.** a. tenía; b. hagan; c. había venido; d. irías

**3.** a.-3. llovería; b.-5. comprendíamos; c.-1. conocía; d.-4. fuéramos/fuésemos; e.-2. llamara/llamase

**Test 5**

1b, 2a, 3a, 4a, 5a, 6b, 7b, 8b, 9b, 10b, 11b, 12b, 13b, 14a, 15b, 16a, 17b, 18a, 19a, 20b, 21b, 22a, 23b, 24b, 25a, 26b, 27a, 28a, 29a, 30b

# Register

Die Zahlen verweisen auf das entsprechende Kapitel. Die in Großbuchstaben geschriebenen Begriffe beziehen sich auf die im Buch behandelten Grammatikthemen.

In dieser Vokabelliste finden Sie die Übersetzungen der auf den Übungsseiten vorkommenden spanischen Wörter. Die deutschen Übersetzungen entsprechen dem Kontext, in dem die Wörter in den Übungen verwendet werden. Bei einigen Wörtern mit Mehrfachbedeutung ist die entsprechende Fundstelle in Klammern angegeben, z. B. (**6** 2), wobei die fett gedruckte Zahl auf das jeweilige Kapitel verweist und die darauf folgende Ziffer die Übungsnummer angibt.
Außerdem werden folgende Abkürzungen und Symbole verwendet:

| | | | |
|---|---|---|---|
| *m.* | maskulin | → | siehe |
| *f.* | feminin | *K* | Kapitel |
| *Sg.* | Singular | *S.* | Seite |
| *Pl.* | Plural | *f.* | und folgende Seite |
| *Adj.* | Adjektiv | *ff.* | und folgende Seiten |
| *Adv.* | Adverb | > | Veränderungen im Verbstamm (z. B. *o > ue*) |

## A

| | |
|---|---|
| a *(→ K 63)* | zu; nach; in; um *(Uhrzeit)*, bis, an; *Angabe des direkten oder indirekten Objekts bei Personen* |
| a las ... | um ... Uhr |
| ¿a qué hora? | um wie viel Uhr? |
| a veces | manchmal |
| abandonar | verlassen |
| abrazo | Umarmung |
| abrazos *(m. Pl.)* | liebe Grüße *(Briefschluss)* |
| abrelatas *(m.)* | Dosenöffner |
| abrigo | Mantel |
| abril *(m.)* | April |
| abrir | öffnen |
| absoluto | absolut |
| abuela | Großmutter |
| abuelo | Großvater |
| aburrido | langweilig |
| acabar de hacer alguna cosa | soeben etwas getan haben |
| accidente *(m.)* | Unfall |
| aceituna | Olive |
| acompañar | begleiten |
| acordarse *(o > ue / → K 18)* | sich erinnern |
| acostarse *(o > ue / → K 18)* | zu Bett gehen |
| acostumbrarse (a) | sich gewöhnen (an) |
| actor *(m.)* | Schauspieler |
| actuar *(→ K 20)* | (mit)spielen |
| Acuario | Wassermann *(Sternzeichen)* |
| adelgazar | abnehmen |
| además | außerdem |
| adiós | auf Wiedersehen, tschüss |
| ¿adónde? *(→ K 61)* | wohin? |
| adquirir *(i > ie / → K 17)* | erwerben |
| aeropuerto | Flughafen |
| afeitarse | sich rasieren |
| afortunado | glücklich |
| agencia de viajes | Reisebüro |
| agosto | August |
| agradecer *(c > zc / → K 27)* | danken |
| agua (mineral) *(Artikel* el *bzw.* un*)* | (Mineral)wasser |

| | |
|---|---|
| ahí | da |
| ahora | jetzt |
| ahorrar | sparen |
| aire libre (al) *(m.)* | Open-Air- |
| alcohol *(m.)* | Alkohol |
| alegrar(se) | (sich) freuen |
| alegre | fröhlich |
| alemán, alemana | deutsch; Deutscher, Deutsche |
| Alemania | Deutschland |
| alfombra | Teppich |
| algo *(→ K 60)* | etwas |
| algodón *(m.)* | Baumwolle |
| alguien *(→ K 60)* | jemand |
| alguna vez | (schon) einmal |
| alguno (algún) *(→ K 60)* | (irgend)einer, (irgend-) eine, (irgend)eines |
| algunos *(Pl.)* | einige |
| alimento | Lebensmittel |
| allí | dort, da |
| almorzar *(o > ue / → K 18)* | zu Mittag essen |
| alquilar | (ver)mieten |
| alto | hoch; groß |
| altura | Höhe |
| alumna | Schülerin |
| alumno | Schüler |
| ama de casa | Hausfrau |
| amable | freundlich |
| amarillo | gelb |
| amiga | Freundin |
| amigo | Freund |
| ampliar *(→ K 20)* | erweitern |
| andaluz(a) | andalusisch; Andalusier(in) |
| andar | zu Fuß gehen |
| anillo | Ring |
| animal *(m.)* | Tier |
| año | Jahr |
| a los ... años | mit ... Jahren |
| anoche | gestern Abend |
| anterior | voriger, vorige, voriges |
| antes | früher; vorher (**29** 4) |
| antes de (que) | (be)vor *(zeitlich)* |
| antiguo | alt; antik (**6** 2) |
| anunciar *(→ K 20)* | ankündigen |
| apagar | ausschalten |
| aparcar | parken |
| apartamento | Apartment |
| aperitivo | Aperitif |
| apetecer *(c > zc / → K 27)* | Lust haben auf |
| apreciar | schätzen |
| aprender | lernen |
| aprobar *(o > ue / → K 18)* | bestehen |
| aquel, aquella, aquello *(→ K 59)* | jener, jene, jenes |
| aquí | hier |
| árbol *(m.)* | Baum |
| arena | Sand |
| argentino, argentina | argentinisch; Argentinier, Argentinierin |
| Aries *(m.)* | Widder *(Sternzeichen)* |
| armario | Schrank |
| arquitecta | Architektin |
| arquitecto | Architekt |
| arreglar | aufräumen |
| arte *(m. / Pl. = f.)* | Kunst |
| artículo | Artikel |
| asado | gebraten |
| aspirina® | Aspirin® |
| asunto | Angelegenheit |
| aún (no) | noch (nicht) |
| aunque *(mit Indikativ)* | obwohl |
| aunque *(mit Konjunktiv)* | auch wenn |
| Austria | Österreich |
| austríaco, austríaca | österreichisch; Österreicher, Österreicherin |
| autobús *(m.)* | (Auto)bus |
| automático | automatisch |
| AVE *(Alta Velocidad Española) (m.)* | *spanischer Hochgeschwindigkeitszug* |
| aventura | Abenteuer |
| avión *(m.)* | Flugzeug |
| ayer | gestern |
| ayuda | Hilfe |
| ayudar | helfen |
| azúcar *(m.)* | Zucker |
| azul | blau |

## B

| | |
|---|---|
| bailar | tanzen |
| bailarina | Tänzerin |
| bajo | niedrig |
| balcón *(m.)* | Balkon |
| banco | Bank *(Geldinstitut)* |
| baño | Bad |
| bar *(m.)* | Café; Bar |
| barato | billig |
| barba | Bart |
| barco | Schiff |
| barril *(m.)* | Fass |
| barrio | Stadtviertel |
| bastante | ziemlich |
| bebé *(m. + f.)* | Baby |
| beber | trinken |
| bebida | Getränk |
| belga | belgisch; Belgier(in) |
| Bélgica | Belgien |
| beso | Kuss |
| bicicleta | Fahrrad |
| bien *(Adv.)* | gut |
| bigote *(m.)* | Schnurrbart |
| biología | Biologie |
| blanco | weiß |
| blusa | Bluse |
| bocadillo | belegtes Brötchen |
| boda de plata | Silberhochzeit |
| bolígrafo | Kugelschreiber |
| bolívar *(m.)* | Bolivar *(Währung)* |
| bolsa | (Einkaufs)tasche |
| bolso | (Hand)tasche |
| bombilla | Glühbirne |
| bonito | schön, hübsch |
| bosque *(m.)* | Wald |
| bota | Stiefel |
| botella | Flasche |
| Brasil *(m.)* | Brasilien |
| brasileño, brasileña | brasilianisch; Brasilianer, Brasilianerin |
| brazo | Arm |
| bucear | tauchen |
| buen(o) *(→ K 6)* | gut |
| bueno *(Artikel* lo*)* | das Gute |
| buenos días | guten Tag; guten Morgen |
| buscar | suchen |

## C

| | |
|---|---|
| caber *(→ K 26)* | passen |
| cabeza | Kopf |
| caer *(→ K 26)* | fallen |
| café *(m.)* | Kaffee; Café |
| café con leche *(m.)* | Milchkaffee |
| café solo *(m.)* | Espresso |
| cafetería | Café |
| caja | Kasten (**11** 3), Schachtel (**64** 4, **65** 1); Kiste (**64** 1) |
| cajero automático | Geldautomat |
| calamar (a la plancha) *(m.)* | (gegrillter) Tintenfisch |
| calentar *(e > ie / → K 17)* | (er)wärmen |
| caliente | warm |
| callarse | schweigen |
| calle *(f.)* | Straße |
| calor *(m.)* | Wärme |
| cama | Bett |
| camarero | Kellner |
| cambiar *(→ K 20)* | wechseln, (um)tauschen |
| cambiarse de ropa | sich umziehen |
| camino | Weg |
| camisa | (Ober)hemd |
| camiseta | T-Shirt |
| campo | Land |
| Cáncer *(m.)* | Krebs *(Sternzeichen)* |
| canción *(f.)* | Lied |
| cansado | müde |
| cantante *(m. + f.)* | Sänger(in) |
| cantar | singen |
| cantidad *(f.)* | Menge |
| capítulo | Kapitel |
| Capricornio | Steinbock *(Sternzeichen)* |
| caracol *(m.)* | Schnecke |
| carbón *(m.)* | Kohle |
| carecer *(c > zc / → K 27)* | entbehren, nicht haben |
| Caribe *(m.)* | Karibik |
| cariño | Liebling |
| carnaval *(m.)* | Karneval, Fasching |
| carne *(f.)* | Fleisch |
| caro | teuer |
| carta | Brief |

| | |
|---|---|
| cartero | Briefträger |
| casa | Haus |
| a casa | nach Hause; zu *(einer Person nach Hause)* |
| en casa | zu Hause; bei *(einer Person)* |
| casado | verheiratet |
| los recién casados | die Frischvermählten |
| casarse | heiraten |
| castaña | Kastanie |
| castillo | Burg |
| catedral *(f.)* | Kathedrale |
| cava *(m.)* | Sekt |
| cena | Abendessen |
| cenar | zu Abend essen |
| centro | (Stadt)zentrum |
| centro comercial | Einkaufszentrum |
| cerca (de) | nah(e), in der Nähe (von) |
| cercano | nah(e) |
| cerrar *(e > ie / → K 17)* | schließen |
| cerveza | Bier |
| champán *(m.)* | Champagner |
| chaqueta | Jacke |
| chica | Mädchen |
| chico | Junge |
| chiringuito | Strandcafé |
| chocolate *(m.)* | Schokolade |
| cielo | Himmel |
| cigarrillo | Zigarette |
| cine *(m.)* | Kino |
| ciudad *(f.)* | Stadt |
| claro | (na) klar |
| clase *(f.)* | Klasse; Unterricht (**30** 4, **65** 3) |
| clásico | klassisch |
| clavel *(m.)* | Nelke *(Blume)* |
| club | Club, Verein |
| coche *(m.)* | Auto |
| cocina | Küche |
| cocinar | kochen |
| cocinero | Koch |
| coger | pflücken |
| colega *(m. + f.)* | Kollege, Kollegin |
| colegio | Schule |
| collar *(m.)* | Halskette |
| Colón | Kolumbus |
| Colonia | Köln |
| color *(m.)* | Farbe |
| comedia | Komödie |
| comedor *(m.)* | Esszimmer |
| comenzar *(e > ie / → K 17)* | anfangen, beginnen |
| comer *(→ S. 160 f.)* | essen |
| comerse | aufessen |
| cometer | begehen |
| comida | Essen, Mahlzeit |
| como | wie; da, weil (**35** 1, **67** 3) |
| ¿cómo? *(→ K 61)* | wie? |
| ¿cómo estás/está? | wie geht es dir/Ihnen? |
| cómodo | bequem |
| compañero de trabajo | Arbeitskollege |
| componente *(m.)* | Richtung |
| componer *(→ K 26)* | komponieren |
| compra | Einkauf |
| ir de compras | shoppen |
| comprar | (ein)kaufen |
| comprender | verstehen |
| con | mit |
| coñac *(m.)* | Kognak |
| concierto | Konzert |
| conducir *(c > zc / → K 27)* | fahren |
| confesar *(e > ie / → K 17)* | gestehen |
| confiar *(→ K 20)* | vertrauen |
| confirmar | bestätigen |
| conmigo | mit mir |
| conocer *(c > zc / → K 27, S. 164 f.)* | kennen; kennenlernen (**30** 2, **38** 3, **52** 4) |
| conseguir *(e > i / → K 19)* | erlangen |
| construir | (er)bauen |
| consulta | Praxis |
| contar (con) *(o > ue / → K 18, S. 162 f.)* | zählen (auf); erzählen |
| contento | zufrieden |
| contigo | mit dir |
| continuar *(→ K 20)* | fortsetzen |
| contrato | Vertrag |
| copa | (Wein)glas |
| copiar *(→ K 20)* | kopieren |
| corbata | Krawatte |
| corona | Krone |

| | |
|---|---|
| correcto | richtig |
| corregir *(e > i / → K 19)* | korrigieren |
| correo | Post |
| Correos *(m. Pl.)* | Post(amt) |
| correr | laufen; joggen |
| cortado | *Kaffe mit wenig Milch* |
| Corte Inglés *(m.)* | *span. Kaufhauskette* |
| corto | kurz |
| cosa | Ding, Sache |
| costa | Küste |
| costar *(o > ue / → K 18)* | kosten |
| crecer *(c > zc / → K 27)* | wachsen |
| creer | glauben |
| cristal *(m.)* | Glas |
| cruce *(m.)* | Kreuzung |
| cruzar | überqueren |
| cuadro | Bild, Gemälde |
| ¿cuál? (¿cuáles?) *(→ K 61)* | welcher, welche, welches? |
| cuando *(→ K 67)* | als; (immer) wenn; sobald |
| ¿cuándo? *(→ K 61)* | wann? |
| ¿cuánto? *(→ K 61)* | wie viel? |
| ¡cuánto! | wie sehr! |
| ¿Cuánto es? | Was macht das (zusammen)? |
| cuarto | Viertel |
| cubrir | bedecken |
| cuenta | Rechnung |
| cuero | Leder |
| cuidado | Vorsicht |
| cultivar | anbauen |
| cumpleaños *(m.)* | Geburtstag |
| cumplir ... años | ... Jahre alt werden |
| curso | Kurs |
| cuyo *(→ K 62)* | dessen, deren |

## D

| | |
|---|---|
| danés, danesa | dänsisch; Däne, Dänin |
| dar *(→ K26, S. 164 f.)* | geben; zeigen (**49** 1) |
| darse cuenta | bemerken |
| de *(→ K 64)* | aus; von |
| debajo de | unter |
| deber | sollen, müssen |
| deberes *(m. Pl.)* | Hausaufgaben |
| decidir | entscheiden |
| decir *(→ K 26, S. 164 f.)* | sagen |
| defender *(e > ie / → K 17)* | verteidigen |
| dejar | (über)lassen |
| delante de | vor *(räumlich)* |
| demasiado *(Adv.)* | zu sehr, zu viel |
| dentista *(m. + f.)* | Zahnarzt, Zahnärztin |
| dentro de | in, innerhalb |
| deporte *(m.)* | Sport |
| derecho | rechts |
| a la derecha | rechts neben; auf der rechten Seite |
| desafortunadamente *(Adv.)* | leider |
| desayunar | frühstücken |
| descansar | sich ausruhen |
| describir | beschreiben |
| descubrir | entdecken |
| desde | seit *(Zeitpunkt)*; von (**65** 2) |
| desde hace | seit *(Zeitspanne)* |
| desear | wünschen |
| despacio *(Adv.)* | langsam |
| despejado | wolkenlos |
| despertador *(m.)* | Wecker |
| despertarse *(e > ie / → K 17)* | aufwachen |
| después | danach |
| después de | nach(dem) *(zeitlich)* |
| después de que | nachdem |
| destruir | zerstören |
| desviar *(→ K 20)* | umleiten |
| detener *(→ K 26)* | verhaften |
| detrás de | hinter |
| devolver *(o > ue / → K 18)* | zurückgeben |
| día *(m.)* | Tag |
| al día | pro Tag, täglich |
| el otro día | neulich |
| todo el día | den ganzen Tag |
| todos los días | jeden Tag |
| dibujo | Bild, Zeichnung |
| dibujos animados *(m. Pl.)* | Zeichentrickfilm |
| diccionario | Wörterbuch |
| diferencia | Unterschied |
| difícil | schwierig |

| | |
|---|---|
| dificultad *(f.)* | Schwierigkeit |
| Dinamarca | Dänemark |
| dinero | Geld |
| Dios | Gott |
| ¡Dios mío! | mein Gott! |
| diploma *(m.)* | Diplom, Zeugnis |
| dirección *(f.)* | Adresse |
| disco | (Schall)platte |
| discoteca | Diskothek |
| diseñador *(m.)* | Designer |
| diseñar | entwerfen |
| divertirse *(e > ie / → K 17)* | Spaß haben |
| doctor *(m.)* | Doktor |
| dólar *(m.)* | Dollar |
| doler *(o > ue / → K 18)* | weh tun, schmerzen |
| dolor *(m.)* | Schmerz |
| domingo | Sonntag |
| donde *(→ K 62)* | wo |
| ¿dónde? *(→ K 61)* | wo? |
| ¿de dónde? *(→ K 61)* | woher? |
| dormir *(o > ue / → K 18, S. 162 f.)* | schlafen |
| ducharse | sich duschen |
| dudar | (be)zweifeln |
| dueño | Besitzer; Herrchen *(Hund)* |
| dulce | süß |
| dulce *(m.)* | Süßigkeit |
| DVD *(m.)* | DVD |

## E

| | |
|---|---|
| edificio | Gebäude |
| editorial *(f.)* | Verlag |
| efectuar *(→ K 20)* | ausführen |
| ejemplar *(m.)* | Exemplar |
| ejercicio | Übung |
| el *(→ K 2)* | der |
| él *(→ K 53, 55)* | er; ihm |
| elegante | elegant |
| elegir *(e > i / → K 19)* | (aus)wählen |
| ella *(→ K 53, 55)* | sie; ihr |
| ellas *(→ K 53, 55)* | sie; ihnen |
| ellos *(→ K 53, 55)* | sie; ihnen |
| e-mail *(m.)* | E-Mail |
| empezar *(e > ie / → K 17)* | anfangen, beginnen |
| empresa | Unternehmen |
| en *(→ K 63)* | in; am; an |
| en seguida | sofort |
| encantador | bezaubernd |
| encantar | begeistern, (er)freuen |
| encender *(e > ie / → K 17)* | anzünden |
| encima de | auf |
| encontrar *(o > ue / → K 18)* | treffen; finden |
| encontrarse *(o > ue / → K 18)* | sich treffen |
| enfermo | krank |
| enfrente de | gegenüber |
| ensalada | Salat *(Gericht)* |
| enseguida | sofort |
| enseñar | zeigen |
| entender *(e > ie / → K 17, S. 160 f.)* | verstehen |
| entrada | Eintrittskarte |
| entrante *(m.)* | Vorspeise |
| entrar | eintreten, betreten |
| entre | zwischen |
| entregar | verleihen |
| enviar *(→ K 20)* | schicken |
| envolver *(o > ue / → K 18)* | einpacken |
| error *(m.)* | Fehler |
| es que | nämlich |
| escalera | Treppe |
| Escorpio | Skorpion *(Sternzeichen)* |
| escribir | schreiben |
| escuchar | (zu/an)hören |
| escuela | Schule |
| ese, esa, eso *(→ K 59)* | dieser, diese, dieses (da) |
| espalda | Rücken |
| España | Spanien |
| español(a) | spanisch; Spanier(in) |
| especial | Spezial- |
| espejo | Spiegel |
| esperar | warten; hoffen (**48** 4, **49** 2, **49** 3) |
| esquiar *(→ K 20)* | Ski laufen |
| esquina | Ecke |
| estación *(f.)* | Bahnhof |
| Estados Unidos | Vereinigte Staaten von Amerika |

| | |
|---|---|
| estadounidense | US-amerikanisch; US-Amerikaner, US-Amerikanerin |
| estar *(→ K 22, 23, 24, 28, S.164 f.)* | sein; da sein; sich befinden |
| estar a *(mit Preisangabe)* | kosten |
| estar de vacaciones | im Urlaub sein |
| este, esta, esto *(→ K 59)* | dieser, diese, dieses |
| esta mañana | heute Morgen |
| esta noche | heute Abend/Nacht |
| esta tarde | heute Nachmittag/Abend |
| estudiante *(m. + f.)* | Student(in) |
| estudiar *(→ K 20)* | lernen; studieren |
| estudios *(m. Pl.)* | Studium |
| euro | Euro |
| evacuar *(→ K 20)* | evakuieren |
| examen *(m.)* | Prüfung |
| excursión *(f.)* | Ausflug |
| existir | existieren |
| éxito | Erfolg |
| explicar | erklären |

## F

| | |
|---|---|
| fábrica | Fabrik |
| fácil | einfach, leicht |
| falda | Rock |
| familia | Familie |
| famoso | berühmt |
| fatal | miserabel |
| favor *(m.)* | Gefallen |
| febrero | Februar |
| feliz | glücklich |
| feo | hässlich |
| fiesta | Fest, Feier, Party |
| fin *(m.)* | Ende |
| fin de semana *(m.)* | Wochenende |
| final | End-, Schluss- |
| finalmente *(Adv.)* | schließlich, endlich |
| flamenco | Flamenco *(andalusischer Tanz)* |
| flan *(m.)* | Karamellpudding |
| flor *(f.)* | Blume |
| florecer *(c > zc / → K 27)* | blühen |
| folclórico | Folklore- |
| forma | Art und Weise |
| foto *(f.)* | Foto |
| francés, francesa | französisch; Franzose, Französin |
| Francia | Frankreich |
| frase *(f.)* | Satz |
| frecuencia | Häufigkeit |
| con frecuencia | oft |
| frecuente | häufig |
| fresa | Erdbeere |
| frío | kalt |
| frío | Kälte |
| frito | frittiert |
| frontera | Grenze |
| fruta | Obst |
| fuente *(f.)* | (Spring)brunnen |
| fuerte | stark |
| fumar | rauchen |
| funcionar | funktionieren |
| fundamental | wesentlich |
| fútbol *(m.)* | Fußball |
| futuro | Zukunft |

## G

| | |
|---|---|
| gafas *(f. Pl.)* | Brille |
| gafas de sol *(f. Pl.)* | Sonnenbrille |
| galería | Galerie |
| galleta | Keks |
| gana | Lust |
| tener ganas (de) | Lust haben auf |
| ganador *(m.)* | Sieger, Gewinner |
| ganar | verdienen; gewinnen (**69** 3) |
| garaje *(m.)* | Garage |
| gastar (en) | ausgeben (für) |
| gato | Katze |
| gazpacho | *kalte Gemüsesuppe* |
| Geminis *(m.)* | Zwilling *(Sternzeichen)* |
| general | allgemein |
| gente *(f.)* | Leute |
| geografía | Erdkunde |
| gimnasia | Gymnastik |
| gimnasio | Fitnessstudio |
| girasol *(m.)* | Sonnenblume |
| golosina | Süßigkeit |
| gótico | gotisch |

| | |
|---|---|
| gracias | danke |
| gramática | Grammatik |
| gramo | Gramm |
| grande (gran) *(→ K 6)* | groß; großartig |
| Grecia | Griechenland |
| griego, griega | griechisch; Grieche, Griechin |
| gris | grau |
| grupo | Gruppe |
| guante *(m.)* | Handschuh |
| guapo | hübsch |
| guiar *(→ K 20)* | führen |
| guitarra | Gitarre |
| gustar | gefallen; mögen |
| gusto | Vergnügen |
| con mucho gusto | sehr gern |

## H

| | |
|---|---|
| haber *(Hilfsverb / → K 29)* | haben |
| habitación *(f.)* | Zimmer |
| habitante *(m. + f.)* | Einwohner(in) |
| hablar | sprechen |
| hablar por teléfono | telefonieren |
| hace | vor *(zeitlich)* |
| hacer *(→ K 26, S. 164 f.)* | machen, tun |
| hacer calor | warm sein |
| hacer frío | kalt sein |
| hambre *(f.)* | Hunger |
| hasta | bis |
| hasta que | (so lange) bis |
| hay *(→ K 24)* | es gibt, es sind |
| hectárea | Hektar |
| helado | (Speise)eis |
| hermana | Schwester |
| hermano | Bruder |
| hermoso | schön |
| hija | Tochter |
| hijo | Sohn; Kind |
| historia | Geschichte |
| hoja | Blatt |
| hola | hallo |
| hombre *(m.)* | Mann |
| hora | Stunde |
| ¿a qué hora? | um wie viel Uhr? |
| es hora | es ist Zeit |
| horóscopo | Horoskop |
| horrible | furchtbar |
| hospital *(m.)* | Krankenhaus |
| hotel *(m.)* | Hotel |
| hoy | heute |
| huir | fliehen |

## I

| | |
|---|---|
| idea | Idee; Ahnung |
| idioma *(m.)* | (Fremd)sprache |
| iglesia | Kirche |
| importancia | Bedeutung, Wichtigkeit |
| importante | wichtig |
| inacabado | unvollendet |
| independiente | unabhängig |
| industrial | Industrie- |
| informarse | sich informieren |
| informática | Informatik |
| informativo | informativ |
| ingeniero | Ingenieur |
| Inglaterra | England |
| inglés, inglesa | englisch; Engländer, Engländerin |
| instituto | Institut; Gymnasium |
| inteligente | intelligent |
| interés *(m.)* | Interesse |
| interesante | interessant |
| interesar | interessieren |
| interior (del país) *(m.)* | das (Landes)innere |
| interrumpir | unterbrechen |
| inventar | erfinden |
| invertir *(e > ie / → K 17)* | investieren |
| invierno | Winter |
| invitar | einladen |
| inyección *(f.)* | Spritze |
| ir *(→ K 25, S. 166 f.)* | gehen; fahren |
| ir a + *Infinitiv (→ K 25, 38)* | (tun) werden |
| ir a pie | zu Fuß gehen |
| ir a ver | besuchen |
| ir de compras | shoppen |
| ir de copas | ein Gläschen trinken gehen |
| ir de vacaciones | in Urlaub fahren |
| ir en avión | fliegen |
| ir en bicicleta | mit dem Fahrrad fahren |

| | |
|---|---|
| ir en coche | mit dem Auto fahren |
| ir en tren | mit dem Zug fahren |
| Irlanda | Irland |
| irlandés, irlandesa | irisch; Ire, Irin |
| irse | (weg)gehen |
| isla | Insel |
| Italia | Italien |
| italiano, italiana | italienisch; Italiener, Italienerin |
| izquierdo | links |
| a la izquierda | links neben; auf der linken Seite |

## J

| | |
|---|---|
| jamón *(m.)* | Schinken |
| jardín *(m.)* | Garten |
| jefa | Chefin |
| jefe *(m.)* | Chef |
| jersey *(m.)* | Pullover |
| joven | jung |
| joven *(m. + f.)* | Jugendlicher, Jugendliche |
| jueves *(m.)* | Donnerstag |
| jugar *(u > ue / → K 18)* | spielen |
| jugar al fútbol | Fußball spielen |
| jugar al tenis | Tennis spielen |
| juguete *(m.)* | Spielzeug |
| junio | Juni |
| junto a | an; neben (**65** 2) |
| juventud *(f.)* | Jugend |

## K

| | |
|---|---|
| kilo | Kilo |
| kilómetro | Kilometer |

## L

| | |
|---|---|
| la *(→ K 2, 54)* | die; sie |
| lado | Seite |
| al lado de | neben |
| ladrón *(m.)* | Einbrecher, Dieb |
| lago | See |
| lámpara | Lampe |
| lana | Wolle |
| lápiz *(m.)* | Bleistift |
| largo | lang |
| las *(→ K 2, 54)* | die; sie |
| lástima | Jammer |
| ¡Qué lástima! | Wie schade! |
| lata | Dose |
| lavar | waschen |
| lavarse | sich waschen |
| le *(→ K 55)* | ihm; ihr; Ihnen |
| lección *(f.)* | Lektion |
| leche *(f.)* | Milch |
| leer | lesen |
| lejos (de) *(Adv.)* | weit entfernt (von) |
| lempira | Lempira *(Währung)* |
| lento | langsam |
| Leo | Löwe *(Sternzeichen)* |
| león *(m.)* | Löwe |
| les *(→ K 55)* | ihnen; Ihnen |
| levantarse | aufstehen |
| Levante | *Ostküste Spaniens* |
| ley *(f.)* | Gesetz |
| libra | Pfund *(Währung)* |
| Libra | Waage *(Sternzeichen)* |
| libre | frei |
| librería | Buchhandlung |
| libro | Buch |
| limonada | Limonade |
| limpiar *(→ K 20)* | putzen, sauber machen |
| limpio | sauber |
| linterna | Laterne |
| listo | schlau *(mit* ser*)*; bereit *(mit* estar*)* |
| literatura | Literatur |
| litro | Liter |
| llamada | Anruf |
| llamar | (an)rufen |
| llamarse | heißen |
| llave *(f.)* | Schlüssel |
| llegar | ankommen |
| llevar | tragen; führen (**46** 3) |
| llevarse | mitnehmen |
| llover *(o > ue / → K 18)* | regnen |
| lo *(→ K 2, 54)* | das; ihn |
| lo cual *(→ K 62)* | das, was |
| lo que *(→ K 62)* | das, was |
| lógico | logisch |
| los *(→ K 2, 54)* | die; sie |
| lotería | Lotterie |
| luego | dann |
| lugar *(m.)* | Stelle |
| luna | Mond |

| | |
|---|---|
| lunes *(m.)* | Montag |
| luz *(f.)* | Licht |

## M

| | |
|---|---|
| madera | Holz |
| madre *(f.)* | Mutter |
| maíz *(m.)* | Mais |
| mal *(Adv.)* | schlecht |
| maleta | Koffer |
| malo | schlecht |
| mamá | Mama |
| mañana | Morgen |
| de la mañana *(mit Uhrzeit)* | morgens, vormittags |
| esta mañana | heute Morgen |
| por la mañana | morgens, am Morgen |
| todas las mañanas | jeden Morgen |
| mañana *(Adv.)* | morgen |
| mano *(f.)* | Hand |
| a mano | mit der Hand |
| mantequilla | Butter |
| manzana | Apfel |
| mapa *(m.)* | Landkarte |
| máquina | Maschine, Gerät |
| mar *(m.)* | Meer |
| marcharse | weggehen |
| marido | (Ehe)mann |
| marrón | braun |
| martes *(m.)* | Dienstag |
| más *(→ K 7, 9)* | mehr; am meisten |
| más … que *(→ K 7)* | (mehr) … als |
| más de *(→ K 7)* | mehr als |
| masajista *(m. + f.)* | Masseur(in) |
| maya *(m. + f.)* | Maya *(Angehörige(r) eines mittelamerikanischen Volkes)* |
| mayo | Mai |
| mayor *(→ K 7)* | größer; älter |
| me *(→ K 41, 54, 55)* | mich; mir |
| mecánica | Mechanik |
| mecánico | Mechaniker |
| medianoche *(f.)* | Mitternacht |
| medicina | Medizin |
| médico | Arzt |
| medio | halb |
| mediodía *(m.)* | Mittag |
| mejor | besser; bester, -e, es |
| a lo mejor | womöglich |
| mejorarse | gesund werden |
| melocotón *(m.)* | Pfirsich |
| menos | weniger; am wenigsten; außer (**60** 2) |
| menos de *(→ K 7)* | weniger als |
| menos … que *(→ K 7)* | (weniger) … als |
| mensaje *(m.)* | Nachricht, Mitteilung |
| menú *(m.)* | Speisekarte |
| mercado | Markt |
| meridional | südlich, Süd- |
| mermelada | Marmelade |
| mes *(m.)* | Monat |
| mesa | Tisch |
| metro | Meter; U-Bahn (**25** 3, **56** 3, **61** 2, **68** 4) |
| mexicano, mexicana | mexikanisch; Mexikaner, Mexikanerin |
| México | Mexiko |
| mi *(→ K 58)* | mein, meine |
| mí (a mí) *(→ K 55)* | mir |
| miércoles *(m.)* | Mittwoch |
| mil | tausend |
| ministra | Ministerin |
| mío *(→ K 58)* | meiner, meine, meines |
| mirar | (an)sehen, (an)schauen |
| mismo | der-, die-, dasselbe; selbst |
| mixto | gemischt |
| moda | Mode |
| moderno | modern |
| molestarse | sich Umstände machen |
| momento | Augenblick, Moment |
| monedero | Geldbörse |
| montaña | Berg(e), Gebirge |
| montañoso | gebirgig |
| morir *(o > ue / → K 18)* | sterben |
| mostrar *(o > ue / → K 18)* | zeigen |
| moto *(f.)* | Motorrad |
| mover(se) *(o > ue / → K 18)* | (sich) bewegen |
| móvil *(m.)* | Handy |
| mucho *(Adj.)* | viel |
| mucho *(Adv.)* | viel, sehr |
| mucho más | viel mehr |

| | |
|---|---|
| muela | Backenzahn |
| mujer *(f.)* | (Ehe)frau |
| mundo | Welt |
| muñeca | Puppe |
| museo | Museum |
| música | Musik |
| muy | sehr |
| muy bien *(Adv.)* | sehr gut |

## N

| | |
|---|---|
| nada (no ... nada) *(→ K 60, 68)* | nichts |
| nada más | das ist alles |
| nadar | schwimmen |
| nadie *(→ K 60, 68)* | niemand |
| naranja | Orange |
| nariz *(f.)* | Nase |
| navegar en internet | im Internet surfen |
| necesario | notwendig |
| necesitar | brauchen, benötigen |
| negociar *(→ K 20)* | verhandeln |
| negro | schwarz |
| nervioso | nervös |
| nevar *(e > ie / → K 17)* | schneien |
| ni … ni *(→ K 68)* | weder … noch |
| nieve *(f.)* | Schnee |
| niña | (kleines) Mädchen |
| niñez *(f.)* | Kindheit |
| ninguno (ningún) *(→ K 60, 68)* | keiner, keine, keines |
| niño | (kleiner) Junge; (kleines) Kind |
| niños *(m. Pl.)* | Kinder |
| no *(→ K 68)* | nein; nicht |
| noche *(f.)* | Abend/Nacht |
| de la noche *(mit Uhrzeit)* | abends/nachts |
| esta noche | heute Abend/Nacht |
| por la noche | abends/nachts |
| toda la noche | den ganzen Abend/ die ganze Nacht |
| todas las noches | jeden Abend/jede Nacht |
| Nochevieja | Silvester |
| normalmente *(Adv.)* | normalerweise |
| norte *(m.)* | Norden |
| nos *(→ K 54, 55)* | uns |
| nosotros *(→ K 53, 55)* | wir; uns |
| noticias *(f. Pl.)* | Nachrichten |
| novela | Roman |
| novela policíaca | Krimi |
| novia | (feste) Freundin; Verlobte; Braut (**42** 3) |
| novio | (fester) Freund; Verlobter; Bräutigam |
| nuboso | bewölkt |
| nuestro *(→ K 58)* | unser, unsere |
| Nueva York | New York |
| nuevo | neu |
| número | Nummer, Zahl; Schuhgröße (**56** 1); (Bus)linie (**66** 3) |
| número (de teléfono) | Telefonnummer |
| nunca *(→ K 68)* | nie |

## O

| | |
|---|---|
| o *(→ K 67)* | oder |
| obra | (Theater)stück, Werk |
| octubre *(m.)* | Oktober |
| ocuparse (de) | sich kümmern (um) |
| oferta | Angebot |
| oficina | Büro |
| oficina de Correos | Postamt |
| ofrecer *(c > zc / → K 27)* | anbieten |
| oído | Ohr, Gehör |
| oír *(→ K 26, S. 166 f.)* | hören |
| ojalá | hoffentlich |
| ojo | Auge |
| olvidar | vergessen |
| ópera | Oper |
| ordenador *(m.)* | Computer |
| oreja | Ohr |
| organización *(f.)* | Organisation |
| organizar | organisieren |
| oro | Gold |
| os *(→ K 41, 54, 55)* | euch |
| otoño | Herbst |
| otro | (ein) anderer, (eine) andere, (ein) anderes; noch einer, noch eine, noch eines |
| el otro día | neulich |
| otra vez | wieder, noch einmal |

## P

| | |
|---|---|
| paciencia | Geduld |
| padre *(m.)* | Vater |
| padres *(m. Pl.)* | Eltern; Väter (**67** 3) |
| paella | Paella *(span. Reisgericht)* |
| pagar | (be)zahlen |
| página | Seite |
| país *(m.)* | Land |
| paisaje *(m.)* | Landschaft |
| pájaro | Vogel |
| palacio | Palast, Schloss |
| pan *(m.)* | Brot |
| panadería | Bäckerei |
| pantalón *(m.)* | Hose |
| pañuelo | (Hals)tuch |
| papá *(m.)* | Papa |
| papel *(m.)* | Papier |
| paquete *(m.)* | Paket |
| para *(→ K 66)* | um (zu); nach; für |
| para *(+ Infinitiv)* | um zu |
| para mí | meiner Meinung nach |
| para que | damit |
| ¿para qué? | wozu? |
| ¿para quién? | für wen? |
| parada | Haltestelle |
| paraguas *(m.)* | Regenschirm |
| pararse | stehen bleiben *(Uhr)* |
| parasol *(m.)* | Sonnenschirm |
| parecer *(c > zc / → K 27)* | scheinen |
| pared *(f.)* | Wand |
| pareja | Paar |
| parlamento | Parlament |
| parque *(m.)* | Park |
| parque infantil *(m.)* | Spielplatz |
| partida | Partie |
| partido de fútbol | Fußballspiel |
| pasado | vergangen |
| pasar | verbringen; reichen (**39** 4); passieren (**56** 1), vorbeikommen (**66** 1), durchfahren (**66** 4) |
| pasarlo bien | sich amüsieren |
| pasear | spazieren gehen |
| paseo | Spaziergang |
| dar un paseo | einen Spaziergang machen |

| | |
|---|---|
| pasivo | passiv |
| pastel *(m.)* | Kuchen |
| patata | Kartoffel |
| patatas fritas | Pommes frites |
| patio | Innenhof |
| peatonal | Fußgänger- |
| pedir *(e > i / → K 19, S. 162 f.)* | bitten; bestellen (**19** 3, **19** 4, **31** 4) |
| peine *(m.)* | Kamm |
| película | Film |
| película romántica | Liebesfilm |
| peligroso | gefährlich |
| pelo | Haar |
| pelota | Ball |
| pena | Kummer, Leid |
| ser una pena | schade sein |
| Península | die Spanische Halbinsel |
| pensar *(e > ie / → K 17, S. 160 f.)* | denken |
| pensión *(f.)* | Pension |
| peor | schlechter; schlechtester, schlechteste, schlechtestes |
| pequeño | klein |
| perder *(e > ie / → K 17)* | verlieren; verpassen (**40** 2, **69** 3) |
| perderse | sich verirren |
| perezoso | faul |
| perfecto | perfekt |
| periódico | Zeitung |
| permanecer *(c > zc / → K 27)* | bleiben |
| permitir | erlauben |
| pero | aber |
| perro | Hund |
| persona | Person |
| pertenecer *(c > zc / → K 27)* | (an)gehören |
| Perú *(m.)* | Peru |
| peruano, peruana | peruanisch; Peruaner, Peruanerin |
| pescado | Fisch *(Gericht)* |
| peso | Peso *(Währung)* |
| piano | Klavier |
| pie *(m.)* | Fuß |
| ir a pie | zu Fuß gehen |

| | |
|---|---|
| pierna | Bein |
| pintar | malen; (an)streichen |
| pipa | Pfeife |
| pirámide *(f.)* | Pyramide |
| piscina | Schwimmbad |
| Piscis *(m.)* | Fische *(Sternzeichen)* |
| piso | Wohnung; Stock(werk) (**6** 1) |
| planchar | bügeln |
| plano | (Stadt)plan |
| planta | Stockwerk |
| planta baja | Erdgeschoss |
| plantar | pflanzen |
| plástico | Plastik, Kunststoff |
| plata | Silber |
| plato | Teller |
| playa | Strand |
| plaza | Platz |
| poco *(Adj.)* | wenig |
| poco *(Adv.)* | wenig |
| un poco (de) | etwas (von) |
| poder *(o > ue / → K 18, S. 166 f.)* | können; dürfen |
| poeta *(m.)* | Dichter |
| polaco, polaca | polnisch; Pole, Polin |
| policía | Polizei |
| pollo | Hähnchen |
| Polonia | Polen |
| poner *(→ K 26, S. 166 f.)* | setzen, stellen, legen |
| poner la mesa | den Tisch decken |
| ponerse | sich anziehen |
| por *(→ K 66)* | wegen; durch; von; für; pro; über |
| por escrito | schriftlich |
| por eso | deshalb |
| por favor | bitte |
| por la mañana | morgens, am Morgen |
| por la noche | abends/nachts |
| por la tarde | nachmittags/abends |
| ¿por qué? *(→ K 61)* | warum? |
| por supuesto | selbstverständlich |
| porque | weil |
| Portugal *(m.)* | Portugal |
| portugués, portuguesa | portugiesisch; Portugiese, Portugiesin |
| posible | möglich |
| posición *(f.)* | Stellung |
| postal *(f.)* | Ansichtskarte |
| preferir *(e > ie / → K 17)* | bevorzugen, lieber mögen |
| pregunta | Frage |
| preguntar | fragen |
| premio | Preis *(Auszeichnung)* |
| preparar | zubereiten |
| presidente *(m.)* | Präsident |
| prestar | leihen |
| prima | Cousine |
| primer(o) *(→ K 13)* | erster |
| primero *(Adv.)* | zuerst |
| primo | Cousin |
| princesa | Prinzessin |
| probar *(o > ue / → K 18)* | probieren |
| probarse *(o > ue / → K 18)* | anprobieren |
| problema *(m.)* | Problem |
| producir *(c > zc / → K 27)* | produzieren |
| producto | Produkt |
| profesional | beruflich |
| profesor *(m.)* | Lehrer |
| profesora | Lehrerin |
| programa *(m.)* | Programm |
| prohibido | verboten |
| pronto *(Adv.)* | bald |
| propietario | Besitzer |
| proponer *(→ K 26)* | vorschlagen |
| próximo | nächster, nächste, nächstes |
| proyecto | Projekt |
| publicar | veröffentlichen |
| pueblo | Ortschaft, Dorf |
| puente *(m.)* | Brücke |
| puerta | Tür |
| pues | also |
| punto | Punkt |
| en punto | auf die Minute |
| puntual | pünktlich |

## Q

| | |
|---|---|
| que *(Konjunktion)* | dass |
| que *(Vergleichspartikel / → K 7)* | als |

| | |
|---|---|
| que (*Relativpronomen / → K 62)* | der, die, das |
| el que *(→ K 62)* | derjenige, der |
| lo que *(→ K 62)* | das, was |
| ¡qué ...! | was für ein ...!; wie ...! |
| ¿qué? *(→ K 61)* | was?; was für? |
| ¿qué hora es? | wie spät ist es? |
| ¿qué tal? | wie ist/war ...? |
| quedar | übrig sein |
| quedar (bien) | (gut) passen *(Kleidung)* |
| quedarse | bleiben |
| quedarse dormido | verschlafen |
| querer *(e > ie / → K 17, S. 166 f.)* | wollen; mögen |
| querido | lieber *(Anrede im Brief)* |
| queso | Käse |
| quetzal *(m.)* | Quetzal *(Währung)* |
| ¿quién? *(→ K 61)* | wer? |
| ¿a quién? | wem? |
| ¿con quién? | mit wem? |
| ¿de quién? | wessen?; über wen? |
| ¿de quién es/son ...? | wem gehört/gehören ...? |
| ¿para quién? | für wen? |

## R

| | |
|---|---|
| ración *(f.)* | Portion |
| radio *(f.)* | Radio |
| Ramblas (las) *(f. Pl.)* | *Promenade im Zentrum Barcelonas* |
| ramo | Strauß *(Blumen)* |
| rápido | schnell |
| raro | selten |
| razón *(f.)* | Grund |
| recibir | bekommen, erhalten |
| recién *(Adv.)* | neu |
| recoger | abholen |
| recomendar *(e > ie / → K 17)* | empfehlen |
| recordar *(o > ue / → K 18)* | (sich) erinnern |
| recorrer | zurücklegen |
| recuerdo | Souvenir |
| reducir *(c > zc / → K 27)* | verringern |
| regalar | schenken |
| regalo | Geschenk |
| regar *(e > ie / → K 17)* | gießen |
| región *(f.)* | Region |
| regular | regelmäßig |
| Reino Unido | Vereinigtes Königreich |
| reír *(e > i / → K 19)* | lachen |
| reloj *(m.)* | Uhr |
| renovar *(o > ue / → K 18)* | renovieren |
| reparar | reparieren |
| repetir *(e > i / → K 19)* | wiederholen |
| reproductor *(m.)* de DVD | DVD-Player |
| república | Republik |
| reservar | reservieren |
| responder | antworten |
| restaurante *(m.)* | Restaurant |
| reunión *(f.)* | Sitzung |
| revista | Zeitschrift |
| rey | König |
| rico *(→ K 9, 23)* | reich; lecker *(Speisen)* |
| rizado | lockig |
| robar | stehlen |
| rojo | rot |
| Roma | Rom |
| romántico | romantisch |
| romper | (zer)brechen, kaputt machen |
| ropa | Kleidung |
| rosa | Rose |
| ruido | Lärm |
| ruidoso | laut |

## S

| | |
|---|---|
| sábado | Samstag |
| saber *(→ K 26, S. 166 f.)* | wissen; können (**27** 2, **62** 3) |
| sacacorchos *(m.)* | Korkenzieher |
| sacar a pasear | Gassi gehen |
| sacar fotos | fotografieren |
| Sagitario | Schütze *(Sternzeichen)* |
| sal *(f.)* | Salz |
| salado | salzig, versalzen |
| salir *(→ K 26, S. 168 f.)* | (hin)ausgehen; abfahren *(Zug)*, starten *(Flugzeug)* |
| salir bien | gelingen, gut gehen |
| salón *(m.)* | Wohnzimmer |
| salud *(f.)* | Gesundheit |

| | |
|---|---|
| sandía | Wassermelone |
| sano | gesund |
| satisfecho | zufrieden |
| se *(→ K 41, 42, 56)* | man; sich |
| secretaria | Sekretärin |
| secreto | Geheimnis |
| seguir *(e > i / → K 19)* | folgen |
| segundo | Sekunde |
| seguro | sicher |
| selva | Urwald |
| semáforo | Ampel |
| semana | Woche |
| senderismo | Wandern |
| hacer senderismo | wandern |
| señor *(m. / Abkürzung: Sr.)* | Herr; Mann |
| señora *(Abkürzung: Sra.)* | Frau |
| señorita *(Abkürzung: Srta.)* | Fräulein |
| sentarse *(e > ie / → K 17)* | sich (hin)setzen |
| sentir *(e > ie / → K 17, 162 f.)* | bedauern; fühlen, spüren |
| lo siento | es tut mir leid |
| sentirse *(e > ie / → K 17)* | sich fühlen |
| septiembre *(m.)* | September |
| ser *(→ K 21, 23, S. 168 f.)* | sein |
| servilleta | Serviette |
| servir *(e > i / → K 19, 31, 47)* | (be)dienen; nützen; behilflich sein (**19** 3); servieren (**28** 4) |
| si *(→ K 69, 70)* | wenn; ob |
| sí | ja |
| siempre | immer |
| sierra | Gebirgskette |
| siesta | Mittagsschlaf |
| siglo | Jahrhundert |
| significar | bedeuten |
| siguiente | folgender, folgende, folgendes |
| silla | Stuhl |
| sillón *(m.)* | Sessel |
| simpático | sympathisch |
| sin | ohne |
| sinfonía | Sinfonie |
| sino *(→ K 67)* | sondern |
| sobre *(→ K 65)* | über; auf |
| sobre todo | vor allem |
| sobrina | Nichte |
| sobrino | Neffe |
| sofá *(m.)* | Sofa |
| sol *(m.)* | Sonne |
| soler *(o > ue / → K 18)* | gewohnt sein |
| solo | nur |
| sombrero | Hut |
| sonar *(o > ue / → K 18)* | klingen, läuten |
| soñar (con) *(o > ue / → K 18)* | träumen (von) |
| sonreír *(e > i / → K 19)* | lächeln |
| soplar | wehen |
| sorprender | überraschen |
| su *(→ K 58)* | sein, seine; ihr, ihre; Ihr, Ihre |
| subir | hinaufgehen, -steigen |
| sucio | schmutzig |
| Suecia | Schweden |
| sueco, sueca | schwedisch; Schwede, Schwedin |
| suegra | Schwiegermutter |
| suelo | Fußboden |
| suelto | Kleingeld |
| suerte *(f.)* | Glück |
| sufrir (de) | leiden (an) |
| Suiza | Schweiz |
| suizo, suiza | schweizerisch; Schweizer, Schweizerin |
| superior | höherer, höhere, höheres |
| superlativo | Superlativ |
| supermercado | Supermarkt |
| sur *(m.)* | Süden |
| suyo *(→ K 58)* | seiner, seine, seines; ihrer, ihre, ihres; Ihrer, Ihre, Ihres |

## T

| | |
|---|---|
| tacón *(m.)* | Absatz *(Schuh)* |
| tal vez | vielleicht |

| | |
|---|---|
| también | auch |
| tan *(Adv.)* | so |
| tan pronto (como) | sobald wie |
| tanto *(Adj.)* | so viel(e) |
| tanto (tan) *(Adv.)* | so (viel/sehr) |
| tapas *(f. Pl.)* | *kleine Häppchen* |
| tapiz *(m.)* | Wandteppich |
| tarde *(f.)* | Nachmittag/Abend |
| tarde *(Adv.)* | spät |
| de la tarde *(mit Uhrzeit)* | nachmittags/abends |
| esta tarde | heute Nachmittag/ Abend |
| por la tarde | nachmittags/abends |
| toda la tarde | den ganzen Nachmittag/Abend |
| todas las tardes | jeden Nachmittag/ Abend |
| tarea | Aufgabe |
| tarjeta de crédito | Kreditkarte |
| tarta | Torte |
| Tauro | Stier *(Sternzeichen)* |
| taxi *(m.)* | Taxi |
| te *(→ K 41, 54, 55)* | dich; dir |
| té *(m.)* | Tee |
| teatro | Theater |
| técnico | technisch; Fach- |
| tele *(f.)* | Fernsehen |
| telediario | Nachrichten(sendung) |
| telefonear | telefonieren |
| teléfono | Telefon |
| televisión *(f.)* | Fernsehen |
| televisor *(m.)* | Fernseher |
| tema *(m.)* | Thema |
| temer | (be)fürchten |
| temperatura | Temperatur |
| temporada (alta) | (Hoch)saison |
| temprano | früh |
| tenedor *(m.)* | Gabel |
| tener *(→ K 26, S. 168 f.)* | haben |
| tener ... años | ... Jahre alt sein |
| tener calor | jdm. warm sein |
| tener ganas (de) | Lust haben (auf) |
| tener que *(→ K 26)* | müssen |
| Tenerife | Teneriffa |
| tenis *(m.)* | Tennis |
| tercer(o) *(→ K 13)* | dritter |
| terminar | beenden |
| terraza | Terrasse |
| terremoto | Erdbeben |
| ti (a ti) *(→ K 55, 57)* | dir; dich |
| tía | Tante |
| tiempo | Zeit; Wetter (**36** 2) |
| a tiempo | rechtzeitig |
| tiempo libre | Freizeit |
| tienda | Geschäft |
| timbre *(m.)* | Klingel |
| tío | Onkel |
| tocar | spielen *(Instrument)* |
| tocar el piano | Klavier spielen |
| tocar la guitarra | Gitarre spielen |
| tocar la lotería | in der Lotterie gewinnen |
| todavía | (immer) noch |
| todavía no | noch nicht |
| todo *(→ K 60)* | alles; ganz; jeder; alle *(Plural)* |
| toda la noche | den ganzen Abend/ die ganze Nacht |
| toda la tarde | den ganzen Nachmittag/Abend |
| todas las mañanas | jeden Morgen |
| todas las noches | jeden Abend/jede Nacht |
| todas las tardes | jeden Nachmittag/ Abend |
| todo el día | den ganzen Tag |
| todos los días | jeden Tag |
| tomar *(→ S. 160 f.)* | nehmen; essen; trinken |
| tomate *(m.)* | Tomate |
| toro | Stier |
| toros *(m. Pl.)* | Stierkampf |
| torre *(f.)* | Turm |
| tortilla | *span. Omelett* |
| total | völlig, total |
| trabajador | fleißig |
| trabajar | arbeiten |
| trabajo | Arbeit |
| traducir *(c > zc / → K 27)* | übersetzen |
| traer *(→ K 26, S. 168 f.)* | (mit)bringen |
| tráfico | Verkehr |
| traje *(m.)* | (Damen)kostüm |

| | |
|---|---|
| traje de novia *(m.)* | Brautkleid |
| tranquilidad *(f.)* | Ruhe |
| tranquilo | ruhig |
| tren *(m.)* | Zug |
| trozo | Stück |
| tu *(→ K 58)* | dein, deine |
| tú | du |
| turista *(m. + f.)* | Tourist(in) |
| tuyo *(→ K 58)* | deiner, deine, deines |

## U

| | |
|---|---|
| u *(→ K 67)* | oder |
| último | letzter, letzte, letztes |
| un, una *(→ K 2)* | ein, eine |
| universidad *(f.)* | Universität |
| usar | benutzen |
| usted *(Sg. / Abkürzung Ud. / → K 53, 55)* | Sie; Ihnen |
| ustedes *(Pl. / Abkürzung Uds. / → K 53, 55)* | Sie; Ihnen |
| útil *(Artikel lo)* | das Nützliche |

## V

| | |
|---|---|
| vacaciones *(f. Pl.)* | Urlaub, Ferien |
|   ir de vacaciones |   in Urlaub fahren |
| variar *(→ K 20)* | variieren |
| vaso | Glas |
| vecina | Nachbarin |
| vecino | Nachbar |
| vela | Kerze |
| vender | verkaufen |
| venir *(→ K 26, S. 168 f.)* | kommen |
| venir a ver | besuchen |
| ventana | Fenster |
| ver *(→ S. 168 f.)* | sehen |
| ver la tele(visión) | fernsehen |
| verano | Sommer |
| verdad *(f.)* | Wahrheit |
|   es verdad |   (es) stimmt |
| ¿verdad? | nicht wahr? |
| verde | grün |
| verdura | Gemüse |
| verse | sich sehen, sich treffen |
| vestido | Kleid |
| vez *(f.)* | Mal |
|   a veces |   manchmal |
|   alguna vez |   (schon) einmal |
| viajar | reisen |
| viaje *(m.)* | Reise |
| vida | Leben |
| viejo | alt |
| Viena | Wien |
| viento | Wind |
| viernes *(m.)* | Freitag |
| vino | Wein |
| vino blanco | Weißwein |
| vino tinto | Rotwein |
| Virgo | Jungfrau *(Sternzeichen)* |
| visitante *(m. + f.)* | Besucher(in) |
| visitar | besuchen; besichtigen (**35** 2) |
| vista | Blick |
| vitamina | Vitamin |
| vivir | leben; wohnen |
| volver *(o > ue / → K 18, S. 162 f.)* | zurückkehren, -kommen |
| vosotros *(→ K 53, 55)* | ihr; euch |
| votar | verabschieden |
| vuelta | (Straßen)biegung |
| vuelta al mundo | Weltreise |
| vuestro *(→ K 58)* | euer, eure |

## Y

| | |
|---|---|
| y *(→ K 67)* | und |
| ya | schon |
| ya no | nicht mehr |
| yo | ich |

## Z

| | |
|---|---|
| zapatilla | Hausschuh |
| zapato | Schuh |
| zona | Gebiet, Zone |
| zona industrial | Industriegebiet |
| zona peatonal | Fußgängerzone |
| zoo | Zoo |
| Zúrich | Zürich |